法学部、
ロースクール、
司法研修所
で学ぶ法律知識 第2版

品川皓亮

ダイヤモンド社

はじめに

本書の役割

『法学部、ロースクール、司法研修所で学ぶ法律知識』は、**すべての法律家が身につけている知識と思考法を１冊にまとめた、今までにない法律の入門書**です。

日本で法律家（裁判官・検察官・弁護士）を目指す場合、**大学法学部→ロースクール（法科大学院）→司法修習**と進んでいくのが最も一般的なルートです。そして、大学法学部の最終学年ではロースクール入試が、ロースクールを終えた後には司法試験が、司法修習の集大成としては司法修習生考試（いわゆる「二回試験」）が、受験生を待ち受けています。

そのため、これまで「試験に合格する方法」を伝授する参考書が、星の数ほど出回ってきました。

ところが不思議なことに、法律の素人がプロの法律家になるまでの全体的な道のりや、そこで身につけるべき知識の全体像を教えてくれる本はありませんでした。そのため私たちは、「いつ」「どこで」「どんな力を」身につけるべきかの全体像を知らされることのないまま、目の前の試験をクリアするために闇雲に勉強するしかありませんでした。

これはいわば、**ゴールのわからないマラソン**を走り続けるようなものです。歯を食いしばって最後まで走り切った人だけが法律家になれるというのが、これまでの常識でした。

しかし、このようなマラソンは大変で、非効率ですね。法律家を目指す人たちは、はじめから「法律家が身につけるべき知識と思考法」を見据えておいたほうが、より効率的に勉強を進めることができるはずです。

—— 法律を勉強する人は、**目指すべきゴールと道のりを理解した上で走り出す**べきなのではないか？

このような問題意識から、本書は生まれました。

なお、本書で大切にしているコンセプトは、**①全体像、②エッセンス、③具体例**の３つです。

それぞれの章では、まずその章の全体像を示し、そこで中心となる原則や考え方（エッセンス）を詳しく解説すると同時に、イメージをふくらませるための具体例やケーススタディを多く盛り込んでいます。これにより、法律家が身につけるべき知識と思考法を自然と習得できるしかけになっています。

本書の構成

ここで、本書の全体像について少し説明しておきましょう。本書は、以下のとおり３部構成となっています。

第１部　法学部で学ぶ「法理論の基礎」
第２部　ロースクールで学ぶ「理論と実務の架け橋」
第３部　司法研修所で学ぶ「法律実務」

一般的に、法律家を目指す人は法学部で法律の理論を学びますが、反対に、司法研修所ではほぼ100％が実務の勉強となります。また、その間にあるロースクールは「理論と実務の架け橋」をキーワードに、高度な法理論と、実務の入門的な知識の双方を身につける場です。

このように、大まかにいうと法律の勉強は、**理論が中心（法学部）→理論と実務（ロースクール）→実務が中心（司法研修所）**という流れで進んでいきますので、本書もその流れに沿った構成となっています。

第１部では、主に「六法」の基礎知識と、法律家に必要とされるリーガルマインドの基礎を勉強します。

法学部では、最も基本的な６つの法律**（憲法・民法・会社法・民事訴**

訟法・刑法・刑事訴訟法）について、**条文・判例・学説**をバランスよく勉強することが大切です。また、これらの知識面の勉強を通して、**リーガルマインド**（法律的な思考法やバランス感覚）も養っていきます。

第2部では、ロースクールのテーマである**「理論と実務の架け橋」**がキーワードになります。すなわち、法学部で勉強した法理論を土台として、実務に向けた実践的な勉強が始まります。

具体的には、司法試験で必要となる六法以外の科目**（行政法・労働法・倒産法・知的財産法）**の基礎知識や、民事訴訟実務で用いられる**要件事実論**を学びます。また、実務では学説よりも判例が重視されるので、**判例の重要性や解釈の方法**についてもここで学びます。

第3部では、司法研修所で実施される司法修習の内容をまとめて勉強します。**司法修習**とは、司法試験合格者が法律家として働く前に受ける約1年間の研修プログラムです。司法修習では裁判官・検察官・弁護士の実務をそれぞれ学んでいき、最後に待っている二回試験に合格すると、晴れて法律家として働くことができます。

司法修習においては、**民事訴訟・刑事訴訟における事実認定**と、**実際の紛争を解決する技術**が特に重要です。第3部では、民事・刑事の具体的な紛争を用いて、裁判官・検察官・弁護士の思考法を学んでいきます。

すべての社会人・学生に役立つ本

この本は主に、将来的に法律家を目指す方々や、公務員試験などで法律知識が必要となる方々に向けて書かれていますが、実際には、すべての社会人・学生にとって役立つ内容だといってよいでしょう。なぜなら、仕事や私生活において、人生で一度も法律問題と関わりを持たない人はいないからです。

法律家が日々何を考え、何を目指して活動をしているかを理解することができれば、万一紛争の当事者になってしまった場合にも、**法律家と上手に付き合い、紛争解決に向けて自ら主体的に行動する**ことができます。

法律家を目指すか目指さないかにかかわらず、この本を通じて、読者の皆さんに、プロの法律家の頭の中をできるだけリアルに理解してもらえれば幸いです。

2021年9月

品川 皓亮

※本書に記載されている法律等は、2021年9月時点のものです。最新の法律・条文等をお調べの際は、改正情報にご注意ください。

法学部、ロースクール、
司法研修所で学ぶ法律知識［第２版］　目次

第3部
司法研修所で学ぶ「法律実務」

法学部、
ロースクール、
司法研修所
で学ぶ法律知識

［第2版］

第1部

法学部で学ぶ「法理論の基礎」

第１部は、法理論の基礎を学ぶ**大学の法学部**のステージです。「はじめに」でお話ししたとおり、法学部では法律の理論が中心になりますが、法律家を目指す学生が大学の法学部ですべきことは２つあります。

１つは、いわゆる**「六法」の基礎知識を学ぶ**ことです。本書の第１部では、第２章〜第７章で、憲法・民法・会社法・民事訴訟法・刑法・刑事訴訟法のエッセンスを学んでいきます。なお、「六法」には商法が含まれるのが一般的ですが、本書では、法学部で勉強の中心となる会社法を取り上げます。

法学部ですべきもう１つの重要なことは、六法の知識面の学習を通して、法律家に必要とされる**リーガルマインドの基礎を身につける**ことです。第８章では、リーガルマインドを学ぶ前提として、法令の読み解き方や専門用語の使い分けなど、法律を学ぶために必要となる基礎的な事項について解説します。第 9 章では、**法的三段論法**や、**「論理性」と「結果の妥当性」のバランス**など、重要なリーガルマインドについて学びます。

　次のステージのロースクールでは、より高度な理論や実務を学んでいきますが、法学部で勉強する法理論が身についていないと、ロースクールではまったく歯が立ちません。たとえば、民法の知識が不十分では、ロースクールで学ぶ要件事実論（第 14 章）を理解することは難しいでしょう。また、法的三段論法を使いこなすことができなければ、ロースクールの厳しい試験で合格答案を書くことはできません。

　次のステージに行ってから足元をすくわれないためにも、法学部（第 1 部）でしっかりとした土台固めをしておきましょう。

第1部

第1章

法律学の基礎知識

第 1 章の概観

▶ 第１節では、**条文・判例・学説**という法律学の３本柱について説明します。この３本柱が、あらゆる法的な議論の根拠となります。

▶ 第２節では、**日本の法令の全体像**として、憲法や法律のほか、条約・命令・条例など、さまざまな種類の法令を紹介します。また、法令を整理し分類する視点についても説明します。

第1部では憲法や民法など、いわゆる六法の勉強を順に進めていきますが、その前に少しだけ、それらの勉強の土台となる基礎知識について説明をしておきます。キーワードは、「法律学の３本柱」と、「日本の法令の全体像」です。

六法の勉強を始める前のウォーミングアップとして、ぜひ頭に入れておいてください。

1 法律学の３本柱 ——条文・判例・学説

この章はまず、日本の法律学は**条文・判例・学説を３本柱として成り立っている**という話から始まります。

法律家（裁判官・検察官・弁護士）の仕事は「法」を用いて紛争を解決することですが、そのためには、説得力のある根拠や理由づけが必要となります。その根拠として用いられるのが、条文・判例・学説という３本柱です。法律家はこれらを武器として紛争の解決を図っていきます。

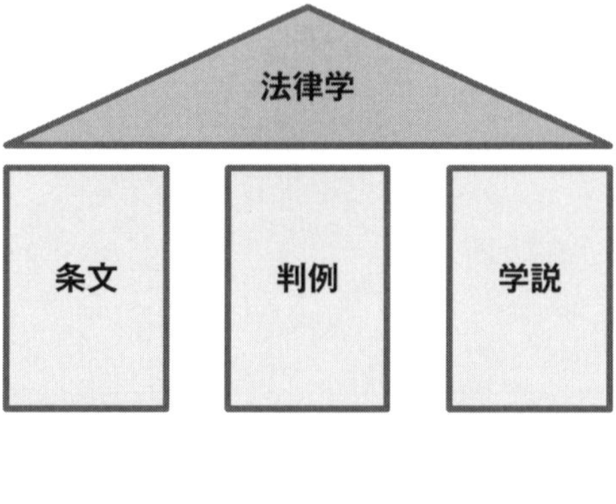

条文・判例・学説とは

法律学の３本柱について、それぞれ簡単に解説していきましょう。

まず、**条文**とは、法律や政令などに箇条書きの形で記載された文章のことをいいます。国家のルールをあらかじめ文章として定めておくことで紛争の発生を予防し、たとえ紛争が生じてしまっても、条文が公平な基準となり実効的な紛争解決が期待できます。条文は法的な議論の最も基本的な根拠となるもので、法的な議論はいつも条文から始まります。

次に、**判例**とは、過去のある事件において最高裁判所が示した法律的判断のことをいいます。現実の社会においては、条文を文字通りあてはめるだけでは解決できない問題が数多く存在します。このような問題に対して最高裁判所が示した法律の解釈（判断）が、判例です。実務においては、ある論点に関して最高裁判所が示した解釈は、条文と同じくらい重要な法的根拠となります。

最後に、**学説**とは、ある論点に関する学者の意見のことをいいます。実務では、学説は条文や判例ほどの強い根拠として扱われるわけではなく、あくまで補助的な役割を担うことが多いといえます。法学部の講義は学説の解説が中心になるため、条文や判例よりも学説のほうが重要だと勘違いしてしまう学生も少なくありませんが、これは大きな間違いです。

繰り返しになりますが、法的な議論は常に条文から始まり、実務においては、判例も非常に強い力を持っています。そのため、勉強の際にはまず六法を開いて条文を確認したり、有名な論点については判例の立場やその理由づけを確認したりする習慣を身につけておきましょう。

2 日本の法令の全体像

法令とは

第1節では法律学の3本柱について説明をしましたが、その中で最も重要なのは、いうまでもなく条文です。

条文は、「法令」というまとまりのあるルールとして規定されています。国家や国民を規律する法のうち、その内容が文章で表現されたものを**法令**（又は**成文法**）、文章の形式をとらないものを**不文法**[1]と呼び、法令には、法律のほか、憲法、条約、最高裁判所規則、議院規則、命令、条例などが含まれます。

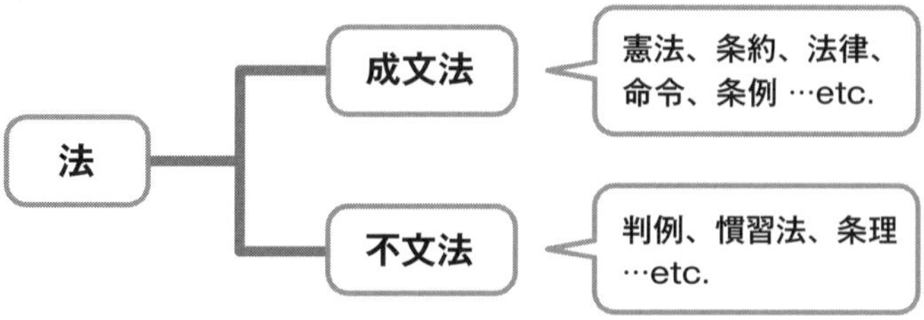

法令の種類と効力順位

ここでは、特に重要な法令をピックアップして紹介していきます。

まず、**憲法**とは国の組織と活動の基本的事項を定めた法をいいます。憲法98条1項は、日本国憲法はすべての法令の頂点に立ち、他の法令に比べて最も強い**形式的効力**を持つことを定めています。形式的効力と

1 不文法は成文法を補完するものであり、判例・慣習法・条理などがこれにあたります。
なお、「慣習法」とは社会の人々が一定の行動を繰り返し、守るべきルールとして定着したものをいい、「条理」とは物事の筋道や道理といった意味です。ある紛争について適当な法令や判例が存在しない場合には、条理に従って紛争を解決することが認められています。

は、法令相互の上下関係のことです。

法令の間で矛盾がある場合には、形式的効力が上位の法令は下位の法令に優先し、下位の法令の効力は否定されます。したがって、憲法に違反する法令の効力は否定されます。

条約とは、国家間において締結される契約のことをいいます。条約は国家間に権利義務を生じさせるものですが、個別具体的な内容を定めた条約は、国内法としての効力を持つ場合があります。

条約と憲法の形式的効力の優劣については議論がありますが、一般には、憲法が勝ると考えられています。他方で、条約の形式的効力は、憲法以外の国内法令には勝ります。

法律とは、日本国憲法の定める方法により、国会の議決を経て制定される法をいいます[2]。憲法41条は、国会は国の唯一の立法機関であり、法律を制定できるのは国会だけである旨を定めています。

法律は国会によって民主的な手続きを経て制定されるものなので、国内法の中では憲法に次いで強い形式的効力を持っています。

命令とは、行政機関によって定められる法令のことをいいます。今日の国家の活動は広範囲にわたるため、技術的・専門的な事項についてまで国会がすべて法律を制定することは困難です。そこで、これらの事項については、行政機関が国会にかわって具体的な規定を定めています。

命令の種類としては、内閣が定める「政令」、内閣総理大臣が定める「内閣府令」、各省大臣が定める「省令」などが存在します。

政令は内閣という行政のトップが定めるものなので、法律に次ぐ形式的効力を有しています。内閣府令や省令は、政令に次ぐ形式的効力を有しています。

2　憲法59条。本書では便宜上、「私たちが勉強する法一般」のことを指して「法律」という言葉を用いることがあります。

条例とは、地方公共団体の議会によって制定された法令のことをいいます。条例の形式的効力は、憲法・法律などといった国の法令に劣るとされており、国の法令に違反する条例を定めることはできません。

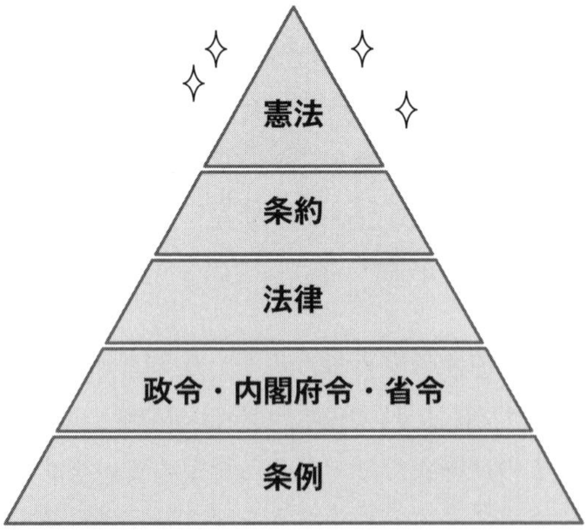

法令を分類する視点

日本には無数の法令が存在しますが、法令を整理し分類する視点を知っておくと、理解がより深まります。ここでは、法令を分類する視点を４つ紹介します。

●実体法と手続法

法令は、実体法と手続法の２つに分けることができます。

実体法とは権利や義務がどのように発生・消滅するかを定めた法のことをいい、通常、法的な要件と効果とが定められています[3]。これに対し、**手続法**とは実体法上の権利や義務が存在することを明らかにし、それを

3 「要件と効果」については、198ページで詳しく解説しています。

実現する手続きを定めた法のことをいいます。

具体的にいうと、刑法・民法・商法などが実体法にあたり、刑事訴訟法・民事訴訟法・行政事件訴訟法などが手続法にあたります。

手続法がなければ実体法上の権利はいわば「絵に描いた餅」に過ぎず、それを「本物の餅」に変えるためには手続法が必要になります。権利を実現するためには、実体法と手続法の両方が必要になるということです。

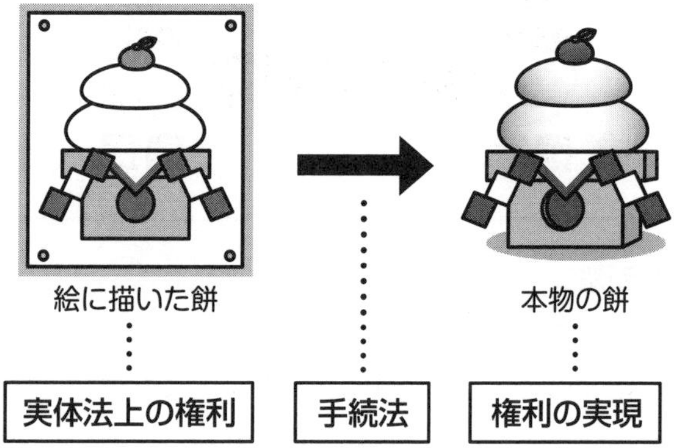

● **公法と私法**

法令を大まかに分類するもう１つの方法は、公法と私法という分け方です。

公法とは国家と国民の関係を定めたルールをいい、**私法**とは国民どうしの関係を定めたルールをいいます。公法は国と国民との「タテの関係」、私法は国民どうしの「ヨコの関係」とイメージしておくとわかりやすいでしょう。

具体的には、公法には憲法・刑法・行政事件訴訟法などがあり、私法には民法・商法・会社法などがあります。

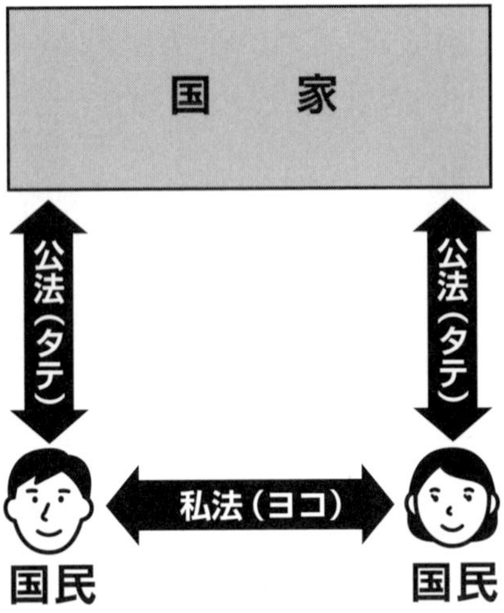

●一般法と特別法

一般法とは、ある事項について広く一般的に規定した法令をいい、**特別法**とは、特定の場合・人・地域などに限定して一般法とは異なる定めをした法令をいいます。たとえば、民法は私法の一般法であり、その規定は私法関係一般に適用されます。これに対し、借地借家法は、土地や建物の賃貸借に限って適用される特別法です。

ある事柄について一般法と特別法の双方に規定がある場合には、特別法が優先的に適用され、特別法と矛盾しない限度において一般法が適用されます（**特別法優先の原理**）。一般法が原則、特別法が例外というイメージです。

たとえば、民法では賃貸借契約の期間の下限は定められていませんが、借地借家法では借地契約の期間の下限を30年と定めています[4]。したがって、借地借家法が適用される土地の賃貸借においては、30年より短い期間の定めは無効となります[5]。

4　借地借家法３条
5　借地借家法９条

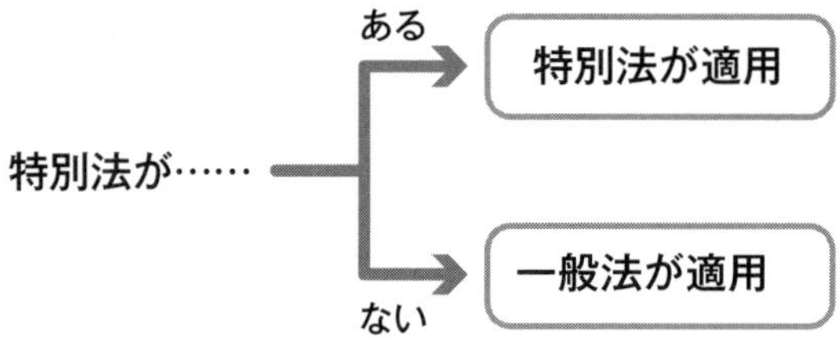

●任意規定と強行規定

最後に、法令の中に置かれた１つ１つの規定について、任意規定と強行規定という分類方法も覚えておきましょう。

任意規定とは、当事者が法令の規定と異なる合意をした場合には当事者の意思が優先され、その合意も有効とされる規定のことをいいます。

たとえば、民法614条本文は、賃貸借契約における賃料の支払時期について、「賃料は、動産、建物及び宅地については毎月末に、その他の土地については毎年末に、支払わなければならない」と定めていますが、これは任意規定です。したがって、建物の賃貸借契約において「賃料は毎月25日に支払う」という合意があれば、この合意が優先され、賃借人は、毎月25日に賃料を支払う義務を負います。

これに対し、**強行規定**とは、当事者の意思にかかわらず適用される規定を指し、当事者がこれに反する合意をした場合、その合意が無効となるものをいいます。行政法や刑法など、公法の規定のほとんどは強行規定ですが、私法の規定の中にも、公の秩序に関係が深いなどの理由から強行規定とされているものが多くあります。

たとえば、民法446条２項は「保証契約は、書面でしなければ、その効力を生じない」として、口約束だけでは保証人という重大な責任を負うことはない旨を定めています。これは、その責任をよく理解しないまま軽率に借金の保証人などになってしまうことを防ぐための強行規定とされています。

第１章のポイント

▶ 日本の法律学は**条文・判例・学説**を３本柱として成り立っており、この３つが法的議論の根拠となる。法律家は、これら３つの「武器」を駆使して紛争の解決を図っていく。

▶ 国家や国民を規律する法のうち、その内容が文章で表現されたものを**法令**（**成文法**）と呼び、文章の形式をとらないものを**不文法**と呼ぶ。法令には、法律のほか、憲法・条約・命令・条例などがある。

▶ 法令を分類する視点には、**実体法と手続法**、**公法と私法**、**一般法と特別法**、**任意規定と強行規定**などがある。

第2章

憲法

第２章の概観

▶ 実際の裁判で憲法問題がどのように争われるのかイメージを持ってもらうため、第１節では**２つの最高裁判例**を紹介します。

▶ 続く第２節・第３節で、我が国における**憲法の意義**について解説します。ここでは、憲法の特殊性（他の法令との違い）をおさえておくことが大切です。

▶ 第４節では、法学部で勉強する憲法の**基本的人権**のパートと**統治機構**のパートの概要を説明します。基本的人権については日本国憲法第３章が、統治機構については日本国憲法第４章～第６章が勉強の中心となります。

▶ **基本的人権**に関する第５節では、どの人権においても共通して問題となる**公共の福祉**と**二重の基準論**というキーワードについて解説します。この２つのキーワードを理解しておけば、人権に関するどんな問題についても応用して議論をすることができるようになります。

▶ **統治機構**に関する第６節では、日本の国家組織の基本的な仕組みである**三権分立**と**議院内閣制**について勉強します。ここでは国会・内閣・裁判所による相互コントロールのあり方が肝になります。

憲法については、「1票の格差」や「表現の自由」など、さまざまな話題が新聞やテレビのニュースで取り上げられます。ただ、憲法は国民の重大な関心事になることが多いにもかかわらず、その意義や中身については意外と知られていません。たとえば皆さんは、「憲法と法律の違いは何か」という問いに、どれくらい自信を持って答えることができるでしょうか？

この章では、一般教養としても重要な意味を持つ憲法について、法学部で学ぶ部分を中心に説明していきます。この章を読み終わった後に、皆さんが憲法について自分なりの意見を語れるようになることを願っています。

1 憲法問題が争われた最高裁判例

憲法の勉強を始めてみるとすぐにわかりますが、憲法の条文はとてもあっさりしています。たとえば、学問の自由については23条に規定がありますが、条文が定めているのは「学問の自由は、これを保障する」ということだけです。

このように憲法の条文はあまり多くを語ってくれないので、学説や判例をしっかり理解しておく必要があります。まずは具体的なイメージを持ってもらうために、実際の裁判で憲法問題がどのように争われるのかを知っておきましょう。

ここでは、市民集会やデモに関する著名な2つの最高裁判例を紹介します。

砂川事件（最判昭和34年12月16日）

1957年、アメリカ軍の使用する立川飛行場の拡張工事に反対するデモ隊のAが、飛行場の柵を破壊して立入禁止場所に立ち入ったことを理由に、旧安保条約3条に基づく刑事特別法違反として起訴された。Aは、旧安保条約は戦力の不保持などを謳う憲法9条に違反するなどと主張し、無罪を訴えた。

泉佐野市民会館事件（最判平成7年3月7日）

Bらは、泉佐野市民会館ホールで「関西新空港反対全国総決起集会」を開催するため、ホールの使用許可を申請した。

しかし、市立泉佐野市民会館条例7条は、「会館の管理上支障があると認められる場合」(3号）等には会館の使用を許可してはならないと定めているところ、申請を受けた市側は、集会の主催者は連続爆破事件を起こすなどしている過激派であり、会館を使用させると不測の事態が発生して周辺住民の平穏な生活が脅かされるおそれがあることなどを理由に、申請を不許可とする処分を下した。

Bらは上記の条例や不許可処分が憲法21条に違反することなどを主張して、損害賠償請求訴訟を提起した。

憲法に違反する条約は無効とされるため、砂川事件では、旧安保条約が憲法9条に違反しないかが問題となりそうです。また、泉佐野市民会館事件においては、条例や市民会館使用の不許可処分が、憲法21条の定める集会の自由を侵害するものではないかが問題となります。

最高裁判所が実際に下した判断は後ほど解説しますが、ここでは2つの事例を読んで、憲法問題が争われる場面のイメージを持ってもらえればOKです。

2 憲法の意義

２つの事例について詳しく解説をする前に、まずは、憲法の基礎をおさらいすることにしましょう。

日本には法律や条例など数多くのルールが存在しますが、いうまでもなく、憲法は国家にとって最も重要なルールです。もっとも、「憲法が重要である」ということを何となく理解しているだけでは意味がありません。そこでまずは、日本の法秩序において憲法が持つ意義について解説していきます。

憲法の意義（1）自由の基礎法

はじめに、憲法の最も基本となる価値観について考えてみましょう。憲法は**国民は自由であるべき**という価値観に基づいており、この点をとらえて、憲法は**自由の基礎法**であるといわれます。

もっとも、「自由」という言葉の意味については、少し注意が必要です。ここでの「自由」とは、国家による干渉や権利の侵害を受けない状態のことを指しています。つまり、国民がいいたいことをいうことが国家によって妨げられていない状態や、君主によって国民が不当な処罰を受けていない状態を総称して、「自由」と呼んでいます。

いうまでもなく、近代国家においては「個人の自由」という価値が重視されます。これを受けて、近代憲法は「国民は自由であるべき」という価値観に基づき、国民の自由を保障するために制定されたものなのです。

このように、憲法は国民一人ひとりの自由を守るために存在するという意味において、憲法は自由の基礎法であるといわれています。

憲法の意義(2) 制限規範性

●憲法の制限規範性とは

次に、憲法の意義をより具体的に理解するため、「自由の基礎法」という言葉を、国家の側からとらえ直してみましょう。すると、憲法が自由の基礎法であるということは、**憲法は国家権力に歯止めをかけるために存在する**と言い換えることができます。

歴史的に、国家権力は往々にして「国のため」という名目で国民の自由や権利を侵害してきましたが、そのような国家の横暴を許さないという点に、自由の基礎法としての憲法の意味があります。

つまり、国家による干渉や権利侵害に歯止めをかけ、国家の横暴を未然に防ぐために、「国家ができること」をあらかじめ制限しておく必要があり、その役割を担っているのが憲法というわけです。「国民の自由を守る」ということは、「国家の自由を縛る」ことを意味しているわけですね。

たとえば、憲法には「思想及び良心の自由は、これを侵してはならない」(19条)、「検閲は、これをしてはならない」(21条2項前段）という規定があります。これらの規定は、国家による検閲が行われたり、国家が国民の思想・良心の自由を侵害したりすることがないように、国家に対してこれらの行為を禁止しているという意味を持ちます。

このように、憲法が国家権力を制限する規範（ルール）として機能することを、**憲法の制限規範性**と呼びます。

●憲法の名宛人は誰か？

憲法の制限規範性についての理解を深めるために、「憲法や法律の名宛人は誰か？」ということを考えてみましょう。これは、憲法や法律は誰に向けて書かれたルールであるかという問題です。

まず、法律の場合はどうでしょうか。たとえば、刑法199条は「人を殺した者は、死刑又は無期若しくは5年以上の懲役に処する」と定めています。これはいうまでもなく、「人を殺してはいけない」というルールを国民に対して定めたものです。この意味で、法律の名宛人は国民であるといえますね。

これに対して、「思想及び良心の自由は、これを侵してはならない」と書かれた憲法19条を思い出してみましょう。この規定は、国民に対して何かを命ずるものではなく、国家が国民の思想・良心の自由を侵害することを禁止したものです。すなわち、憲法の名宛人は国民ではなく国家であるということができます。

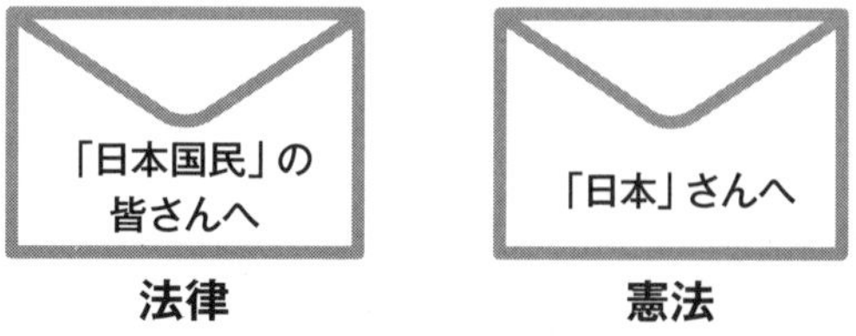

以上のように、憲法の制限規範性という特徴は、憲法は国家に向けて書かれたルールである、つまり、憲法の名宛人は国家であるということも表しています。ここでは、憲法は基本的に国民に対して何かを命じたり禁じたりするものではないという点が重要です。あくまで憲法は、国家権力を制限することに本質があるのです。

3 最高法規性という憲法の位置づけ

最高法規性とは

憲法の基本を理解するために、もう1つおさえておきたいポイントがあります。それは、憲法の最高法規性です。

憲法の最高法規性とは、国家のあらゆる法令の中で、憲法がその頂点に位置しているという意味です。98条1項は以下のように定め、憲法が「国の最高法規」であることを明言しています。

> **憲法98条1項**
> この憲法は、国の最高法規であつて、その条規に反する法律、命令、詔勅及び国務に関するその他の行為の全部又は一部は、その効力を有しない。

この条文では、**憲法に反する法律などは効力を持たない（無効である）**という点が重要です。つまり、選挙で選ばれた国会議員で構成される国会が法律を作ったとしても、それが憲法に反していると判断されれば、その法律は無効になるということです。

非嫡出子の法定相続分の問題

●非嫡出子に関する民法の定め

歴史を振り返ってみると、国会が制定した法律が後になって憲法違反であると判断され、その効力が否定されたケースが存在します。例として、**非嫡出子の法定相続分**について定めた民法の規定が無効と判断された判例を紹介しましょう。

一般に、婚姻関係にある男女の間に生まれた子は「嫡出子」と呼ばれ、婚姻関係にない男女の間に生まれた子は「非嫡出子」と呼ばれます。

また、法定相続分とは、民法によって定められた、各相続人が相続できる財産の割合のことをいいます[6]。たとえば、夫が死亡し、相続人は妻と子ども（嫡出子）２人の合計３人であった場合、法定相続分によると、妻は遺産の２分の１、子どもはそれぞれ遺産の４分の１ずつを相続します。

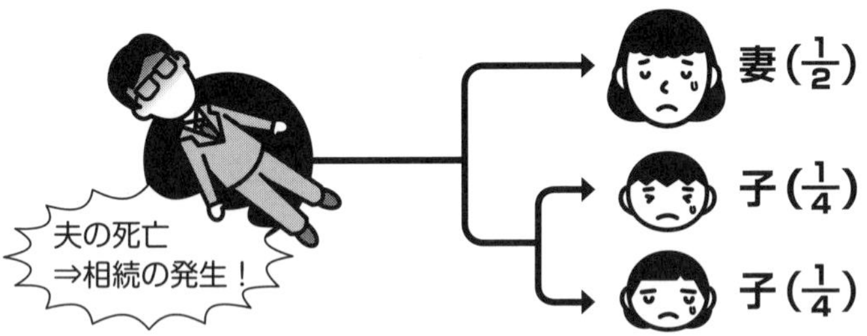

民法900条４号にはかつて、「嫡出でない子の相続分は、嫡出である子の相続分の２分の１と……する」という文言がありました。これは、非嫡出子は嫡出子の半分しか遺産を相続できないことを意味しています。たとえば、次のようなケースを考えてみてください。

ケース

夫Ａが死亡し、Ａと婚姻関係にある妻Ｂと、ＡとＢの子であるＸ（嫡出子）が相続人となった。

Ａには、Ａと婚姻関係にない女性Ｃとの間にも子Ｙ（非嫡出子）がおり、ＹもＡの相続人となった。

Ａには1200万円に相当する遺産がある。

6　法定相続分については、第３章の65ページで詳しく説明しています。

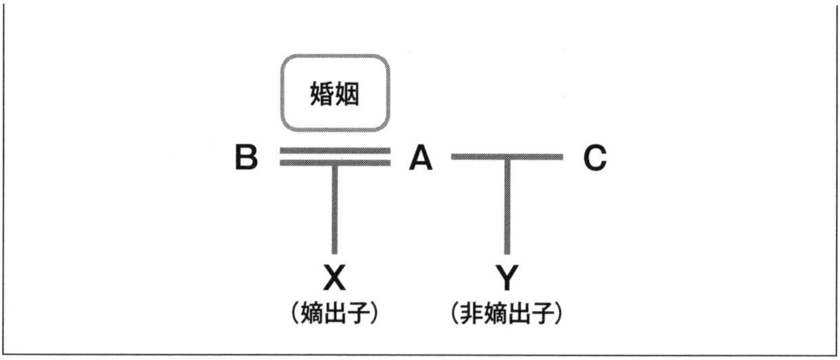

このケースの場合、先ほど紹介した旧民法900条4号の規定に従うと、各相続人における法定相続分と遺産の取得額は以下のとおりになります。

	法定相続分	遺産の取得額
① B（妻）	2分の1	600万円
② X（嫡出子）	6分の2	400万円
③ Y（非嫡出子）	6分の1	200万円

2分の1！

このように、旧民法900条4号の規定に従った場合、非嫡出子Yは、嫡出子Xの半分しか遺産を相続できないのです。

●憲法違反の判断と民法改正

上記の表を見ていると、Yは「Aの子である」という点ではXと同じ境遇にあるのに、Xの半分しか法定相続分が認められないのは不平等ではないかという疑問が湧いてきます。実際、旧民法900条4号については、母親が婚姻していたかどうかという偶然の事情によって非嫡出子が不当に差別されるものであるとして、法の下の平等を定める憲法14条1項に違反しているという批判が長年にわたり唱えられていました。

このような批判を受けて、最高裁判所はついに、旧民法900条4号の上記の部分は、憲法14条1項に違反し無効であると判示しました[7]。このように、裁判所が「この法律は憲法に反するから無効である」という判断ができるのは、憲法が国の最高法規であるからに他なりません。

この決定を受けて、その後国会により民法の一部が改正され、嫡出子と非嫡出子の法定相続分は等しいものとされました。先ほど紹介したケースの場合、改正後の民法によると、各相続人における法定相続分と遺産の取得額は、以下のようになります。これで、非嫡出子のYも一安心ですね。

	法定相続分	遺産の取得額
① B（妻）	2分の1	600万円
② X（嫡出子）	4分の1	300万円
③ Y（非嫡出子）	4分の1	300万円

平等！

4 法学部で勉強する憲法 ——基本的人権と統治機構

ここからは、憲法の規定の中身に入っていくことにしましょう。法学部での憲法の勉強は、主に**基本的人権**のパートと**統治機構**のパートの2つに分けられます。

基本的人権パートの概要

人権とは、人間が人間であることにより当然に有する権利のことをいい、憲法11条や97条において「侵すことのできない永久の権利」で

7 最決平成25年9月4日

あると謳われています。先ほど「憲法は自由の基礎法である」という話をしましたが、ここでいう「自由」とは、人権のことをいうと理解しておいてよいでしょう。

日本国憲法において、人権に関する規定は第３章（国民の権利及び義務）に並べられています。まずは、日本国憲法が定める主な人権をざっと眺めてみてください。

日本国憲法が定める主な人権

- 幸福追求権（13条後段）
- 法の下の平等（14条）
- 参政権（15条）
- 思想・良心の自由（19条）
- 信教の自由（20条）
- 表現の自由、集会・結社の自由、通信の秘密（21条）
- 職業選択の自由、居住・移転の自由（22条）
- 学問の自由（23条）
- 生存権（25条）
- 教育を受ける権利（26条）
- 労働基本権（28条）
- 財産権（29条）
- 裁判を受ける権利（32条）
- 被疑者・被告人の権利（33条～39条）

いかがでしょうか？　どこかで一度は目にしたことがある言葉も多く並んでいますね。

日本国憲法第３章では、国民にどのような人権が保障されていて、そのために国家は何をするべきか、何をしてはいけないかなどが書かれています。

統治機構パートの概要

統治機構とは国家の統治の仕組みや機関のことをいい、日本国憲法でこのパートの中心となるのは、第4章（国会）・第5章（内閣）・第6章（司法）という3つの章です。

この章立てからもわかるように、統治機構のパートでは、三権分立という大原則に基づき、立法権・行政権・司法権が有するそれぞれの権限を勉強していきます（「統治機構」のことを、以下では省略して「**統治**」と呼ぶことにします）。

統治のパートが規定する三権分立については、第6節で詳しく解説します。

以上のとおり、基本的人権のパートでは国民の自由について、統治のパートでは国家の仕組みについての規定が置かれていますが、どちらも「国民の自由を守る」という共通のゴールを目指しているということを覚えておいてください。

5 基本的人権のエッセンス——人権の種類と限界

ここでは、基本的人権のパートのエッセンスとなる概念について学んでいきましょう。

人権の種類（自由権・参政権・社会権）

基本的人権のパートは「人権のカタログ」とも呼ばれ、さまざまな人権についての規定が並んでいますが、国家権力との関係に着目すると、人権は、①**自由権**、②**参政権**、③**社会権**の3つに大別することができます。これらについて、順に説明していきます。

①**自由権**は、国家権力が国民の個人的な領域に介入（干渉）することを排除して、個人の自由な意思と活動とを保障する権利のことをいい、**「国家からの自由」**とも呼ばれます。思想及び良心の自由（19条）、信教の自由（20条1項）、表現の自由（21条）、職業選択の自由（22条1項）などが、自由権にあたります。

この章のはじめに説明した、「自由の基礎法」や「制限規範性」という言葉を思い出してみてください。憲法は国家権力に歯止めをかけることにより国民の自由や権利を守るものでしたが、そのためには、国家の国民に対する介入を最小限にとどめる必要があります。

このように、憲法の最大の目的は国家権力の制限であり、そのためにまず必要になるのが自由権です。その意味で、自由権は今日の人権概念の原点となる権利だといえます。

②**参政権**とは、国民が国政に参加する権利をいいます。自由権は国家から国民への働きかけ（介入・干渉）を制限するものでしたが、反対に、参政権は国民から国家への働きかけを保障する権利です。この点をとらえて、参政権は**「国家への自由」**とも呼ばれます。

国民の自由権が憲法に定められていても、国民の意見が国の政治にまったく反映されなければ、国民が自ら実現していくことができません。そこで、自由権の保障を現実に確保するための手段として、参政権が必要となるわけです。参政権の代表例としては、選挙権や被選挙権[8]が挙げられます。

③**社会権**とは、社会的・経済的弱者が「人間に値する生活」を営めるように、国家の積極的な配慮を求める権利をいいます。社会権は、国民が国家による保護を求める権利であるという意味で、**「国家による自由」**と呼ばれています。

もともと、人権といえば自由権や参政権のことを指していました。しかし、20世紀に入り資本主義が発展し、失業・貧困・労働条件の悪化などが深刻な社会問題となると、社会的・経済的弱者の権利として社会権が主張されるようになりました。

古典的な人権である自由権は、国家は国民にできるだけ介入しないほうがよいという消極国家の考え方を前提としてきましたが、社会権は、国家が国民生活に積極的に介入することを要請するものです。その意味で、自由権と社会権は正反対の性格を持つ人権であるといえます。

社会権の代表例として、「すべて国民は、健康で文化的な最低限度の生活を営む権利を有する」(25条1項）と定める生存権の規定があります。

8　15条1項

人権には限界があるか？

●人権を制約する「公共の福祉」

ここで皆さんに、「人権は際限なく認めてしまってよいものか」という問題を考えてもらいたいと思います。

たとえば、表現の自由についてはどうでしょうか。仮に表現の自由が無制限に認められる社会があったとすると、そこではあらゆる表現行為が許されるため、他人を貶めたり差別を助長したりする発言はもとより、残虐な映像や児童ポルノ映像を公開する行為さえ、すべてお咎めなしとされるでしょう。皆さんは、このような社会に暮らしたいと思うでしょうか？　……答えはきっと、「No」ですね。

実は、憲法は人権を「侵すことのできない永久の権利」であると謳っていますが、人権はあらゆる場面で無制限に認められるものではなく、社会や他の人権との関係で制約されることがあります。

このように、一定の場合に人権を制約する根拠を、憲法は**「公共の福祉」**という言葉で表現しています。公共の福祉とは、「みんなの幸せ」というような意味です。

公共の福祉は、人権と人権が衝突した場合に、公平な解決を図るための調整役としての役割を果たしています。あらゆる人権は公共の福祉による制約を受ける可能性があり、これが、私たちの持つ人権の限界であるといえます。

「公共の福祉」という言葉が使われている条文として、以下のようなものがあります。

憲法13条後段
生命、自由及び幸福追求に対する国民の権利については、公共の福祉に反しない限り、立法その他の国政の上で、最大の尊重を必要とする。

憲法22条1項
何人も、公共の福祉に反しない限り、居住、移転及び職業選択の自由を有する。

憲法29条2項
財産権の内容は、公共の福祉に適合するやうに、法律でこれを定める。

もっとも、公共の福祉により認められるのはあくまで**必要最小限度の制限**であって、その限度を超えると、人権侵害として憲法に違反することになります。ここで注意が必要なのは、国家が公共の福祉という聞こえの良い言葉を表向きの理由として、個人の人権を不当に侵害するおそれがあるという点です。

そのため国民は、個人の人権を制約する法律などに対しては、それが公共の福祉に基づく必要最小限度の制限といえるかを常にチェックする必要があります。実際の憲法訴訟においても、この点がよく争われています。

●泉佐野市民会館事件

人権を制約する根拠としての公共の福祉という考え方は、判例の中にも登場します。

この章の冒頭で紹介した泉佐野市民会館事件において、最高裁判所は、施設の利用を拒否できるのは「施設をその集会のために利用させることによって、他の基本的人権が侵害され、公共の福祉が損なわれる危険がある場合に限られる」と述べ、施設の利用拒否が集会の自由に違反するかの判断は、「基本的人権としての集会の自由の重要性と、当該集会が開かれることによって侵害されることのある他の基本的人権の内容や侵害の発生の危険性の程度等を較量して決せられるべきものである」と判示しました。

このように、実際の裁判においては、問題となる人権の重要性を認めつつも、それを広く認めてしまった場合に不利益を受ける可能性のある「みんなの幸せ」も考慮し、どちらを優先させるべきかを判断することになります。

なお、この事件において判例は、施設を利用した集会を許可すると「本件会館の職員、通行人、付近住民等の生命、身体又は財産が侵害されるという事態を生ずることが、客観的事実によって具体的に明らかに予見された」ことなどを理由として、市側が行った施設利用の不許可処分は憲法 21 条に違反しないと判断しました。

二重の基準論

この節の最後に、国家による人権の制限が必要最小限度の範囲を超えるか否かが争われる場合によく用いられる、二重の基準論という考え方を紹介します。

まず、憲法にはさまざまな種類の人権が規定されていますが、このうち、思想・良心の自由、信教の自由、学問の自由、集会・結社・表現の自由など、人間の精神活動に関する自由は、**精神的自由権**と呼ばれています。他方で、職業選択の自由など、人間の経済活動に関する自由は**経済的自由権**と呼ばれています。

二重の基準論とは、人権を制約する法律などが憲法に違反しないかを判断する際、精神的自由権が制限されている場合は、経済的自由権が制限されている場合に比べて、より厳格な基準によって審査しなければならないという考え方をいいます。その根拠については諸説ありますが、一般には、精神的自由権は民主主義の政治過程において不可欠の権利であり、経済的自由権に比べて優越的地位を占めるためであると考えられています。

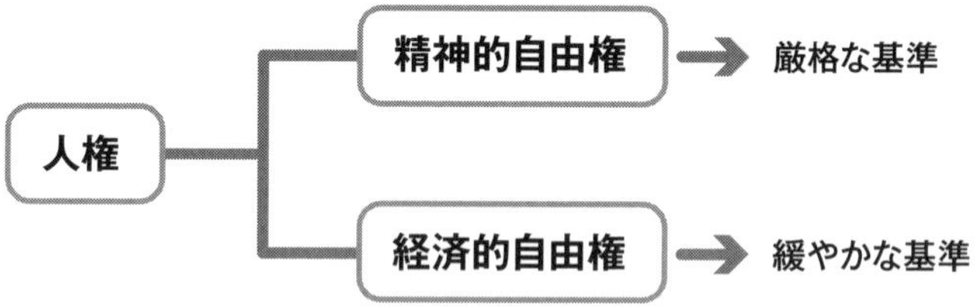

たとえば、国会により以下の２つの法律が制定された場合を想像してみましょう。

法律１
公共施設における政治集会や政治的な意見を含むビラの配布を禁止する法律

法律２
小学校から半径100m以内にパチンコ店を出店することを禁止する法律

この場合、法律１は、表現の自由という精神的自由権を制限する法律であるのに対し、法律２は、営業の自由[9]という経済的自由権を制限する法律です。したがって、二重の基準論によれば、裁判所が法律１の合

9　営業の自由とは、営業活動をして利益を上げる自由のことをいい、憲法22条１項の定める「職業選択の自由」の１つとして認められています。

憲性を判断するにあたっては、法律2が問題となる場合と比べて、より厳格な基準によって審査すべきこととなり、その結果、違憲という判断になりやすいということになります。

二重の基準論はかつて通説的な地位を占めていましたが、今日では、経済的自由権も精神的自由権と同等に重要な権利であり、精神的自由権が経済的自由権に比べて優越的地位を占めるとはいえないなどという厳しい批判が寄せられています。とはいえ、人権を２つに分けて考えるという視点は現在でも有用なものですので、ぜひ覚えておいてください。

6 統治機構のエッセンス——三権分立の目的と働き

三権分立と議院内閣制

●三権分立の目的

統治パートのエッセンスとなるのは、国家の基礎をなす**三権分立**という仕組みです。皆さんも、一度は耳にしたことのある言葉だと思います。

三権分立の下では、国家権力は**立法権・行政権・司法権**の三権に分けられ、**国会・内閣・裁判所**という独立した機関が、それぞれの権限を担当します。

国家権力が１つの機関に集中していると、政府の活動を監視する機関が存在せず、国民の権利や自由が侵害されるおそれがあります。

このような事態を防ぐために憲法が採用しているのが、三権分立です。３つの独立した機関が相互に抑制し合い、バランスを保つことにより、権力の集中と濫用を防ぎ、国民の権利と自由を保障することを目的としています。

いわば、３つの権力が「互いに行き過ぎを防ぐ」制度を構築することにより、国民の自由を守ろうとしているわけです。

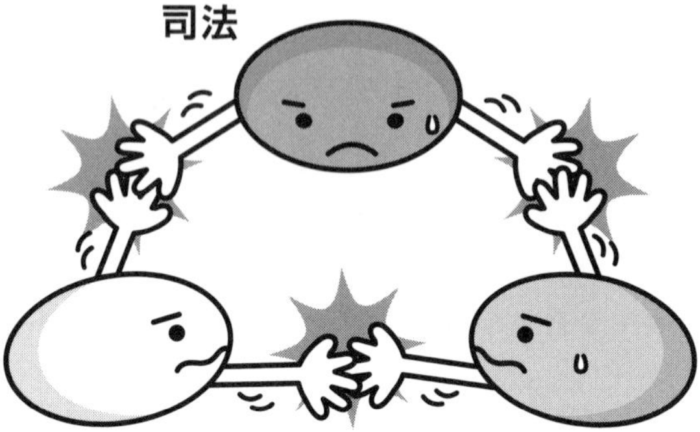

●議院内閣制とは

日本国憲法は三権分立を基礎としつつ、国会と内閣の関係については、議院内閣制という制度を採用しています。**議院内閣制**とは、国会と内閣がそれぞれ独立した機関であるものの、内閣が国会に対して連帯責任を負う仕組みのことをいいます。

「内閣が国会に対して連帯責任を負う」とは、内閣は国会から完全に分離・独立しているのではなく、内閣は国会の信任を必要とし、両者は協力しなくてはならないという意味です。

本来、三権分立は、国家権力をいくつかの機関で分担し、それぞれの権力を分離することにより国民の自由を守るという「権力分立」を基礎とする制度です。しかし、議院内閣制は、権力分立を徹底せず、むしろ国会と内閣の協力を目指すことで、国民の自由を守ろうとする制度であるといえます[10]。

10　議院内閣制と正反対の制度が、議会と政府が完全に分離しているアメリカの大統領制です。たとえば、大統領は議会の意思とは無関係に国民の選挙によって選ばれますが、議会の議員との兼職が禁じられているため、議員を続けながら大統領になることはできません。

3つの機関による相互コントロール

以上のとおり、三権分立は、国会・内閣・裁判所が、相互に権力をコントロールし、国家権力の集中と濫用を防ぐ制度です。ここでは、そのために憲法がどのような規定を置いているかを紹介していきます。

●国会と内閣の相互コントロール

まず、国会と内閣という、国の政治を担う２つの機関の関係について説明していきましょう。

国会の内閣に対するコントロールとして、内閣のトップである内閣総理大臣は国会議員の中から国会で選出されるとともに、内閣の一員である大臣の過半数は国会議員から選ばれなくてはなりません[11]。さらに、衆議院には内閣不信任決議権も用意されており、この決議がなされると、内閣は総辞職しなければなりません[12]。

これに対し、**内閣の国会に対するコントロール**としては、衆議院の解散権や国会召集の決定権限などが挙げられます[13]。

以上のとおり、国会（衆議院）と内閣が互いに「相手をやめさせる」カードを持つことにより、両者はある種の緊張関係を持つと同時に、協力して政治的な課題に向かっていくことが要請されているのです。

●裁判所と国会・内閣の相互コントロール

裁判所の国会・内閣に対するコントロールは、81条[14]の定める違憲審査権により担保されています。**違憲審査権**とは、裁判所により法律や国家の行為が憲法に違反すると判断された場合には、その効力が否定されるという権限です。

11　67条1項、68条1項但書
12　69条
13　7条3号、53条
14　憲法81条「最高裁判所は、一切の法律、命令、規則又は処分が憲法に適合するかしないかを決定する権限を有する終審裁判所である。」

このように、裁判所は、国会や内閣によって国民の権利や自由が不当に侵害されていないかをチェックする役割を担っています。

もっとも、国会議員は国民の選挙によって選ばれ、内閣の大臣の多くは国会議員から選出されているため、国会と内閣は、いずれも国民の意思を反映した民主主義的な性格が強い機関といえます。一方、裁判官は選挙で選ばれるわけではないので、裁判所は必ずしも国民の意思が反映された機関とはいえません。

したがって、裁判所が違憲審査権を行使して法律や国家の行為を否定するということは、ある意味で国民の意思にノーを突きつけるという性質を持っています。そのため、裁判所による違憲審査権の行使は、できるだけ抑制的である必要があると考えられています。

国会の裁判所に対するコントロールとしては、裁判官を罷免する権限を持つ弾劾裁判所の設置などがあり、**内閣の裁判所に対するコントロール**としては、最高裁判所長官を指名し、その他の裁判官を任命する権限などがあります[15]。

以上のように、憲法には国会や内閣が裁判所をコントロールする規定がいくつか存在しますが、これらの権限は、司法権独立の原則を侵害しないよう、極めて慎重に行使される必要があります。

司法権独立の原則とは、司法権が立法権・行政権から独立しているとともに、裁判官が個々の裁判をするにあたって、外部からの圧力や干渉を受けずに、独立して職権を行使できることを要請するものです[16]。

国会や内閣から裁判所に対して不当な圧力がかかると、裁判所が公正な裁判を通じて国民の権利と自由を保護することができなくなってしまいます。このような事態を防ぐため、三権分立の下でも、司法権の独立

15 64条1項、79条1項
16 憲法76条3項「すべて裁判官は、その良心に従ひ独立してその職権を行ひ、この憲法及び法律にのみ拘束される。」

は特に重視されているのです。

●砂川事件判決の統治行為論

最後に、この章の冒頭で紹介した砂川事件を思い出してください。

この訴訟では旧安保条約が憲法９条に違反しないかが主な争点となりましたが、最高裁判所は、「安全保障条約は、前述のごとく、主権国としてのわが国の存立の基礎に極めて重大な関係をもつ高度の政治性を有するものというべきであつて、その内容が違憲なりや否やの法的判断は、その条約を締結した内閣およびこれを承認した国会の高度の政治的ないし自由裁量的判断と表裏をなす点がすくなくない。それ故、右違憲なりや否やの法的判断は、純司法的機能をその使命とする司法裁判所の審査には、原則としてなじまない」として、この問題を正面から判断することを避けました。

言い回しは難しいですが、要するに、「安全保障条約のような高度に政治的な問題について裁判所は口出しをしません」ということであり、この考え方は**統治行為論**と呼ばれます。砂川事件の判断には批判も多いところですが、この判断が三権分立の理念に照らして妥当なものかどうか、ぜひ皆さん自身で考えてみてください。

第2章のポイント

▶ 憲法は「国民は自由であるべき」という価値観に基づいていることから、**自由の基礎法**であるといわれる。憲法が国家権力を制限する規範（ルール）として機能することを**憲法の制限規範性**と呼ぶ。

▶ 憲法が国家のあらゆる法令の頂点に位置しているということを**憲法の最高法規性**といい、憲法に反する法律などは効力を持たない。

▶ 法学部での憲法の勉強は、**基本的人権**のパートと**統治機構**のパートに分けられる。人権とは、人間が人間であることにより当然に有する権利のことをいい、統治機構とは、国家の統治の仕組みや機関のことをいう。

▶ 人権は、①**自由権**、②**参政権**、③**社会権**の３つに大別することができる。

▶ **公共の福祉**は、人権と人権が衝突した場合に公平な解決を図るための調整役であり、人権を制約する根拠となる。国家による人権の制限が必要最小限度の範囲を超えるか否かの判断においては、**二重の基準論**という考え方がある。

▶ 日本国憲法は**三権分立**を基礎としつつ、国会と内閣の関係については、**議院内閣制**という制度を採用している。国会・内閣・裁判所が相互に抑制し合うことにより、権力の集中と濫用を防ぎ、国民の権利と自由を保障することが三権分立の目的である。

第1部

第3章

民法

第３章の概観

- ▶ 第１節では、「私法の一般法」であり、1000 以上の条文から成る民法の全体像を説明し、それらの条文を分類・整理する**パンデクテン方式**という考え方について解説します。
- ▶ 民法は**総則・物権・債権・親族・相続**という５つの「編」から構成されているので、第２節では、それぞれの「編」の中でも特に重要な概念やキーワードに絞って、順番に解説していきます。
- ▶ 最後の第３節では、民法の条文には書かれていない重要なルールとして、**私的自治の原則**、**契約自由の原則**について勉強します。

この本で勉強する法律のうち、読者の皆さんの人生そのものと最も深く結びついている法律は、民法かもしれません。

アパートの部屋を借りる場合の賃貸借契約、交通事故に遭った際の損害賠償請求、結婚をする場合の婚姻届など、すべて民法の守備範囲です。また、民法３条１項は「私権の享有は、出生に始まる」と定めており、882条は「相続は、死亡によって開始する」と定めています。まさに「ゆりかごから墓場まで」、あなたは民法から逃れることはできません。

さらに、民法には「胎児は、相続については、既に生まれたものとみなす」という条文もあります（886条１項)。もはや私たちは、お母さんのお腹にいる頃から民法のお世話になっているわけですね（笑）

1 民法の全体像とパンデクテン方式

私たちの生活にまつわる法律関係を幅広くカバーしている民法は、**「私法の一般法」**といわれています。これは、民法は、個人と個人の間に発生する権利や義務に関して広く一般的に適用されるルールであるということです。

民法の全体像として、章末の72ページに引用した民法の目次にざっと目を通してみると、民法は、総則（第１編)・物権（第２編)・債権(第３編)・親族（第４編)・相続（第５編）という、５つのパートから構成されていることがわかります。

このような構成の仕方は、**パンデクテン方式**と呼ばれています。パンデクテン方式とは、さまざまな法律関係に共通する一般的・抽象的なルールを「総則」としてまとめ、それを個別的な規定に先立って配置するという方法です。これにより、１つの法律を体系的に構成し、条文の重複を少なくすることができます。

第１編の総則は、パンデクテン方式に従い、民法全体に通じる基本的なルール、つまり、第２編から第５編のすべてに共通するルールを定めた部分です。

また、72ページの目次を眺めると、それぞれの「編」や「章」の中にも「総則」が置かれていることがわかりますね。たとえば、第２編（物権）の第１章にも「総則」がありますが、ここには、第２編の物権法全体に共通する規定が並んでいるのです。

第１編の総則の後には、物権法（第２編）と債権法（第３編）が続きます。これらは私人の財産関係を定めたルールであるため、**財産法**と呼ばれています。これに対し、親族法（第４編）と相続法（第５編）は、私人の家族関係を定めたルールという意味で、**家族法**と呼ばれています。

民法の全体像を大まかにまとめると、次の図のようになります。

2 民法第1編～第5編の概観

民法には非常に多くの条文がありますが、それらの条文は、パンデクテン方式に基づき第1編～第5編に整理されています。そのため、それぞれのパート（編）の概要を知っていれば、ある法律問題を耳にした際に、それに関する規定がどのあたりにあるかを想像することができます。

以下では、第1編～第5編のそれぞれの内容を紹介するとともに、その中でも特に重要な規定や概念について、簡単に解説していきます。

第1編　総則

民法総則には民法全体に共通するルールが定められており、民法を学ぶ第1歩として大切なパートです。

その中でも、第5章に登場する「意思表示」は、契約締結の場面などにも登場する重要な概念です。意思表示が無効とされる「意思表示の瑕疵」の問題と合わせて理解しておきましょう。

●意思表示とは

意思表示とは、一定の法律効果の発生を欲する旨の意思の表明のことをいいます。たとえば、ある人が自動車を100万円で買う旨の意思を表明する場合、意思表示にあたります。

意思表示の具体的な方法については、特に法律で決まっているわけではありません。そのため、口頭での発話、電話、通知書、メールなど、何かしらの方法で意思の表明が行われれば、意思表示と認められます。

意思表示が行われる過程を丁寧に分析すると、次のようになります。

まず、人が意思表示を行うとき、①一定の**動機**に導かれ、②**効果意思**

(一定の法律効果の発生を欲する意思）の内容を決定し、③**表示意識**(効果意思を表明しようとする意識）に基づき、④**表示行為**（効果意思を外部に表明する行為）を行う、という過程を経ることになります。

先の例でいえば、たとえば、通勤で使うために自動車が欲しいというのが①動機です。この動機によって、特定の自動車を100万円で買おうという意思が発生すれば、それが②効果意思になります。そして、この効果意思を表明しようとする意識（③表示意識）に基づき、自動車の売買契約書にサインをした場合には、効果意思が外部に表明され、④表示行為が認められます。

意思表示が問題となる典型的な場面は、いうまでもなく契約です。

契約が成立するためには、当事者による意思表示が必要となります。たとえば売買契約の場合、買主による「この自動車を100万円で買います」という「申込みの意思表示」と、売主による「この自動車を100万円で売ります」という「承諾の意思表示」が認められると、2つの意思表示が合致して売買契約が成立し、法律上の権利や義務が発生します。

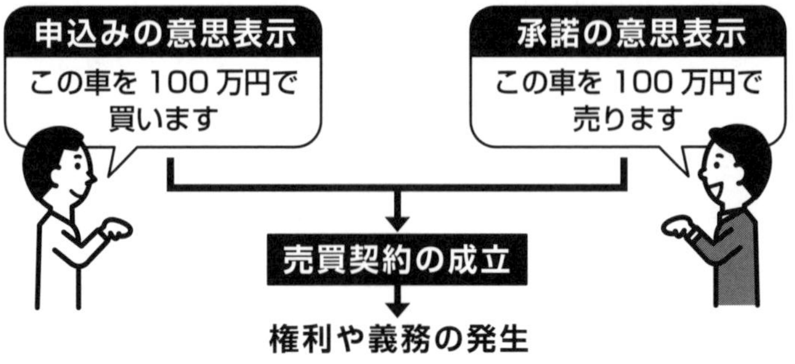

●意思表示の瑕疵（1）　意思の不存在

外形的には意思表示が存在しても、それに瑕疵[17]がある場合には、意思表示の効力が否定されることがあります。民法は、**意思表示の瑕疵**の問題を２つに大別しています。

第１に、表示行為によって表示された内容に対応する効果意思が、表意者（意思表示をした者）になかった場合です。これを「意思の不存在」と呼び、93条（心裡留保）と94条（虚偽表示）に規定が置かれています。

意思の不存在の場合には、意思表示は無効であるとするのが民法の原則的な立場です。

民法93条（心裡留保）

（1）意思表示は、表意者がその真意ではないことを知ってしたときであっても、そのためにその効力を妨げられない。ただし、相手方がその意思表示が表意者の真意ではないことを知り、又は知ることができたときは、その意思表示は、無効とする。

（2）前項ただし書の規定による意思表示の無効は、善意の第三者

17　「瑕疵」とはもともと、欠点・欠陥・キズといった意味ですが、ここでは、意思表示に何らかの問題があることを指しています。

に対抗することができない。

民法94条（虚偽表示）

（1）相手方と通じてした虚偽の意思表示は、無効とする。

（2）前項の規定による意思表示の無効は、善意の第3者に対抗することができない。

心裡留保とは、表示行為に対応する効果意思がないことを認識しながら意思表示をした場合をいいます。たとえば、絵画のオークションにおいて、実際にはある絵画を買う意思も資金もまったくないにもかかわらず、同席していた知人に見栄を張るために1億円で入札をしたところ、誰もそれ以上の値をつけなかったため、落札者となってしまった場合は、心裡留保にあたります。

虚偽表示とは、表意者が相手方と通謀して行う、真意でない意思表示のことをいいます。たとえば、所有する土地を債権者に差し押さえられるのを防ぐため、第三者と通謀して、その土地を第三者に売却する虚偽の契約書を作成し、登記名義も移転した場合が虚偽表示にあたります。

●意思表示の瑕疵(2)　瑕疵ある意思表示

意思表示の瑕疵の問題の第2は、意思の形成過程に問題があり、その問題がなければその意思表示はされなかったであろうと考えられる場合です。錯誤（95条）や詐欺・強迫（96条）による意思表示がこれにあたり、「瑕疵ある意思表示」と呼ばれます。

民法95条（錯誤）

（1）意思表示は、次に掲げる錯誤に基づくものであって、その錯誤が法律行為の目的及び取引上の社会通念に照らして重要なものであるときは、取り消すことができる。

①意思表示に対応する意思を欠く錯誤

②表意者が法律行為の基礎とした事情についてのその認識が真実に反する錯誤

（2）～（4）（略）

民法 96 条（詐欺又は強迫）

（1）詐欺又は強迫による意思表示は、取り消すことができる。

（2）～（3）（略）

錯誤とは、表意者の認識と事実が一致しないことをいいます。

95 条 1 項 1 号の錯誤は、たとえば、骨董品の壺を 100 万円で買う旨の意思表示を手紙でしようとしたのに、誤って「10,000,000 円」と手紙に書いて意思表示をしてしまったような場合です。

同条項 2 号の錯誤は、たとえば、有名な画家が描いた作品だと思って買った絵画が、実はその画家の弟子による作品だった場合がこれにあたります。

詐欺とは、他人を騙して錯誤に陥らせ、それによって意思表示をさせようとする行為をいいます。**強迫**とは、他人に害悪を示して恐怖を感じさせ、それによって意思表示をさせようとする行為をいいます。

錯誤や詐欺・強迫による意思表示は当然に無効となるわけではありませんが、95 条・96 条は、このような意思表示は取り消すことができることを定めています[18]。

18 平成 29 年改正前の民法では、条文上、錯誤による意思表示は無効とされていました。しかし、詐欺の場合と同様、錯誤に関する制度の保護を受けるか否かは表意者の判断に委ねるべきであるという考え方から、民法改正により、錯誤があった場合の効果は「取消可能」に変更されました。

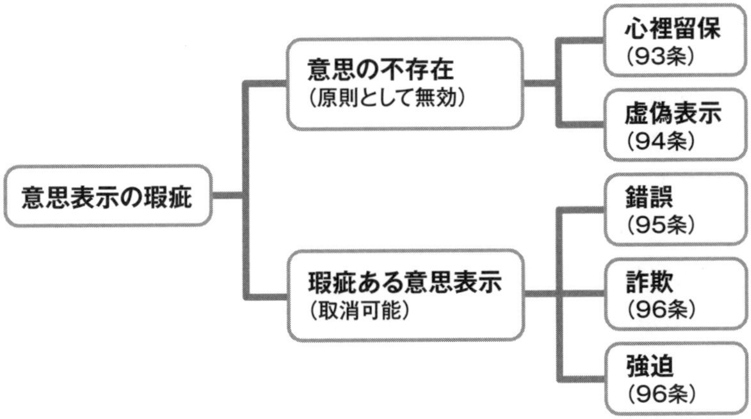

第2編　物権法

●物権と債権

先ほども説明したとおり、財産法は物権法と債権法に分けられます。

物権とは物に対する権利のことをいい、その代表格は**所有権**です。所有権を有している人は、その物を自分で使うこともできれば、誰かに貸して使用料を得ることもできます。また、もちろんそれを売ってお金にかえることもできます。このように、「その物について何をしてもよい」という意味で、物についてのオールマイティの権利が所有権です。

物権の最大の特徴は、権利を**誰に対しても主張できる**という点にあります。この点を捉えて、物権は「絶対的な権利」であるといわれています。たとえば、建物を所有している人は、他人が建物に入り込んできた場合、それが誰であっても、そこから出て行くよう請求することができます。

一方、**債権**とは、ある人に対して特定の行為を請求する権利のことをいいます。債権は物権と違い、**特定の人に対してのみ主張できる**権利です。このことから、債権は「相対的な権利」であるといわれます。

債権の例としては、売買契約に基づきその代金を支払うよう請求する権利や、交通事故により損害賠償を請求する権利などがあります。また、債権の裏返しの意味としての「〜しなければならない」という義務のことを、**債務**といいます。債権があるところには、その裏返しとしての債務が存在します。

●物権の対象——動産と不動産

物権は物に対する権利ですが、民法86条は、物を動産と不動産とに分類しています。

> **民法86条（不動産及び動産）**
> （1）土地及びその定着物は、不動産とする。
> （2）不動産以外の物は、すべて動産とする。

第1項の「定着物」とは、土地に固定された建物のことなどを指しており、**不動産**とは土地や建物のことをいいます。土地や建物は簡単に動かすことができないので、不動産と呼ばれているのです。

一方、**動産**とは第2項にある通り、不動産以外のすべての物を指しています。不動産以外の物は基本的に容易に動かせると考えられるため、動産と呼ばれているのです。具体的には、宝石や携帯電話などといった比較的小さな物から、車や船舶、飛行機などといった大きな物まで、その種類は実にさまざまです[19]。

19 ちなみに、猫や犬などの動物も、法律上は動産として扱われます。

● **物権の種類**

先ほど物権の代表格は所有権であると説明しましたが、72ページの民法の目次を眺めればわかるとおり、民法第2編においては、所有権以外にもさまざまな物権が列挙されています。

たとえば、第2章は占有権についての規定を置いています。**占有権**とは、物に対する事実上の支配（占有）そのものに対して、一定の法的保護を与える権利のことをいいます。

具体的には、Aが何らかの理由で、Bが所有する時計を占有していた場合に、Cがその時計を無断で持ち出してしまったというケースを考えてみてください。この場合、Aは時計の所有者ではないので、Cに対し、所有権に基づく返還請求をすることはできません。しかし、Aは時計の占有権に基づき、Cに対して返還請求をすることができます[20]。

このように、占有権は、物の所有者が誰かにかかわらず、「その物を支配（占有）している」という事実状態そのものに対して保護を与える点に特徴があります。

その他、地上権（第4章）・永小作権（第5章）・地役権（第6章）は、

20　民法200条1項（占有回収の訴え）「占有者がその占有を奪われたときは、占有回収の訴えにより、その物の返還及び損害の賠償を請求することができる。」

まとめて**用益物権**と呼ばれています。用益物権とは、他人の土地を一定の目的のために使用・収益する物権のことをいいます。

また、留置権（第７章）・先取特権（第８章）・質権（第９章）・抵当権（第10章）は、まとめて**担保物権**と呼ばれています。担保物権とは、債権の担保を目的とする物権です。

用益物権と担保物権のそれぞれの権利は、所有権の権能の一部を把握する権利であり、所有権を制限する効力を持つことになるので、まとめて**制限物権**と呼ばれることがあります。

以上の物権の種類をまとめると、次のようになります。

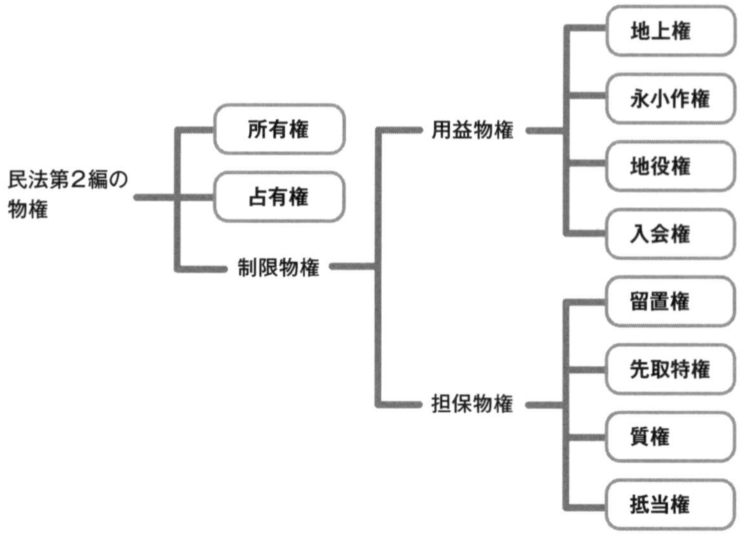

第3編　債権法

●生活の中の債権法

先ほど説明した債権や債務に関する規定を置いているのが、第３編の債権法です。私たちが生きる社会においては、契約の締結などにより無数の債権や債務が絶えず発生し、そして消滅し続けています。

たとえば、「会社員がマンションから電車で出勤する途中に、売店で弁当を買った」というケースを考えてみましょう。ほんの１行で説明できる事例であっても、法律上は、会社で働くための雇用契約、マンションについての賃貸借契約、電車を利用する旅客運送契約、弁当を買う売買契約など、この会社員はさまざまな契約を締結しており、その１つ１つにおいて、債権法の規定が適用されることになります。

このように、債権法は、私たちの日常生活と非常に密接な関係にあるのです。

●債権の４つの発生原因

ここで、72ページの民法の目次を見てみてください。第３編（債権）には、民法が定める債権の４つの発生原因が並んでいます。つまり、契約（第２章）・事務管理（第３章）・不当利得（第４章）・不法行為（第５章）が、債権の４つの発生原因です。

契約以外の３つについてはあまり馴染みのない言葉だと思いますので、簡単に説明しておきます。

事務管理が問題となるのは、たとえば、長期出張中のＡ宅の窓ガラスが割れていることに気づいた隣人のＢが、泥棒が入ったり雨水が入り込んだりしないように、Ａ宅の窓ガラスを修理してあげたというような場合です。

民法は、「義務なく他人のために事務の管理を始めた者……は、その事務の性質に従い、最も本人の利益に適合する方法によって、その事務の管理……をしなければならない」(697条１項)、「管理者は、本人のために有益な費用を支出したときは、本人に対し、その償還を請求することができる」(702条１項）といった規定を置き、親切心から出た行為については、契約関係がなくても一定の債権が発生することを定めています。

不当利得について、703条は、「法律上の原因なく他人の財産又は労務によって利益を受け、そのために他人に損失を及ぼした者…は、その利益の存する限度において、これを返還する義務を負う」と定めています。

たとえば、売主に騙されて自動車の売買契約を締結してしまい、代金100万円を支払った買主が、その契約を詐欺を理由として取り消した場合、売買契約は無効になります。そのため、売主は法律上の原因なくして代金を受領したことになり、これは不当利得にあたります。その結果、売主は、自動車の代金について買主に返還する義務を負うことになります[21]。

不法行為とは、「故意又は過失によって他人の権利又は法律上保護される利益を侵害した者は、これによって生じた損害を賠償する責任を負う」（709条）という制度です。たとえば、交通事故の被害者は、自らに生じた財産的損害・精神的損害について、不法行為に基づく損害賠償請求権という債権を取得します。

●「無断駐車は罰金５万円」という貼り紙の法的意味

民法上の債権の発生原因は、先ほど紹介した契約・事務管理・不当利得・不法行為の４つですべてカバーされています。裏を返すと、ある事実がこれら４つのうちいずれかに該当しない限り、民法上の債権が発生することはありません。このことを理解するために、次のケースを考えてみてください。

ケース

月極駐車場の管理者であるＡは、その駐車場に、「無断駐車は罰金10万円申し受けます」という貼り紙を貼った。ある日、ＢがＡに

21　704条も参照。

> 無断で、その駐車場に自動車を1時間駐車した。AはBに対して、10万円の支払いを請求することができるか。

このケースでは、AのBに対する、10万円の支払いを求める債権が発生しているかが問題となります。ここでは、先ほど説明した債権の4つの発生原因のうち、いずれに該当するかを考えてみましょう。

まず、契約はどうでしょうか。契約が成立したといえるためには、当事者による合意（意思の合致）が必要になります。本件の場合、Aは駐車場に貼り紙を貼っただけであり、Bはその駐車場に無断駐車をしたに過ぎません。したがって、2人の間の合意や契約の成立を認めるのは難しそうですね。

では、他の発生原因はどうでしょうか？　本件では事務管理はおよそ問題とならないため、不当利得又は不法行為が成立するかを検討してみましょう。

BはAの駐車場を無断で利用しているため、「法律上の原因なく他人の財産……によって利益を受け、そのために他人に損失を及ぼした」（不当利得）、又は、「故意又は過失によって他人の権利又は法律上保護される利益を侵害した」（不法行為）と認められる可能性があります。これらの要件を満たす場合には、不当利得又は不法行為が成立し、AのBに対する債権が発生します。

もっともこの場合、AがBに対して請求できる債権の額は、発生した損失（損害）の額によって決まります。本件では、その駐車場や近隣の駐車場の駐車料金などを参考にして具体的な債権額が決まることになりますが、おそらく、1時間無断駐車をしただけで10万円の損失（損害）が認められることはないでしょう。

以上をまとめると、債権の4つの発生原因のいずれをとっても、Aが

Bに10万円の支払いを請求する債権は発生しないと考えられそうです。

このように、民法上、ある債権が存在するかを考えるためには、**契約・事務管理・不当利得・不法行為のいずれかに該当する事実があるか**どうかを検討することが必要になります。

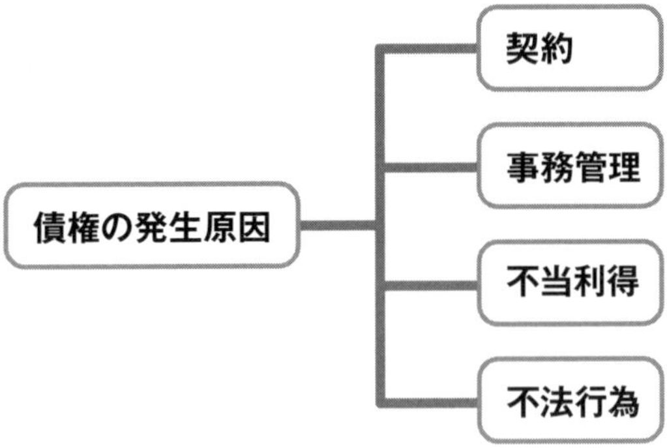

●債務不履行に基づく損害賠償請求

次に、契約などによって発生した債権が、その後どのように扱われるかという点も説明しておきましょう。一度発生した債権は、発生原因にかかわらず、民法第3編第1章（総則）の規定の適用を受けます。

その中でも特に重要なのが、「債務者がその債務の本旨に従った履行をしないとき又は債務の履行が不能であるときは、債権者は、これによって生じた損害の賠償を請求することができる」として、**債務不履行に基づく損害賠償請求**について定めた415条です。

「債務の本旨に従った履行をしないとき」の典型例は、債務者が履行期までに債務を履行しない場合です。

たとえば、機械の部品を製造するA社が、機械メーカーであるB社に、6月1日までに機械部品を供給する契約が結ばれたとします。A社が6月1日（履行期）になっても部品を納入しない場合、B社としては、民法415条を根拠にA社に損害賠償を請求できます。

このとき、もともとB社は、A社の部品を使って製造する機械をC社に販売する予定であったにもかかわらず、A社の債務不履行により機械の販売ができなくなってしまい、予定していた100万円の利益を得ることができなかったという場合には、この100万円について損害賠償を請求できます。

民法で損害賠償といえば、債務不履行に基づく損害賠償請求（415条）と、不法行為に基づく損害賠償請求（709条）の2つを思い出す必要があります。契約によって既に債務が存在する場合は前者を根拠とし、交通事故の場合など、既存の債権・債務が何ら存在しないときには後者を根拠とすると覚えておくとよいでしょう。

第4編　親族法

ここからは家族法に入っていきます。家族法には親族法と相続法とがありましたが、まずは親族法についてです。

●離婚の種類

親族法は、婚姻・離婚や親子関係に関する事柄などについて定める領域です。たとえば、婚姻の要件と効果や、離婚に伴う親権の処理、養子縁組の種類についての規定が置かれています。ここでは、親族法の中でもよく問題となる分野として、我が国における離婚の制度を簡単に紹介することにします。

ここで婚姻ではなく離婚を扱う理由としては、基本的に法律家はカップルの仲がこじれたときにこそ活躍し、2人の関係が良好なときにはあまり必要ないためです。そう考えると少し切ない気持ちにもなりますが、どうぞお付き合いください（笑）

離婚には、主として以下4つの種類が存在します。

離婚の種類

①協議離婚（民法 763 条）
②裁判離婚（同 770 条）
③調停離婚（家事事件手続法 268 条 1 項）
④審判離婚（同 284 条）

以下、具体的にその内容を確認しましょう。

●民法上の離婚

民法に定められている離婚は、①協議離婚と②裁判離婚です。

①協議離婚は、夫婦の間で離婚の合意をして、それを届け出ることによって成立するものです。これが最もよく利用される離婚の方法であり、全体の約 8 割〜 9 割を占めています。

②裁判離婚は、夫婦の一方が離婚に同意しない場合であっても、770 条 1 項各号の定める離婚原因がある場合に離婚の訴えが認められ、判決によって成立する離婚です。

民法 770 条 1 項
夫婦の一方は、次に掲げる場合に限り、離婚の訴えを提起することができる。
①配偶者に不貞な行為があったとき。
②配偶者から悪意で遺棄されたとき。
③配偶者の生死が 3 年以上明らかでないとき。
④配偶者が強度の精神病にかかり、回復の見込みがないとき。
⑤その他婚姻を継続し難い重大な事由があるとき。

この中でも、特に 5 号に注目してください。1 号〜 4 号は具体的な離婚原因ですが、5 号は極めて抽象的な離婚原因を規定しているため、何らかの事実により「婚姻を継続し難い重大な事由がある」といえれば、夫婦の一方が離婚に同意しない場合でも、裁判により離婚ができるということになります。

判例上も、暴行・虐待、犯罪行為、浪費癖、勤労意欲の欠如、性格や人生観の不一致、他方配偶者の親族との不和など、５号に該当すると認められた事案は多岐にわたります。

●家事事件手続法による離婚

せっかくですので、家事事件手続法による離婚についても、紹介しておきましょう。

まず、**③調停離婚**というものがあります。夫婦の間で離婚の協議が整わず、離婚の裁判を提起しようとする場合には、それに先立ち、裁判所に離婚の調停を申し立てる必要があります。

そして、調停委員会において夫婦の間で離婚の合意が成立し、これを調書に記載すれば、調停離婚が成立します。離婚全体の約１割は、調停離婚の方法で成立しています。

また、調停が不成立の場合、家庭裁判所が相当と認めるときは、一切の事情を考慮し、職権で事件の解決のために必要な審判をすることができます。この審判により成立するのが**④審判離婚**です。

第５編　相続法

●相続の２パターン――遺言相続と法定相続

民法の締めくくりは、第５編の相続法です。**相続法**とは、死亡した人（被相続人）の財産を一定の近親者（相続人）に承継する際の法的ルールのことをいいます。ある人が死亡すると、その人は**被相続人**と呼ばれ、その配偶者や、子・両親・兄弟姉妹などが**相続人**となります。

相続は被相続人の死亡によって開始し、これにより、法律上、被相続人の財産に属した一切の権利義務は、原則としてすべて相続人に引き継がれます[22]。建物の所有権、お金を貸した人に対する貸金返還請求権、売買契約の買主として代金を支払う債務など、あらゆる権利や義務が相続人に承継されるわけです。

このとき、プラスの財産だけでなく、マイナスの財産も承継される点には注意が必要です。

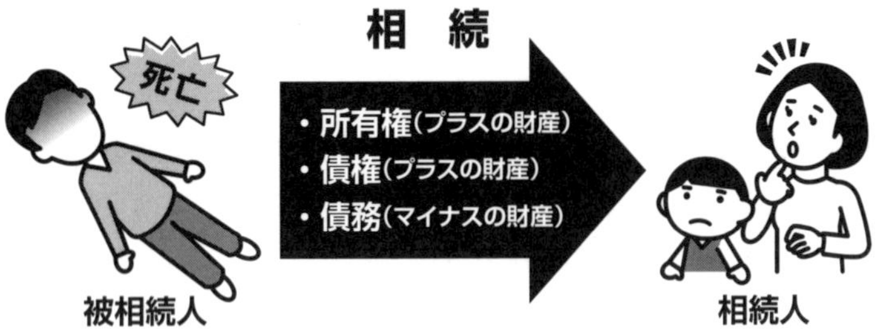

そして、被相続人の財産を相続人が承継する方法には、２つのパターンがあります。

１つは、被相続人が遺言によって相続の仕方を指定する**遺言相続**[23]です。遺言がある場合には、財産の承継は原則として遺言によって処理されます。

もう１つのパターンは、遺言がない場合に民法が定めたルールに従って相続が行われる**法定相続**です。最近では遺言の利用も増えてきたようですが、割合としては、まだ法定相続のほうが多いのが現状です。そこで、以下では法定相続の場合を中心に説明することにします。

---

22 882条、896条
23 一般的には「遺言」を「ゆいごん」と読むことが多いと思いますが、法律の世界では、これを「いごん」と読みます。法律家の前でこの読み方をするだけで、「おっ、この人は法律のことがよくわかっている人だな！」と思わせることができるかもしれないので、ぜひ試してみてください（笑）

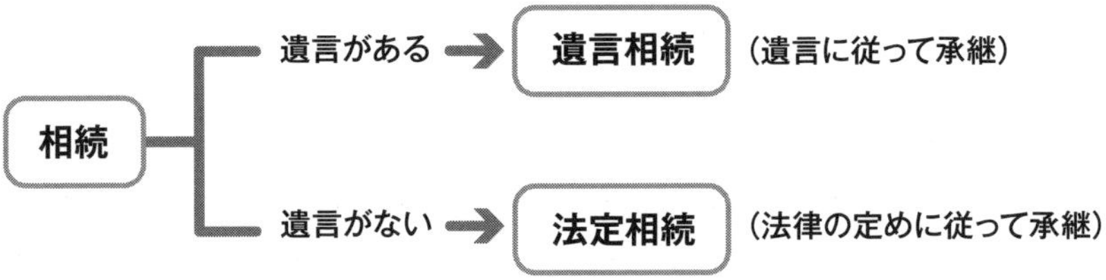

●相続人の範囲

法定相続において誰が相続人になるかは、「相続人の範囲」の問題です。相続人は配偶者と血族に分けられ、それぞれにおいて相続人がいるかを確認することになります。

まず、被相続人に**配偶者**（夫・妻）がいる場合、配偶者は常に相続人になります[24]。他方で、被相続人の**血族**（血縁関係のある人）には以下のとおり順位が決められていて、上位の者がいると、下位の者は相続人になれません。

血族の順位
①第１順位……子（又はその代襲者）
②第２順位……直系尊属　※父母や祖父母など
③第３順位……兄弟姉妹（又はその代襲者）

代襲者とは、**代襲相続**をする人のことをいいます[25]。たとえば、被相続人Ａが死亡する前に、被相続人の子Ｂが死亡していた場合、Ｂの子（Ａの孫）であるＣは、Ｂに代わってＡを相続します。このように、本来相続人として法定されていた人が死亡などの理由で相続できない場合に、その子などが相続をすることを代襲相続と呼びます。

第１順位については子の子（被相続人の孫）が代襲者となり、第３順

24　890条
25　887条２項・３項

位については兄弟姉妹の子（被相続人の甥・姪）が代襲者となります。

直系尊属という言葉も難しいですね。「直系」とは、血統が親子の関係で続いている系統（家系図における縦の流れ）のことをいい、「尊属」とは自分より前の世代のことをいいます。したがって、直系尊属は家系図において自分の真上にいる人たちですので、父母や祖父母がこれにあたります[26]。

常に相続人になる　　**順位が上の者だけが相続人になる**

● 相続人の範囲（具体例）

最後に、具体的な例を使ってこれまでの勉強をおさらいしましょう。

次の家系図のとおり、被相続人には、配偶者A、子B、父親C、母親D、姉Eがいたとします。被相続人が死亡した当時、家族が（1）～（4）の状況であった場合には、相続人の範囲は次のようになります。

26　直系の中でも自分より後の世代のことを「直系卑属」といい、子や孫がこれにあたります。他方で、共同の始祖を通じてつながる系統のことを「傍系」といい、兄弟姉妹や甥・姪などがこれにあたります。

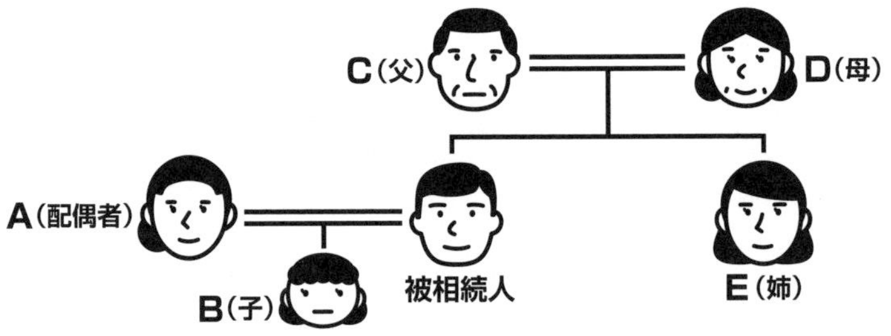

(1) A～Eの全員が生きている場合

配偶者であるAと、子であるBが相続人となります。第1順位のBが相続をするため、C～Eは相続することはできません。

(2) Aのみ死亡している場合

Bのみが相続人となります。この場合も、C～Eは相続することはできません。

(3) Bのみ死亡している場合

Aに加え、第2順位であるC・Dも相続人となります。

(4) B・C・Dが死亡している場合

Aに加え、第3順位であるEが相続人となります。

●共同相続における相続分

相続人が複数いる場合の共同相続について、899条は、「各共同相続人は、その相続分に応じて被相続人の権利義務を承継する」と規定しています。**相続分**とは、各相続人が相続すべき権利義務の割合（相続財産全体に対する各相続人の持分）のことをいいます。

遺言による相続分の指定がある場合、相続分は遺言によって決まり、これを**指定相続分**と呼びます。このような指定がない場合には、民法の定めによって相続分が決まり、これは**法定相続分**と呼ばれます。

法定相続分は900条と901条に定められていますが、そこに書かれていることをまとめると、次の表のようになります。

共同相続人	法定相続分	
配偶者と子の場合	配偶者 $\frac{1}{2}$	子 $\frac{1}{2}$
配偶者と直系尊属の場合	配偶者 $\frac{2}{3}$	直系尊属 $\frac{1}{3}$
配偶者と兄弟姉妹の場合	配偶者 $\frac{3}{4}$	兄弟姉妹 $\frac{1}{4}$

なお、たとえば「配偶者と子」が共同相続人となり、子が複数人いる場合には、「$\frac{1}{2}$」を子の人数で頭割り（均分）することにより、子の1人あたりの相続分を算出します。
「配偶者と直系尊属」「配偶者と兄弟姉妹」が共同相続人となり、直系尊属や兄弟姉妹が複数人いる場合も、原則としてそれぞれの相続分を頭割りします。たとえば、配偶者と父・母が相続人となる場合、配偶者の相続分は $\frac{2}{3}$ となり、父・母は、それぞれ $\frac{1}{6}$（$= \frac{1}{3} \div 2$）の相続分となります。

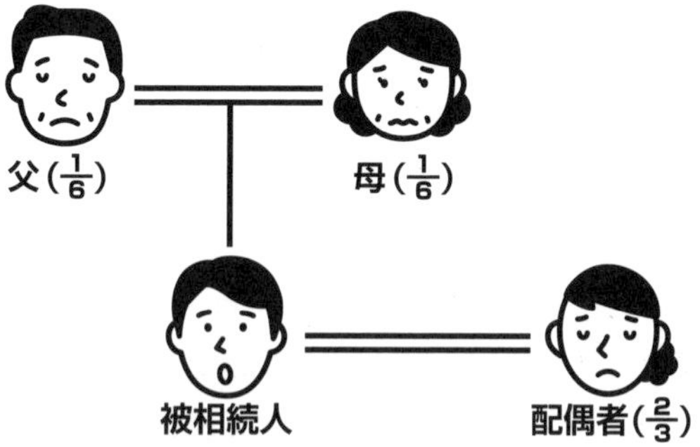

また、配偶者が相続人とならない場合には、血族のみで人数による頭割りを行うことになります。

●共同相続における遺産分割

最後に、遺産分割の話をしたいと思います。

898条は「相続人が数人あるときは、相続財産は、その共有に属する」と定めており、共同相続の場合、被相続人が有していた個々の相続財産はまず共同相続人による共有状態におかれます。

たとえば、夫の財産として建物1棟、自動車1台、現金500万円があり、相続人は妻と長男・次男であった場合、原則として、相続の開始により、3人の相続人がそれぞれの相続分（妻 $\frac{1}{2}$、長男 $\frac{1}{4}$、次男 $\frac{1}{4}$）に従いそれらの財産を共有することになります。

もっとも、このような相続財産の共有は、あくまで暫定的な状態です。そこで、相続財産の共有状態を解消し、遺産を構成する個々の財産を各相続人に分配する手続きが必要となりますが、これが**遺産分割**です。

この例でいえば、相続財産たる建物・自動車・現金は、配偶者と子2人による共有状態にありました。この場合、遺産分割により、たとえば、建物（時価1000万円）は配偶者の単独所有、自動車（時価500万円）は長男の単独所有とし、現金500万円は次男が取得するというようなかたちで、個々の財産を各相続人に分配することができます。

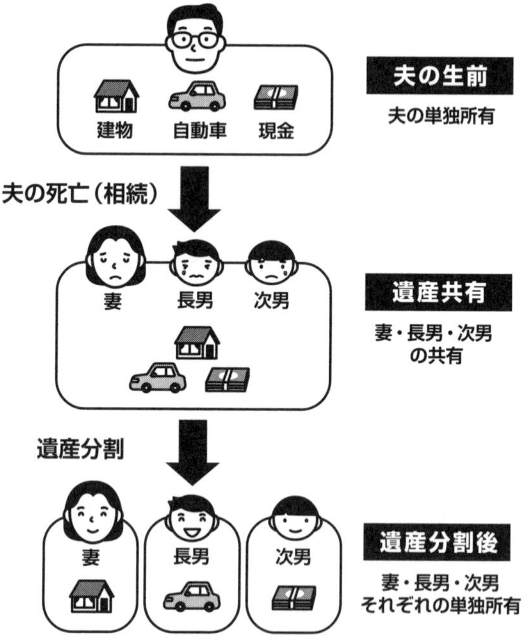

遺産共有状態にある財産は、基本的には、各共有者が１人で勝手にそれを処分（売買・賃貸など）することはできません。しかし、遺産分割が行われ、それぞれの財産が各相続人の単独所有となった後には、各相続人は、自分の財産を自由に処分することができます。

なお、遺産分割においては、必ずしも、個々の財産を各相続人の相続分と一致する形で分割する必要はありません。906条は、「遺産の分割は、遺産に属する物又は権利の種類及び性質、各相続人の年齢、職業、心身の状態及び生活の状況その他一切の事情」を考慮して行うことを定めており、実際には、各相続人の具体的な事情に応じて相続財産を分配することができるのです。

たとえば先ほどのケースで２人の息子がお母さんの老後の資産を慮っ

た場合、「建物と自動車は妻の単独所有とし、現金500万円は長男・次男で半分ずつ分ける」という分割をすることも可能です。

実際に遺産分割を行う場合は、まず共同相続人間の合意による遺産分割の方法として、協議分割があります。

共同相続人間で協議が整わない場合や、そもそも協議ができない場合には、各共同相続人は、遺産分割を家庭裁判所に請求することができます。この場合には、調停分割や審判分割の手続きによって、遺産分割が行われます。

3 民法の大原則

私的自治・契約自由の原則

ここまでは民法の全体像をパンデクテン方式に則して説明してきましたが、法律家は条文の背景にある原理原則についてもよく理解しておく必要があります。私法の一般法である民法でいえば、私的自治の原則という大原則が、最も重要です。

私的自治の原則とは、市民社会において人が権利を取得したり義務を負ったりするのは、自らの意思でそれを望んだときだけであるという原則をいいます。つまり、自らの意思によらなければ権利を取得したり義務を負ったりすることはなく、反対にいえば、自分が望むのであれば、どのような権利を取得したり義務を負ったりするのも自由であるということです。

本書の第２章では、憲法は自由の基礎法であるというお話をしました。自由の基礎法という概念は、「国民は自由であるべき」という自由主義の価値観に基づくものですが、私的自治の原則は、この価値観を私法の分野に反映させたものであるということができます。

そして、私的自治の原則を契約の場面で具体化したものが、**契約自由の原則**です。私的自治の原則の背景には「自分のことは自分で決める」という考え方がありますが、これを契約についてあてはめると、「どんな内容の契約も自由に締結できる」という、契約自由の原則につながります。

この原則の下では、基本的に、国家は私人が結ぶ契約について介入するべきではなく、できるだけ私人の自由な意思に任せるべきであるということになります。

私的自治・契約自由の例外

以上のとおり、民法は自由主義の価値観に基づき、私的自治・契約自由の原則を尊重するという考え方に立っています。しかし、たとえば次のようなケースの場合、契約自由の原則を純粋に貫くことは妥当ではありません。

ケース1

倒産寸前まで経営が悪化したA社は、金融業者Bに融資を依頼した。Bは、年利70%であればすぐに1000万円を貸すと提案したので、A社は背に腹は代えられぬと考え、その条件でBから融資を受けた。

ケース2

Cは、マンション業者の販売員Dから、「東の窓から近くの山々が一望できる眺望のよい部屋」として、あるマンションの10階にある一室を勧められた。Cはこれが気に入り、この部屋を5000万円で購入した。しかし、Cが入居してからしばらくすると、そのマンションの東隣に20階建てのマンションが建設される予定であることが判明した。

ケース1では、A社の窮状につけ込み、Bが著しく高い利息で融資を行っています。これはいわゆる暴利行為（他人の窮迫や軽率などにつけ込んで、著しく不相当な利益を得ようとする行為）と呼ばれるものであり、利息制限法により契約の一部が無効となるほか[27]、民法上も、公序良俗に反する行為として契約が無効とされる可能性があります[28]。

ケース2では、DはCにとって不利益な重要事実を隠して、Cに契約を結ばせたといえます。このような場合、消費者契約法によってCは契約を取り消すことができる可能性があるほか[29]、民法96条1項が定める詐欺取消しが可能となる場合もあります。

以上のとおり、ケース1のAやケース2のCは、自らの意思で締結した契約であっても、利息制限法や消費者契約法などに基づき、一定の場合にはその契約の効力を否定できます。国がこのような法律を用意しているということはいわば、国家が私人間の契約に介入することを意味しています。

これらのことから、**私的自治・契約自由の原則はあくまで「原則」に過ぎず、絶対的なものではない**ということがわかります。私人どうしの合意や契約をそのまま認めると不都合が大きい場合には、国家が契約に介入し、その効力を否定する必要があります。私人間で結ばれた契約の有効性について考える際には、「契約自由の原則とその例外」という観点から事案を検討することが重要です。

27　利息制限法1条
28　民法90条
29　消費者契約法4条2項

●参考資料：民法の目次

第１編　総則

第1章　通則
第2章　人
第1節　権利能力
第2節　意思能力
第3節　行為能力
第4節　住所
第5節　不在者の財産の管理及び失踪《そう》の宣告
第6節　同時死亡の推定
第3章　法人
第4章　物
第5章　法律行為
第1節　総則
第2節　意思表示
第3節　代理
第4節　無効及び取消し
第5節　条件及び期限
第6章　期間の計算
第7章　時効
第1節　総則
第2節　取得時効
第3節　消滅時効

第２編　物権

第1章　総則
第2章　占有権
第1節　占有権の取得
第2節　占有権の効力
第3節　占有権の消滅
第4節　準占有
第3章　所有権
第1節　所有権の限界
第1款　所有権の内容及び範囲
第2款　相隣関係
第2節　所有権の取得
第3節　共有
第4章　地上権
第5章　永小作権
第6章　地役権
第7章　留置権
第8章　先取特権
第1節　総則
第2節　先取特権の種類
第1款　一般の先取特権
第2款　動産の先取特権
第3款　不動産の先取特権
第3節　先取特権の順位
第4節　先取特権の効力
第9章　質権
第1節　総則
第2節　動産質
第3節　不動産質
第4節　権利質
第 10 章　抵当権
第1節　総則
第2節　抵当権の効力
第3節　抵当権の消滅
第4節　根抵当

第３編　債権

第1章　総則
第1節　債権の目的
第2節　債権の効力
第1款　債務不履行の責任等
第2款　債権者代位権
第3款　詐害行為取消権
第3節　多数当事者の債権及び債務
第1款　総則
第2款　不可分債権及び不可分債務
第3款　連帯債権
第4款　連帯債務
第5款　保証債務
第4節　債権の譲渡
第5節　債務の引受け
第1款　併存的債務引受
第2款　免責的債務引受
第6節　債権の消滅
第1款　弁済
第2款　相殺
第3款　更改
第4款　免除
第5款　混同
第7節　有価証券
第1款　指図証券
第2款　記名式所持人払証券
第3款　その他の記名証券
第4款　無記名証券
第 2 章　契約
第 1 節　総則
第1款　契約の成立
第2款　契約の効力
第3款　契約上の地位の移転

第4款　契約の解除
第5款　定型約款
第2節　贈与
第3節　売買
第1款　総則
第2款　売買の効力
第3款　買戻し
第4節　交換
第5節　消費貸借
第6節　使用貸借
第7節　賃貸借
第1款　総則
第2款　賃貸借の効力
第3款　賃貸借の終了
第4款　敷金
第8節　雇用
第9節　請負
第10節　委任
第11節　寄託
第12節　組合
第13節　終身定期金
第14節　和解
第3章　事務管理
第4章　不当利得
第5章　不法行為

第4編　親族
第1章　総則
第2章　婚姻
第1節　婚姻の成立
第1款　婚姻の要件
第2款　婚姻の無効及び取消し
第2節　婚姻の効力
第3節　夫婦財産制
第1款　総則
第2款　法定財産制
第4節　離婚
第1款　協議上の離婚
第2款　裁判上の離婚
第3章　親子
第1節　実子
第2節　養子
第1款　縁組の要件
第2款　縁組の無効及び取消し
第3款　縁組の効力
第4款　離縁
第5款　特別養子
第4章　親権
第1節　総則
第2節　親権の効力
第3節　親権の喪失
第5章　後見
第1節　後見の開始
第2節　後見の機関
第1款　後見人
第2款　後見監督人
第3節　後見の事務
第4節　後見の終了
第6章　保佐及び補助
第1節　保佐
第2節　補助
第7章　扶養

第5編　相続
第1章　総則
第2章　相続人
第3章　相続の効力
第1節　総則
第2節　相続分
第3節　遺産の分割
第4章　相続の承認及び放棄
第1節　総則
第2節　相続の承認
第1款　単純承認
第2款　限定承認
第3節　相続の放棄
第5章　財産分離
第6章　相続人の不存在
第7章　遺言
第1節　総則
第2節　遺言の方式
第1款　普通の方式
第2款　特別の方式
第3節　遺言の効力
第4節　遺言の執行
第5節　遺言の撤回及び取消し
第8章　配偶者の居住の権利
第1節　配偶者居住権
第2節　配偶者短期居住権
第9章　遺留分
第10章　特別の寄与

第3章のポイント

▶ 民法はさまざまな法律関係に共通する一般的・抽象的なルールを「総則」としてまとめ、それを個別的な規定に先立って配置するという**パンデクテン方式**により構成されている。

▶ 第1編の**総則**には民法全体に共通するルールが定められているが、中でも一定の法律効果の発生を欲する旨の意思の表明である**意思表示**は、契約締結の場面にも登場する重要な概念である。

▶ 第2編の**物権**とは物に対する権利のことをいい、その権利を誰に対しても主張できるという点に特徴がある。第2編には、所有権のほか、さまざまな種類の物権が列挙されている。

▶ 第3編の**債権**とはある人に対して特定の行為を請求する権利のことをいい、債権の裏返しの義務のことを**債務**という。債権の発生原因としては、**契約・事務管理・不当利得・不法行為**という4つがある。

▶ 第4編の**親族**は、婚姻や離婚に関する事柄や、親子関係に関する事柄などについて定めている。たとえば離婚の種類としては、協議離婚、裁判離婚、調停離婚、審判離婚がある。

▶ 第5編の**相続**では、被相続人の有していた財産を一定の相続人に承継する際のルールが定められており、その方法として**遺言相続**と**法定相続**の2つがある。また、共同相続の場合には**遺産分割**の手続きが必要となる。

▶ **私的自治の原則**とは、市民社会において人が権利を取得したり義務を負ったりするのは、自らの意思でそれを望んだときだけであるという原則をいい、これを契約の場面で具体化したものが**契約自由の原則**である。

第4章

会社法

第４章の概観

▶ 第１節では、「会社は何のために存在するのか？」という**会社の存在意義**の話をした後、会社法で勉強する重要テーマを紹介します。

▶ 第２節は**株式**についてです。**株式譲渡自由の原則**や**募集株式の発行手続**など、株式に関する基本的なルールを学びます。

▶ 続く第３節では、**株式会社の機関**について学びます。株主総会、取締役会、代表取締役、監査役など、株式会社を構成する各機関の役割だけでなく、それぞれの関係性の理解がポイントになります。

▶ 第１節～第３節で勉強した基礎知識を踏まえて、第４節では実践問題に挑戦してもらいます。会社法の典型的な論点を通して、**主要目的ルール**や**経営判断原則**など、実務でも重要となる考え方を学んでいきましょう。

会社法は日々の経済ニュースなどともつながる面白い法律ですが、複雑な構造を持つ無数の条文があり、苦手意識を持つ人も少なくありません。私も学生の頃にはずいぶん苦しめられましたが、条文をうまく使いこなすためには、以下のようなコツがあります。

・条文を調べるときはいつも目次を確認し、条文の場所（どこにどのような規定が置かれているか）を頭に入れておく。
・１つの条文が長い場合、括弧書きや不要な修飾語を取り払い、文章の核となる主語・述語だけを拾って骨格をつかむ。
・複雑な条文は、視覚的に頭に入れるために表や樹形図を使って整理する。

会社法を知ると、新聞やテレビで取り上げられるニュースの見方が変わってきます。皆さんにもぜひ、上に挙げたコツを利用しながら、楽しく会社法の勉強をしてもらいたいと思います。

1 会社法の基礎知識

会社の存在意義

かつては私人の経済活動に関する基本的な法律として**商法**がありましたが、平成17年の法改正により商法の中から会社に関する規定が独立し、**会社法**という新しい法律が生まれました。

会社法の勉強のはじめに、「会社は何のために存在するのか？」というテーマから考えてみましょう。

結論からお話しすると、会社の１つ目の存在意義として、**多数の者から資本を集めることにより大規模な事業が可能になる**という点が挙げられます。

たとえば、5万円ずつ持っている1000人の個人がそれぞれ事業を始めても、元手が5万円では大きな事業を作ることはできませんね。他方で、この1000人が持っているお金を一ヶ所に集め、経営を才能のある人に任せれば、5000万円を元手として、大規模な事業を効率的に行うことができます。

また、会社は法人である**（会社には法人格が認められる）**という点も重要です。会社が法人であるとは、自然人と同じように、権利や義務の主体になれるということを意味します。

これにより、会社の名義で物を所有したり契約を締結したりすることができるため、経済活動をスムーズに行うことができるのです。

以上のとおり、個人ではなく会社が経済活動を行う形をとることで、より大規模な事業をスムーズに行うことができるようになります。

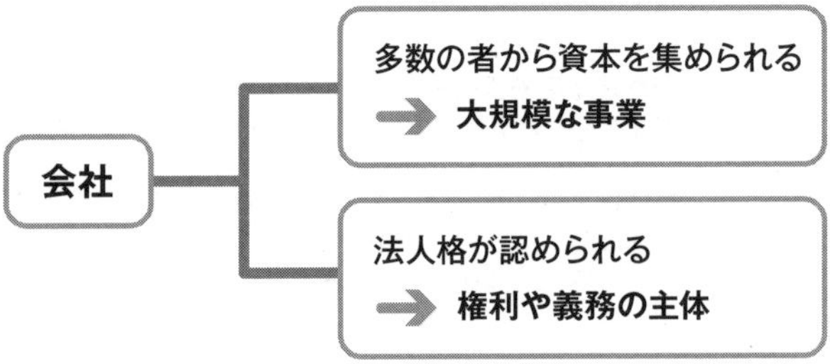

なお、会社法は、株式会社・合名会社・合資会社・合同会社という4つの種類の会社について定めていますが、勉強の中心になるのは**株式会社**ですので、以下では主に株式会社について解説をしていきます。

会社法の重要テーマ

会社法は条文の数と文量が圧倒的に多いため、勉強をする際にはその全体像を意識しておくことが大切です。

ここでは会社法の全体像を把握してもらうために、会社法で勉強する重要なテーマをいくつか挙げておきます。

会社の設立	会社の設立、つまり会社の誕生の仕方について学びます。具体的には、発起人により株式会社としての実体が形成され、それに法人格が付与されるまでの手続き（定款の作成、発行可能株式総数や株式発行事項の決定、出資による会社財産の形成など）がメインになります。
株式・新株予約権	株式の内容と種類、株式の譲渡、株主名簿、単元株制度、株式発行の手続きなどについて学びます。また、実務的には新株予約権も重要です。
会社の機関	株式会社の機関（株主総会、取締役会、代表取締役、監査役会など）の権限や役割、機関相互の関係や各機関の意思決定方法などについて学びます。また、会社の役員が任務を懈怠した場合の損害賠償責任なども重要なテーマです。
計算	会社の会計処理や、資本金、剰余金の配当などに関するルールを学びます。株主や会社債権者など、会社の会計に利害関係を有する者は多岐にわたるため、会社法は各関係者の利害を調整するための規定を設けています。
会社の解散・清算	会社が「なくなる」までの諸手続を学びます。会社は株主総会決議や破産手続開始決定などにより解散し、次いで債権・債務の処理などを含む清算の手続きを行った後、法人格が消滅します。
社債	社債は、会社が一般公衆から長期的に多額の資金調達を行うための手段の1つです。社債は消費貸借上の債権としての性質を持つ一方、株式と共通する点もあるため、特別な規定が置かれています。
組織再編	会社の組織が大きく変わり、株主や社会全体に大きなインパクトを与える合併や会社分割などの制度について学びます。

以上が会社法の重要テーマですが、本章では、特に重要な論点や判例が多く、法学部でも勉強の中心になる「株式」と「会社の機関」について解説していきます。

2 株式の基礎知識

株式と株主

会社法の全体像が頭に入ったところで、まずは株式会社における最も基本的な概念である株式について説明します。

株式とは株式会社における社員たる地位のことをいい、株式会社に出資することで株式を取得した者は**株主**と呼ばれます[30]。

株主は会社に出資して、その基本的な意思決定に参加するという意味で、**株主は会社の実質的所有者である**ということができます。

株主になろうとする者は、会社法で認められる株主の権利を期待して会社に出資をするわけですが、その権利は、会社から経済的利益を受けることを目的とする**自益権**と、会社の経営に参加することを目的とする**共益権**とに分けられます。

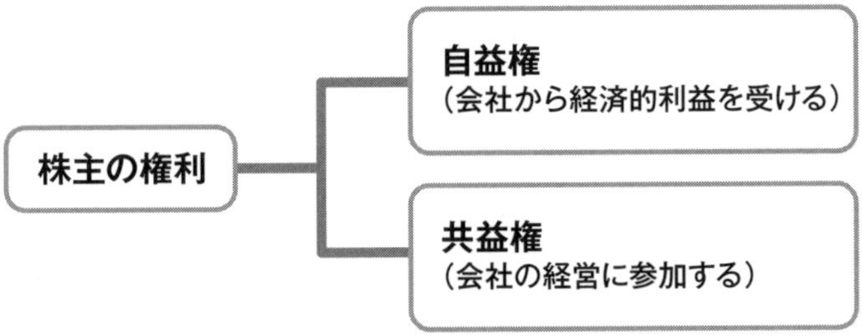

たとえば、**剰余金配当請求権**[31]は自益権の1つです。株式会社は事業活動によって経済的利益を上げ、その利益を出資者である株主に分配することを1つの目的としています。このような「剰余金の配当」を請求

30　会社法においては、会社に出資した者のことを「社員」と呼びます。日常的に使われる「従業員」という意味での社員とは異なりますので、注意してください。
31　105条1項1号

する権利が、剰余金配当請求権です。

他方で、共益権の中心となるのは株主総会における**議決権**[32]であり、これは、株主総会に参加して、取締役の選任などといった重要な事項に関する決議において自らの意思を表明する権利のことをいいます。

株式譲渡自由の原則とその例外

●株式譲渡自由の原則

原則として、株主は株式を第三者に自由に譲渡することができ、これを**株式譲渡自由の原則**といいます[33]。

会社法上、原則として出資金の払い戻しは認められていないため、株主が株式を取得するのに要した資金を回収する手段として、株式譲渡を認める必要があります。また、後で詳しく説明する「所有と経営の分離」により、株主は基本的に会社経営に参加せず、株主の個性は問題にならないため、株式が譲渡されても通常は会社経営に影響を及ぼすことはありません。

このような理由から、会社法では株式譲渡自由の原則が認められています。

●株式譲渡が制限される場合

以上が会社法上の原則ですが、会社法は、定款の定めや契約によって例外的に株式譲渡を制限することも認めています。譲渡制限のある株式については、株式譲渡の際に株主総会や取締役会による承認が必要となります。

ここでは、**定款による譲渡制限**が行われるのはどのような場合かを考えてみましょう。

誰もが知っている大企業においては、所有と経営が明確に分離し、株

---

32 105条1項3号
33 127条

主の個性は問題となりません。しかし、たとえば両親と長男だけが株式を持っているような家族経営の会社において株式の自由な譲渡を認めてしまうと、好ましくない者が株主となって会社経営を妨害したり、会社の乗っ取りを図るようなケースが考えられます。

そこで会社法は、このような事態を防ぎたいというニーズに応え、定款に定めることにより株式譲渡を制限することを認めているわけです。実際、日本に存在する大半の中小企業は、定款による譲渡制限の制度を利用しています。

株式の内容と種類

株式の権利の内容は原則としてすべて同じですが、会社法は、一定の条件の下、全部の株式の内容として特別なものを定めたり、権利の内容の異なる複数の種類の株式を発行することを認めています[34]。これは、株式の多様化を許容することで、会社がより柔軟な形で資金調達を行えるようにするためです。

このような特別な株式の例としては、会社が一定の事由が生じたことを条件として株式を取得できる**取得条項付株式**、剰余金の配当について他の種類の株式よりも優先的な地位が与えられる**優先株式**、株主総会の全部又は一部の事項について議決権を行使できない**議決権制限株式**などがあります[35]。

募集株式の発行

株式会社が資金調達を行うために新たな株式を発行することを、**募集株式の発行**といいます[36]。会社は株主総会や取締役会の決議により新たな株式を引き受けてくれる者を募集し、そこで集めた資金を使って事業

34　107条・108条参照
35　2条19号・107条1項3号、108条1項1号、108条1項3号
36　199条1項。厳密にいうと、会社法は、会社成立後の新株の発行と、会社の処分する自己株式を引き受ける者の募集という2つの概念を合わせて「募集株式の発行等」という概念を用いています（会社法第2編第2章第8節）。

を拡大していくわけです。

このように、募集株式の発行により会社の資金調達が可能になるのですが、他方で、既存株主（もともとその会社の株式を保有していた者）の利益を害するおそれがあるので、その利益の保護にも配慮する必要があります。

募集株式の発行により損害を被る可能性のある既存株主の利益としては、①経済的利益と②持株比率の利益の２つが考えられます。それぞれ簡単に説明しましょう。

まず、**①経済的利益**についてですが、新たな株式が安価に発行されると、既存株主が持っている株式の経済的価値（株価）が下落する可能性があります。募集株式の発行を受ける新株主にとっては株式の価格は安ければ安いほどうれしいのですが、既存株主としてはそれでは困るわけです。

既存株主の利益を保護するため、会社法は、株式の発行価格が新株主にとって特に有利な金額となる場合には株主総会の特別決議によって既存株主からの同意を得る必要があるというルールを設けています（**有利発行規制**[37]）。

次に、**②持株比率の利益**についてです。大量の株式が新たに発行されると、既存株主の持株比率（株式の保有割合）が下がり、会社に対する影響力・支配力が低下してしまいます。

たとえば、株主Xがある会社（合計100株の株式を発行）の株式を40株持っている場合を想像してみてください。この場合、Xは会社の支配権を40％持っているといえますね。しかし、仮にこの会社が第三者に新たに300株の株式を発行したとすると、Xの支配権は10％にまで下がってしまいます。

37　199条２項・３項、201条１項、309条２項５号

以上のとおり、募集株式の発行については、会社の資金調達の必要性と既存株主の利益の衝突が問題になります。この問題については、94ページで詳しく扱います。

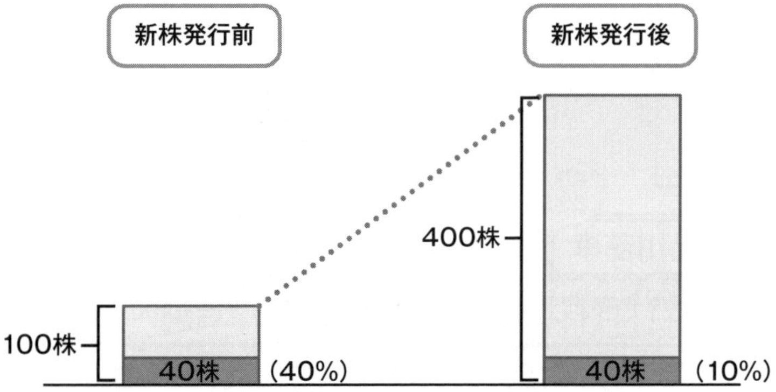

3 会社の機関

会社の機関とは

会社の**機関**とは、実際に会社の意思決定を行ったり、その運営に携わったりしていく人や会議体のことをいいます。皆さんもニュースなどで、株主総会、取締役会、監査役などといった言葉を聞いたことがあるのではないでしょうか。これらはすべて、株式会社の機関にあたります。

それぞれの会社は、その規模などに応じて、どのような機関を置くかを自ら設計することができます。

たとえば、家族経営の酒屋さんであれば株主総会と取締役だけというシンプルな機関があれば十分ですが、グローバルに展開する自動車メーカーの場合には、代表取締役、取締役会、監査役会、会計監査人などを加えた、より複雑な仕組みが必要となります。なお、このように取締役会が置かれている会社は、**取締役会設置会社**と呼ばれています。

例外はありますが、取締役会設置会社は大規模な会社であり、取締役会を設置していない会社は規模の小さな会社であるというイメージを持っておくとよいでしょう。

以下では、日本の株式会社のうち最も典型的な形ともいえる、株主総会・取締役会・代表取締役・監査役という４つの機関を持つ取締役会設置会社を例にとって、説明を進めることにします。会社法の基礎を手っ取り早く理解するためには、この典型的なパターンにおける各機関の構成や役割をおさえておくことが大切です。

株主総会

●株主総会の役割――所有と経営の分離

株式会社においては、出資者である株主が会社の実質的所有者であるとされていますが、会社には多数の株主がいるため、株主が自ら会社の経営に直接関与することは事実上不可能です。また、株主の多くは、株価の値上がりや配当金を受けるために株主になっているに過ぎず、会社の経営それ自体に関心を持っているわけではなく、その能力もない場合がほとんどです。

そこで会社法は、株主は株主総会において会社の根本に関わる基本的事項についての意思決定にのみ参加することとし、経営に関する事項についての決定と執行をさせるために、取締役を選任するという形をとっています[38]。株主は、会社経営は専門家である取締役にお任せし、細かいところまでは口出しをしないということです。

具体的には、取締役会設置会社においては、取締役や監査役の選任・解任、定款の変更、事業の譲渡、合併、取締役の報酬などが株主総会決議事項として認められています。それ以外の会社経営に関するあらゆる意思決定は、取締役会や代表取締役が行うという仕組みです。

このように、会社の所有者（株主）と経営者とを明確に分ける仕組みは**所有と経営の分離**と呼ばれ、株式会社の本質的な特徴の1つとなっています。

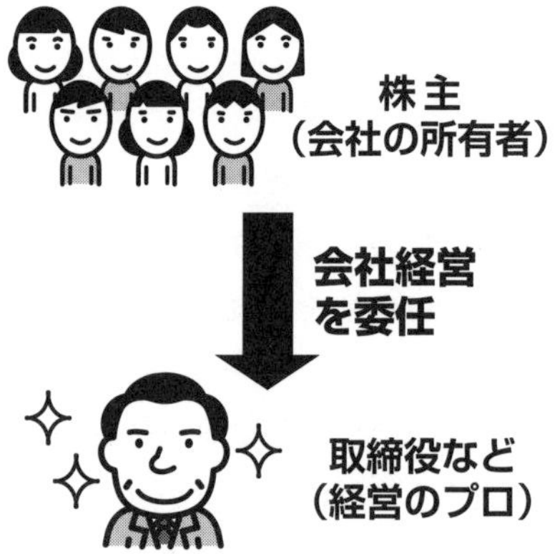

以上が取締役会設置会社についての説明になりますが、取締役会を設置していない会社は比較的小規模な会社が想定されており、株主も少数に限られていることから、株主全員が集まって皆で経営についての意思決定を行うことが可能です。そこでこのような会社では、株主総会が「株式会社に関する一切の事項」（295条1項）について決議をすること

38　295条2項

ができることが定められています。

このように、取締役会を設置していない会社においては所有と経営が分離しておらず、株主総会は「万能の機関」とされています。

●議決権

株主総会は株主が集まり会社としての意思決定を行う合議制の機関ですが、株主が株主総会の決議に加わる権利を**議決権**といいます。株主は原則として1個の株式につき1個の議決権を持ち、株主総会の決議は「1人1票」ではなく、「1株1票」の多数決によって行われます[39]。

多数決の具体的な方法としては、出席株主の議決権の過半数で決定する**普通決議**のほか、一定の重要な事項（定款の変更や合併の承認など）の決議については、出席株主の議決権の3分の2以上の賛成を要する**特別決議**が要求されます[40]。

取締役会

取締役会設置会社において株主総会が決めることができるのは会社の基本的事項についてのみなので、それとは別に、会社経営に関する日々の意思決定を行い、さらに会社を代表してその決定を実行に移す執行機関が必要になります。

そこで会社法は、株主総会で選任された取締役で構成される**取締役会**が会社の業務執行に関する意思決定を行い、さらに、取締役会が取締役の中から代表取締役を選定して会社を代表させ、業務執行を行わせることとしました。

取締役会の権限に関する条文としては、362条があります。

---

39 308条1項本文
40 309条1項・2項。さらに厳しい要件が求められる「特殊決議」が必要とされる事項もあります（309条3項・4項）。

会社法 362 条（取締役会の権限等）

（１）取締役会は、すべての取締役で組織する。

（２）取締役会は、次に掲げる職務を行う。

①取締役会設置会社の業務執行の決定

②取締役の職務の執行の監督

③代表取締役の選定及び解職

（３）取締役会は、取締役の中から代表取締役を選定しなければならない。

（４）取締役会は、次に掲げる事項その他の重要な業務執行の決定を取締役に委任することができない。

①重要な財産の処分及び譲受け

②多額の借財……（以下略）

362 条２項は、取締役会には、会社の業務執行に関する意思決定（１号)、取締役の職務執行の監督（２号)、代表取締役の選定（３号）などを行う権限が与えられていることを定めています。

また、第４項は、会社の重要な財産の売却や多額の借金などは会社にとって特に重要な事項なので、必ず取締役会の多数決によって決定しなければならないことを定めています。

なお、取締役会の決議は株主総会の決議と同様に多数決によって行われますが、ここでは「１人１票」がルールになります。

取締役・代表取締役

取締役は株主総会の決議によって選任・解任がなされます[41]。以下では取締役の役割や会社との関係について説明します。

41　329 条１項、339 条１項

●取締役の役割

取締役の役割は、取締役会設置会社とそれ以外の会社とで異なります。

取締役会設置会社において、取締役は全員で取締役会を構成し、取締役会が会社の業務執行や株主総会の権限以外の事項について会社の意思決定を行います。ここでは、取締役は会社の機関ではなく、取締役会の構成員に過ぎません。

他方で、取締役会を設置していない会社においては、各取締役が会社の機関となり、原則として単独で会社を代表することができます[42]。また、原則として各取締役が業務を執行し、取締役が2人以上いる場合は過半数で業務を決定します[43]。

このように、取締役会を設置していない会社では、取締役一人ひとりの責任と権限がより大きいのが特徴です。

●取締役と会社との関係

次に、取締役と会社との関係について確認しましょう。

取締役も会社の従業員も、会社の利益のために働く者であるという点では共通していますが、会社との関係は異なっています。

第11章の労働法の分野でも勉強しますが、会社と従業員（労働者）の間には雇用契約が結ばれており、その内容は、従業員は会社に対して労務を提供し、会社がその対価として賃金を支払うというものです。

これに対して、取締役が会社と結んでいるのは雇用契約ではなく、委任契約です。すなわち、取締役と会社の関係は、取締役が会社の実質的所有者である株主から会社の経営を委任されているという関係にあります。そのため、330条は、「株式会社と役員…との関係は、委任に関する規定に従う」としています。

会社との委任契約に基づき、取締役は会社に対して、民法上の**善管注**

42 349条1項本文、2項
43 348条1項・2項

意義務[44]を負うと同時に、会社法上の**忠実義務**[45]を負うことになります。これらはどちらも、会社や株主のために、会社に利益が上がるようしっかりと働く義務だと理解しておけばよいでしょう。

第4節で詳しく説明しますが、取締役が自らの任務を懈怠《けたい》し、善管注意義務や忠実義務に違反した場合、会社に対して損害賠償責任を負うことになります。

●代表取締役

取締役会設置会社においては、取締役会の決議によって取締役の中から代表取締役を選定しなければなりません[46]。そして、代表取締役は内部的・対外的な業務執行権限を持ち、対外的に会社を代表する権限も持つことになります。

先ほど説明したとおり、取締役会を設置していない会社においては各取締役が株式会社を代表する権限を持つため、各取締役が代表取締役であるといえます。もっとも、特に代表取締役が選定された場合には代表取締役のみが株式会社を代表し、それ以外の取締役は代表権を持ちません[47]。

監査役・監査役会

監査役の主な役割は、取締役の職務執行を監査することです[48]。

取締役は会社の業務執行について非常に大きな権限を持っているため、それを私利私欲のために濫用することがあります。また、そこまでいかなくても、取締役がその職務をきちんと執行しないことにより、会社に損害を与えてしまうこともあります。

そこで、取締役が任務を懈怠していないか、権限を濫用して私利私欲

44 民法644条
45 会社法355条「取締役は、法令及び定款並びに株主総会の決議を遵守し、株式会社のため忠実にその職務を行わなければならない。」
46 362条3項
47 349条1項但書
48 381条1項前段

を図ったり違法行為を行ったりしていないかを監視・監督する機関として、監査役が置かれています。

監査役は株主総会の決議によって選任されることとされており、取締役会設置会社は、基本的に監査役を置かなければなりません[49]。

なお、規模が大きな会社においては監査の対象が複雑・広汎なものになるため、複数の監査役で構成される**監査役会**という合議体の機関が置かれる場合もあります。

各機関の役割と関係性のまとめ

ここまで、株主総会や取締役会など株式会社の代表的な機関について説明してきましたが、これらの関係性を改めて整理しましょう。

まず、株式会社の本質的な特徴の１つに、**所有と経営の分離**という原則がありましたね。これは、会社経営の合理化を図るために会社の所有者と経営者とを明確に分ける仕組みのことでした。

この原則に基づき、**株主総会**は**取締役**を選任し、彼らに会社経営を委ねます。取締役に対して、「しっかり報酬を支払うから、うまく経営してちゃんと利益をあげてね」とお願いをするわけです。

取締役会設置会社においては、複数の取締役で構成される機関である**取締役会**が会社経営に関する意思決定を行い、取締役会により選定された代表取締役が会社を代表し、業務執行を行います。

一方で、会社法は、会社の意思決定や業務執行をチェックするための機関も用意しています。その代表格である**監査役**は株主総会によって選任され、取締役の職務執行が適切に行われているかを監視・監督しています。

以上をまとめると、次の図のようなイメージになります。

49　327条２項本文

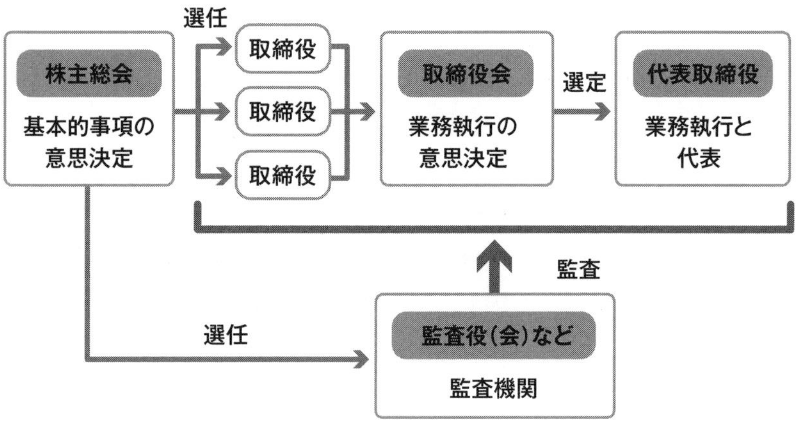

4 実践問題

最後に、株式会社に関する応用問題に挑戦してみましょう。どれも学説や判例で問題となっている典型論点ですので、会社法の重要な議論を知るにはぴったりの題材です。

第1問　募集株式発行の差止請求

問題文

A株式会社はB株式会社の総議決権の40%を保有し、以前からA社が推薦する取締役を選任するようB社に求めてきたが、B社はこれを拒み続けていた。

あるときB社は、新規事業を始めるために1億円の資金調達が必要であるとして、そのためにC社に対して時価で募集株式の発行を行うことを決定した。

A社は、B社による株式発行は、A社のB社に対する影響力を低下させ、B社経営陣の支配権を強化する意図があるとして、株式発行の差止めを求めた。A 社の請求は認められるか？

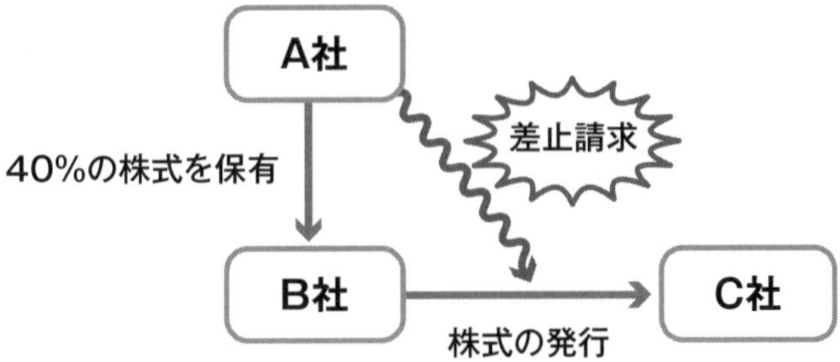

（参照条文）

会社法 210 条

次に掲げる場合において、株主が不利益を受けるおそれがあるときは、株主は、株式会社に対し、第 199 条第 1 項の募集に係る株式の発行又は自己株式の処分をやめることを請求することができる。

①当該株式の発行又は自己株式の処分が法令又は定款に違反する場合

②当該株式の発行又は自己株式の処分が著しく不公正な方法により行われる場合

この問題では、B 社は新規事業のために資金調達が必要であると主張していますが、既存株主の A 社は、株式発行により自らの持株比率が低下することを問題視しています。

先ほど、募集株式の発行については会社の資金調達の必要性と既存株主の利益の衝突が問題になることを説明しましたね。両者の利益を調整するためには、どのように考えればよいのでしょうか。条文・判例に則して考えていきましょう。

●募集株式発行の差止請求

既存株主の利益を保護するため、会社法210条は、既存株主は不公正な募集株式の発行をやめることを請求することができることとしています**（募集株式発行の差止請求）**。これは、募集株式の発行が法令・定款に違反するか、又は著しく不公正な方法によるものであり、その株式発行により株主が不利益を受けるおそれがある場合、株主は、その株式発行の差止めを請求することができるというものです。

これらの要件のうち、**「著しく不公正な方法」**とは、経営陣が不当な目的を達成する手段として募集株式の発行をしようとする場合を指しています。典型的には、会社内で支配権争いが起きている場合に、経営陣が自らの支配権を拡大するため、自分の味方についてくれる第三者に株式を発行するような場合がこれにあたります。

●主要目的ルール

第1問では、B社の経営陣は「新規事業のために資金調達が必要である」と主張しているのに対し、既存株主であるA社は、これが経営陣の支配権強化のための株式発行であると主張していますね。この場合に、「著しく不公正な方法」にあたるかが問題となります。

募集株式の発行に際して複数の目的が並立すると考えられる場合、「著しく不公正な方法」といえるかの判断は非常に難しいものになります。裁判例は、このような場合には複数の目的のうちいずれが「主要な目的」であるかを認定し、主要な目的が会社の支配権の維持・強化であると認められる場合には、「著しく不公正な方法」にあたるという基準を打ち出しています**（主要目的ルール）**。

本問においては詳細な事情が明らかではありませんが、裁判所がB社による経営戦略の合理性や株式発行に基づく資金調達の必要性の程度を判断した上で、会社の支配権の維持・強化が主要な目的と認められる場合には、A社による差止請求を認めることになります。

第2問　経営判断原則

問題文

Dは、インターネットサービスを提供している株式会社の代表取締役である。

入念な市場調査を行った結果、Dは1年以内にスマートフォン用のゲームが流行すると考え、ゲームの開発に多額の費用を投下した。しかし、ゲーム事業は大失敗し、会社に赤字をもたらしたため、株主らから、会社に生じた損害をDが賠償するべきだという声が上がってきた。

Dには、ゲーム事業の失敗によって生じた損害を会社に賠償する法的義務があるか。

（参照条文）

会社法423条1項（役員等の株式会社に対する損害賠償責任）

取締役、会計参与、監査役、執行役又は会計監査人（以下この節において「役員等」という。）は、その任務を怠ったときは、株式会社に対し、これによって生じた損害を賠償する責任を負う。

●任務懈怠責任とは

このケースでは、代表取締役Dがゲーム事業に失敗し、株主からその責任を追及されそうになっています。

90ページで説明したとおり、取締役は会社に対して善管注意義務や忠実義務を負っています。そして、423条1項は、取締役が任務を怠ったときは、会社に対して損害を賠償する責任を負うことを定めており、これを**任務懈怠責任**と呼びます。

第2問ではDに任務懈怠責任が認められるかが問題となり、仮にこれが認められるとすると、D自身が会社に対してゲーム事業の失敗により生じた損害を賠償しなければなりません。

取締役の任務懈怠責任が認められる典型例としては、取締役の行為が法令に違反する場合や、他の取締役の職務執行の監視を怠った場合などがあります。

●Dに任務懈怠責任が認められるか

以上を前提として、Dに任務懈怠責任が認められるかを考えていきましょう。

たしかに理論上は、取締役が会社に損失を与えるような経営判断をした場合には、任務懈怠責任を問われる可能性があります。しかし、会社経営にリスクはつきものなので、会社に損失が生じれば常に任務懈怠責任が生じるとすると、経営者たちは思い切った経営をすることができず、大きな利益を上げることもできなくなってしまいます。

そこで判例は、企業の経営判断については取締役に一定の裁量を認め、判断の過程や内容に著しく不合理な点がない限り善管注意義務違反にはならないという判断枠組みを採用しています[50]。このような考え方を、**経営判断原則**と呼びます。

50　最判平成22年7月15日

第２問の場合、Ｄは入念な市場調査に基づきゲーム事業への参入を決めているため、その判断が著しく不合理なものといえない限り、Ｄの任務懈怠責任は否定されるということになります。

第３問　株主総会の決議取消事由

問題文

Ｅ株式会社は、株主総会の招集通知を法定の招集期間より４日遅れて発送した。招集通知の発送の遅れによって株主総会に出席できなかった株主Ｆは、この株主総会で行われた決議の取消しを求めることができるか。

（参照条文）

会社法 831 条（株主総会等の決議の取消しの訴え）

（１）次の各号に掲げる場合には、株主等…は、株主総会等の決議の日から３箇月以内に、訴えをもって当該決議の取消しを請求することができる。（中略）

①株主総会等の招集の手続又は決議の方法が法令若しくは定款に違反し、又は著しく不公正なとき。

②（略）

③（略）

（２）前項の訴えの提起があった場合において、株主総会等の招集の手続又は決議の方法が法令又は定款に違反するときであっても、裁判所は、その違反する事実が重大でなく、かつ、決議に影響を及ぼさないものであると認めるときは、同項の規定による請求を棄却することができる。

●株主総会決議の瑕疵

株主総会の決議に手続き上又は内容上の瑕疵がある場合、そのような決議の効力は一律に否定されるべきとも考えられます。もっとも、いったん決議が成立すると、会社はそれを前提として新しい取引を始めるなど、さまざまな法律関係が構築されていくため、誰もがいつでも無効を主張することができてしまうと、会社にまつわる法律関係が不安定になってしまいます。

そこで会社法は、手続きや内容の瑕疵が比較的軽微な場合には**株主総会決議取消しの訴え**によることを要求し、決議の効力が否定される場合を限定しました。会社法が定める決議取消事由を根拠として決議の効力を争う者は、株主総会決議取消しの訴えを提起し、それに勝訴する必要があります。

そして831条は、この訴えを提起できる者（原告適格）を株主や取締役などに限定するとともに、決議の効力を早期に確定して法的安定性を確保するため、この訴えは**株主総会決議の日から３ヶ月以内**に提起する必要があることを定めています。

●招集通知発送の遅延の場合

では、第３問についてはどのように考えればよいのでしょうか。

株主総会を開く場合、原則として、株主総会の日の２週間前までに招集通知を発送することが義務付けられており[51]、この発送期限に遅れてしまうと、「株主総会等の招集の手続…が法令…に違反」（831条１項１号）していることになり、株主総会の決議取消事由にあたります。

もっとも、831条２項は、招集手続や決議方法について法令違反が認められる場合でも、その違反する事実が重大でなく、かつ決議に影響を及ぼさないと認められる場合には、裁判所の裁量で請求を棄却する（決議取消しを認めない）ことができることを定めています（**裁量棄却**）。

本問の場合、裁量棄却となるかが問題となりえますが、法定の招集通知期間が守られた場合に決議にどう影響したかはわからないため、裁量

51　299条１項

棄却は認められるべきではないと考えられます。

以上より、E株式会社の株主Fは、決議の日から３ヶ月以内であれば、株主総会決議取消しの訴えを提起し、決議の取消しを求めることができます。

第4章のポイント

- ▶株主の権利は、会社から経済的利益を受けることを目的とする**自益権**と、会社の経営に参加することを目的とする**共益権**とに分けられる。

- ▶株主は株式を第三者に自由に譲渡することができ、これを**株式譲渡自由の原則**という。譲渡制限のある株式を譲渡するためには、株主総会や取締役会による承認が必要となる。

- ▶株式会社が資金調達を行うために新たな株式を発行することを**募集株式の発行**といい、募集株式の発行については、会社の資金調達の必要性と既存株主の利益の衝突が問題になる。

- ▶会社の所有者（株主）は株主総会において会社の基本的事項についてのみ意思決定に参加し、会社経営は専門家である取締役に任せるという考え方を、**所有と経営の分離**という。

- ▶募集株式の発行に際して複数の目的が並立する場合、裁判所は、複数の目的のうちいずれが「主要な目的」であるかを認定し、「著しく不公正な方法」にあたるかどうかを判断する**（主要目的ルール）**。

- ▶判例は、企業の経営判断については取締役に裁量を認め、判断の過程や内容に著しく不合理な点がない限り善管注意義務違反にはならないという判断枠組みを採用しており、これを**経営判断原則**と呼ぶ。

- ▶株主総会決議の取消しを主張するためには、決議の日から3ヶ月以内に**株主総会決議取消しの訴え**を提起する必要がある。

第1部

第5章

民事訴訟法

第５章の概観

- ▶第１節では、民事訴訟法の細かな手続きを勉強する前におさえておきたい基本的な考え方について説明します。具体的には、手続法である民事訴訟法の役割や、**真実の発見**と**紛争の解決**という民事訴訟の２つの要請について解説します。

- ▶第２節では、「紛争の発生」から「判決の確定」まで、民事訴訟の大まかな流れを説明します。民事訴訟がどのように進んでいくか、イメージを持てるようにしましょう。

- ▶最後の第３節では、**訴訟物・処分権主義・弁論主義・既判力**という、どの教科書にも必ず登場する４つの重要なキーワードを紹介します。これらの概念をしっかり理解することが民事訴訟法の勉強の肝になりますので、理解を深めておきましょう。

法律を学ぶ学生の間で民事訴訟法は「民訴（みんそ）」と呼ばれていますが、よく「民訴は“眠訴”である」と揶揄されてきました。細かな手続きに関する知識が必要になる民事訴訟法は、古来より眠気を誘う科目であるとされてきたのです（笑）

しかし私自身、実務に出て実際の民事訴訟を経験すると、民事訴訟法の知識や理論がいかに重要であるかを痛感しました。弁護士が民事訴訟法についての理解が不十分では、訴訟で依頼者の言い分を十分に主張できず、依頼者の正当な権利を守ることができないのです。

この章では、民事訴訟法の勉強を少しでも楽に進めることができるよう、「クリスマス100万円事件」という架空のケースを題材として、法律の目的や根本的な原理原則を中心に解説していきます。

眠気に勝てないときは一休みしてもよいので、ぜひ気軽な気持ちでお付き合いください！

1 民事訴訟法の基礎知識

クリスマス100万円事件の概要

まずは、筆者が勝手に「クリスマス100万円事件」と名付けた次のケースに目を通してみてください。

クリスマス100万円事件

AとBは約3年間交際を続けていたが、2016年8月に破局した。その後、AがBに対し、2015年12月24日にAがBに貸し付けた100万円を返すよう度々要求しているが、Bは「100万円はクリスマスプレゼントとしてAからもらったものである」として返済を拒んでいる。やむを得ず、AはBに対して、100万円の返還請求訴訟を提起することにした。

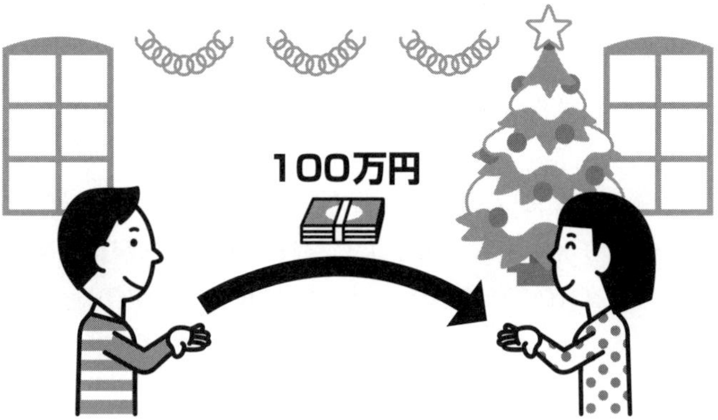

Aが主張しているような他人に金銭を貸し付ける契約のことを、**金銭消費貸借契約**と呼びます。このケースでは、AはAB間で金銭消費貸借契約が締結されたと主張しているのに対し、Bはこの事実を否定していますね。この章ではこのケースが度々登場しますので、よく頭に入れておいてください。

手続法としての民事訴訟法

民事訴訟法の勉強を始めるにあたり、まず、民事訴訟法は**手続法**であるという点をおさえておく必要があります。

実体法と手続法の違いについては、10ページでも説明しましたね。クリスマス100万円事件でいうと、一定の要件を満たす場合に「AのBに対する貸金返還請求権」という権利が発生することを定めるのが実体法です。もっとも、実体法においてこのような権利が認められているだけでは、Aの権利は「絵に描いた餅」です。

そこで、Aの請求にBが応じない場合に、Aはどのような手段を用いて自らの権利を実現することができるかを定めるのが手続法であり、その代表格が民事訴訟法ということになります。

民事訴訟法の目的——真実発見と紛争解決

次に、手続法である民事訴訟法の目的について考えてみましょう。一般に、民事訴訟には「真実の発見」と「紛争の解決」という２つの要請があると考えられています。

まず、民事訴訟においては、争点について「実際に何が起きたのか」という真実を明らかにすることが求められます。これが**真実発見の要請**です。クリスマス100万円事件では、AがBに100万円を貸し付けた事実が存在するのかという点を中心として、裁判所は証拠に基づき真実を究明していくことになります。

他方で、民事訴訟は私的利益をめぐる民事紛争を解決するための「最後の手段」としての役割を担っています。そのため、民事訴訟においては当事者間の紛争を解決するための手段であるという点も重要であり、これを**紛争解決の要請**といいます。

通常、裁判所が真実を発見しようとすることは、当事者間の紛争を解決することにつながります。

クリスマス100万円事件でいえば、仮に裁判所が「AがBに100万円を貸し付けた事実が存在する」と考え、Aの請求を全面的に認める判決を下す場合、これにより、ひとまずAB間の紛争は終局することになりますね。

しかしながら、実際の紛争においては、これら２つの要請が相反する場合が多々あります。そのような場合に、民事訴訟法は紛争解決の要請を優先するという立場に立っています。

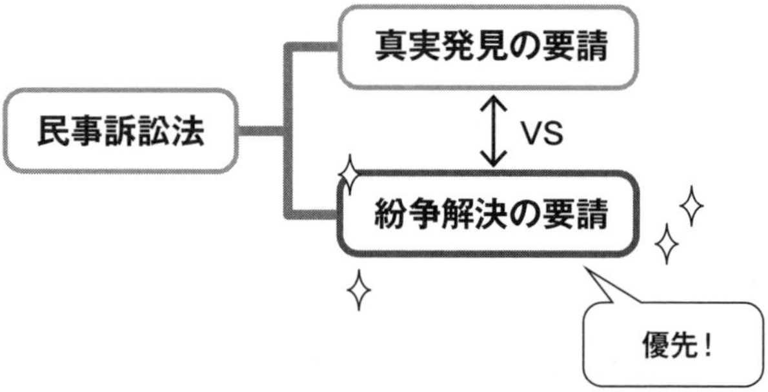

これは真実発見の要請を犠牲にする場合があるということを意味しているわけですが、一体どういうことでしょうか？　クリスマス100万円事件の訴訟が、次のように展開した場合を例に考えてみましょう。

クリスマス100万円事件（続き）

訴訟において、BがAに2015年12月24日に送信した「100万円貸してくれてありがとう！　1月までには絶対返すからね(*´∀｀)」という記載を含むメールが証拠として提出された。この証拠などから、裁判所は、AはBに100万円を貸し付けた（AB間で金銭消費貸借契約が締結された）という心証を得て、Aの請求を認容する（Aを勝訴させる）判決を下そうと考えていた。

しかし、口頭弁論が終結する直前、まだBに未練があったAは、Bに嫌われたくない一心からそれまでの主張を翻し、「実は100万円はBにプレゼントとして贈与したものです」という主張をするに至った。この場合、裁判所はどのような判断をすべきか？

このケースでは、真実発見と紛争解決という2つの要請が反対の方向を向いていることにお気づきでしょうか？

このケースにおいて、裁判所は「AはBに100万円を貸し付けた」というのが真実だと考えています。したがって、真実発見の要請を重視する場合には、裁判所は、Aの請求を認める判決を下すことになるでしょう。

他方で、Aは最終的に自分の主張を引っ込めていますので、紛争解決の要請を重視すれば、裁判所はもはやAの請求を認める必要はなく、Bを勝訴させるべきということになります。

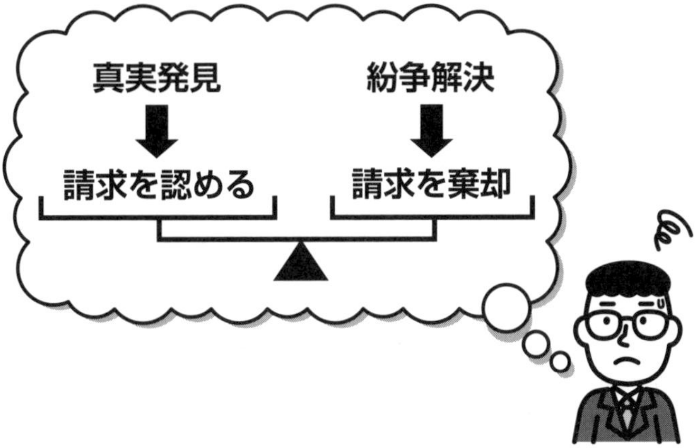

上述のとおり、民事訴訟法は紛争解決の要請を優先するという立場に立っていますので、このケースの場合、実際には、裁判所はBの主張を全面的に認めてBを勝訴させることになります。

このケースでBが勝訴することになると、真実とは合致しない形で訴訟が終了することになってしまいます。「クリスマスプレゼントに100万円をあげる」なんて、いかにも不自然ですよね（苦笑）　しかし、民事訴訟法はそれもやむをえないというスタンスをとっているのです。

紛争解決が優先される理由

民事訴訟法が紛争解決の要請を重視する立場をとっているのは、一体なぜでしょうか？　実は、その理由は第3章で学んだ私法の大原則と密接な関係があります。

復習になりますが、私法の領域では、**私的自治の原則**が認められています。この原則によれば、私たちは、自らの意思で実体法上の権利を取得することができる一方で、望みさえすれば、自らの意思によってその権利を放棄することも自由にできるということになります。

そして、「自分のことは自分で決める」という私的自治の原則を手続法である民事訴訟法にもあてはめると、「当事者が選んだ紛争解決の方法を尊重すべき」という結論が導かれます。当事者が「このように紛争を解決しよう」といっている以上、仮にそれが真実と合致しない場合であっても、裁判所が口を出すべきではないということです。

このように、実体法における私的自治の原則が手続法である民事訴訟法にも応用されることを、**私的自治の訴訟法的反映**と呼びます。民事訴訟法はこの考え方に基づき、真実の発見よりも当事者間の紛争解決を優先させているのです。

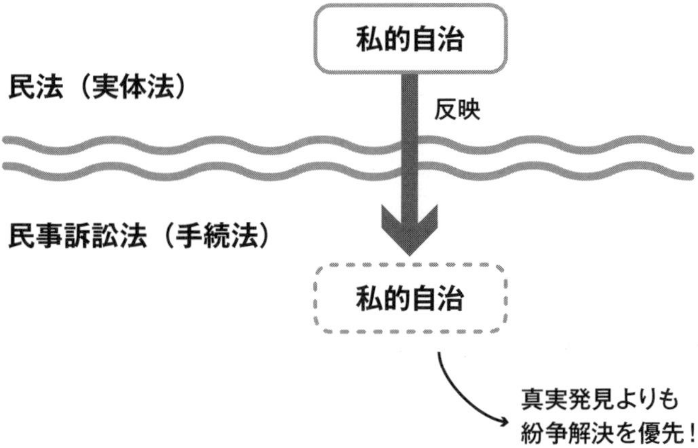

2 民事訴訟の流れ——紛争発生から判決確定まで

民事訴訟の全体像

次は、実際の民事訴訟の流れを紹介していきたいと思います。民事訴訟法では、常に手続き全体の流れを思い出し、今どの段階の手続きについて勉強しているのかを意識することが大切です。

民事訴訟の典型的な流れを図にすると、次のようになります[52]。

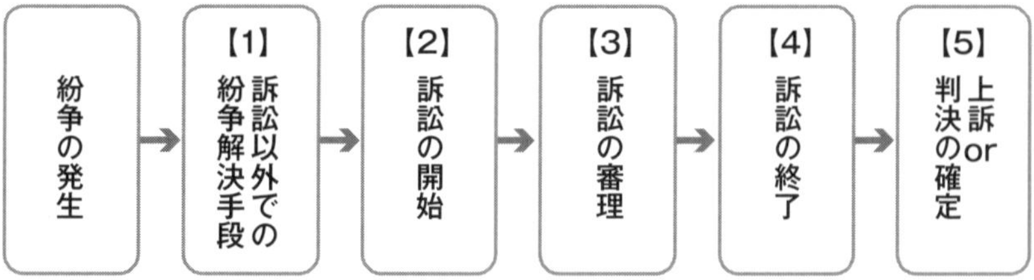

「自動車の代金を支払ってほしい」、「マンションの貸主に突然退去を求められた」など、日常生活の中ではさまざまなトラブルにあうことがありますが、一方が他方の請求に応じない場合、**紛争**が発生します。

以下では、このような紛争が訴訟に至る場合の５つのステップについて、順に説明していきます。

【1】訴訟以外での紛争解決手段

紛争が発生したからといって、そのすべてが訴訟（裁判）になるわけではありません。むしろ、訴訟に至らない段階で解決される紛争のほう

52　実務においては、「訴訟の開始」というステップの前に、判決が得られるまでの暫定的な措置として、民事保全の手続き（仮差押えや仮処分）がとられることがよくあります。
また、「訴訟の終了」の後には、判決の内容に自発的に従わない当事者に対して、判決で確定された権利を国家の手によって強制的に実現するための強制執行の手続き（不動産の競売、銀行預金の差押えなど）がとられることがよくあります。
これらの手続きについては、民事保全法や民事執行法などによって定められています。

が圧倒的に多いといえるでしょう。訴訟はあくまで紛争解決の最終手段であり、当事者の話し合いにより紛争が解決されるほうが望ましいといえます。

訴訟以外の紛争解決手段の例としては、**和解**があります。和解も契約の一種であり、そこで合意された内容は法的な効力を持ちます。

和解がまとまらない場合には、**調停**という制度を利用することもできます。これは、裁判所が当事者の間に入って両者の譲歩を促し、両者が納得できる解決方法を探っていく手段です。

【2】訴訟の開始

和解や調停によっても解決に至らなかった場合には、最終的に**訴訟**が必要となります。

民事訴訟は、当事者の一方が裁判所に訴状を提出し、相手方に対する**訴えの提起**を行うことにより開始されます（民事訴訟において「訴える人」を**原告**、「訴えられる人」のことを**被告**と呼びます）。

その後、裁判所が訴状を被告に送達し、訴状の送達を受けた被告は、原告の請求や主張に対する反論などを記載した答弁書を裁判所に提出します。

【3】訴訟の審理

訴訟が開始されると、事実関係や法律関係を裁判所が調べて判断を行うステップに入ります。訴訟の審理は、原告・被告が口頭弁論や弁論準備手続において法律上の主張を行ったり証拠を提出したりすることにより進行します。

裁判所は、原告・被告の主張や証拠に基づいて心証を形成し、最終的に、原告の請求を認めるべきかを判断します。

【4】訴訟の終了

訴訟の終了の仕方には、以下のとおり２つのタイプがあります。

１つ目は**終局判決による終了**であり、原告と被告の言い分を聞いた裁判所が、その判断を判決という形で言い渡します。クリスマス100万円事件においては、「BはAに対して100万円を支払え」又は「Aの請求を棄却する」などの判決が言い渡されることになります。

もう１つのタイプは、**当事者の意思による終了**の場合です。具体的には、以下のとおり、訴えの取下げ、請求の放棄・認諾、訴訟上の和解がこれにあたります。

●訴えの取下げ

訴えの取下げ[53]とは、原告が「やっぱりやーめた！」といって自らの請求を撤回することです。

原告が訴えを取り下げることにより、そもそもその訴訟が「なかったこと」になるため、以下で説明する請求の放棄・認諾や訴訟上の和解と異なり、紛争解決の基準は何ら示されることなく訴訟が終了します。

クリスマス100万円事件のAとBが復縁し、Aがもはや100万円をBから返してもらう必要がなくなったような場合には、Aが訴えを取り下げることも考えられます。

●請求の放棄・認諾

請求の放棄・認諾[54]は、原告又は被告が、相手方の主張を全面的に認めることをいいます。

請求の放棄とは、原告が自らの請求に理由がないことを認めることをいい、請求が棄却されたのと同様の効果が生じます。**請求の認諾**とは、被告が請求に理由のあることを自ら認めることをいい、請求が認容されたのと同様の効果が生じます。

53　261条１項、262条１項
54　266条１項、267条

クリスマス100万円事件（続き）において、最終的にAはBの主張を全面的に認めてしまいましたが、この場合には、Aが請求を放棄したとして、Bの勝訴で訴訟が終了します。

●訴訟上の和解

訴訟上の和解とは、訴訟が行われている最中に当事者双方がその主張を互いに譲歩して訴訟を終了させる合意がなされることをいい、和解調書には確定判決と同様の効果が生じます。

当事者は和解の内容を自由に決めることができますので、クリスマス100万円事件においては、たとえば「AがBに以前Bからプレゼントされた高級腕時計を返す代わりに、BがAに80万円を支払う」という内容の和解が成立し、訴訟が終了する場合がありえます。

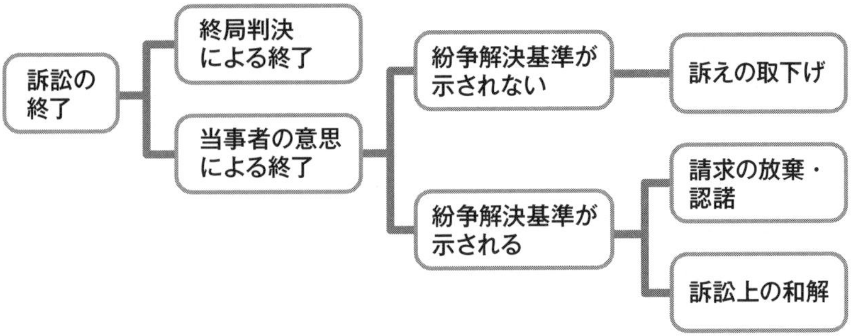

【5】上訴 or 判決の確定

裁判所の終局判決により訴訟が終了した場合、判決内容に不服を持つ当事者の一方は、上級裁判所（高等裁判所や最高裁判所など）に**上訴**して、もう一度裁判をしてもらうように求めることができます。

他方で、当事者が不服を申し立てることなく所定の期間が過ぎた場合には、**判決が確定**します。判決が確定すると119ページで紹介する既判力が生じ、当事者は、その判断を後から蒸し返すことができなくなります。

3 民事訴訟法を理解する4つのキーワード

この節では、民事訴訟法を理解する上で欠かすことのできない重要なキーワードを4つ紹介します。

キーワード1　訴訟物

第1のキーワードは「訴訟物」です。**訴訟物**とは、訴訟の審判対象となる実体法上の権利又は法律関係のことをいいます[55]。

クリスマス100万円事件において、AがBに100万円の返還を請求する場合、「AのBに対する、2015年12月24日付け消費貸借契約に基づく100万円の貸金返還請求権」が訴訟物になります。このように、訴訟物を特定する際には、誰が当事者か、実体法上のどのような権利又は法律関係が問題になるか、という2つの視点を持っておくとよいでしょう。

訴訟物はその訴訟における審判対象になりますので、民事訴訟における裁判所の役割は、訴訟物である権利又は法律関係の存否を判断することであるということができます。

クリスマス100万円事件において、裁判所は「AのBに対する、2015年12月24日付け消費貸借契約に基づく100万円の貸金返還請求権」という訴訟物が存在するかどうかを判断し、これが存在すると認められる場合には、Aの請求を認容する判決を下します。

なお、訴訟物の存否を判断するためには、訴訟物となる権利の発生や消滅という法律効果について判断をする必要がありますが、その判断に

55　訴訟物の概念については、伝統的に、旧訴訟物理論と新訴訟物理論という考え方の対立があります。本書では、実務において採用されている旧訴訟物理論に従って解説を行います。

直接必要な事実（法律要件に直接該当する事実）を**主要事実**といいます。たとえば、売買契約に基づく代金支払請求権の発生のためには、「売買契約締結の事実」が主要事実となります。

また、主要事実の存否を推認するのに役立つ事実を**間接事実**といい、証拠の証拠力に関する事実（証拠の信用性に影響を与える事実）を**補助事実**といいます。

キーワード2　処分権主義

第2のキーワードは、「処分権主義」です。**処分権主義**とは、①訴訟の開始、②訴訟物の特定、③訴訟の終了について、当事者に決定権を与える原則です。この原則についても、クリスマス100万円事件を例に具体的な内容を確認していきましょう。

●処分権主義の具体的内容

①まず、処分権主義の下では**訴訟の開始**について当事者に決定権が与えられているため、AとBの間に紛争があったとしても、当事者が自ら訴えを提起しない限り民事訴訟が開始されることはありません[56]。

②次に、Aが訴えを提起する場合、どのように**訴訟物を特定**するかはAの判断に委ねられ、それのみが審判の対象となります。したがって、たとえばAが「Bに貸しつけた100万円の一部である60万円の返還を求める」として訴えを提起することも可能です。

この場合、裁判所は100万円全額の請求については判決することはできず、60万円の範囲でのみ請求権の存否を判断して判決を下すことになります。

56　これに対し、刑事訴訟においては、公訴を提起して刑事訴訟を開始させる権限は検察官のみに与えられています。したがって、原則として刑事事件の当事者（被害者など）による告訴がなくても検察官は刑事訴訟を開始することができ、他方で、たとえ自分が犯罪の被害を受けたと主張する者がいたとしても、検察官が公訴提起の必要があると判断しない限り、刑事訴訟は開始されません。

③さらに、**訴訟の終了**についても、当事者であるＡとＢの意思が尊重されます。先ほど説明したとおり、民事訴訟においては、訴えの取下げ、請求の放棄・認諾、訴訟上の和解といった「当事者の意思による訴訟の終了」が認められています。

これらは、まさに処分権主義を具体化した制度であるということができます。

●処分権主義の背景

勘の良い皆さんは既にお気づきかもしれませんが、処分権主義という考え方の背景には、先ほど紹介した私的自治の訴訟法的反映があります。

民事訴訟において審判の対象となるのは、私的自治の妥当する実体法上の権利や法律関係です。そして、訴訟においても権利や法律関係については当事者の意思による処分を認めるべきという思想に基づき、民事訴訟法では処分権主義が認められているのです。

キーワード３　弁論主義

●弁論主義の意義と背景

第３のキーワードは「弁論主義」です。**弁論主義**とは、訴訟資料（判決の基礎となる事実[57]や証拠）の収集と提出につき、裁判所ではなく当事者の権能と責任に委ねる原則のことをいいます。少し難しいですが、弁論主義は「民事訴訟に勝つか負けるかは当事者の自己責任である」という考え方だとイメージしておけばよいでしょう。

弁論主義の下では、裁判所が積極的に訴訟資料を収集してくれることはなく、当事者が証拠を自ら収集して、提出しなければなりません。裁判所は当事者から提出された証拠をもとに判決を下すため、当事者がその収集・提出を怠ると、たとえ有利な訴訟であっても負けてしまいます。このような「訴訟における自己責任論」を弁論主義と呼んでいます。

57　弁論主義の対象となる事実は主要事実のみであり、間接事実や補助事実は対象となりません。そのため、弁論主義の３つのテーゼの説明における「事実」とは主要事実のみを指すものとします。

弁論主義も、ここまで何度も登場した私的自治の訴訟法的反映の一環であると考えることができます。すなわち、実体法上の私的自治の原則は「私人の生活関係については私人が中心になって処理すべき（いたずらに国家が介入するべきではない）」とする考え方であるといえますが、この思想を推し進めると、民事訴訟では当事者が中心になって訴訟資料を収集するべきであるという弁論主義に結びつきます。

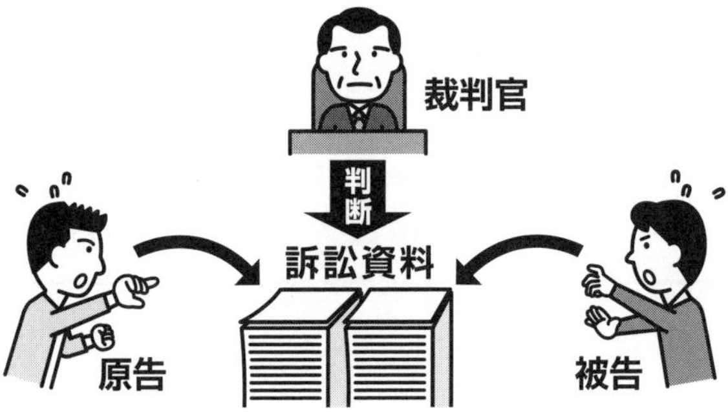

弁論主義の大まかな意味は以上のとおりですが、弁論主義には以下で紹介する3つの原則（テーゼ）が含まれているといわれています。ここでは、クリスマス100万円事件を念頭に置きながら、3つのテーゼについて学んでおきましょう。

●弁論主義の第1テーゼ【主張責任】

裁判所は、当事者が主張して口頭弁論にあらわれた事実でない限り、裁判の基礎とすることができません（**弁論主義の第1テーゼ**）。したがって、一方当事者が自己に有利な事実を主張しないためにその事実が口頭弁論にあらわれない場合、その事実はないものとされ、その当事者は不利な裁判を受けることになります。このような不利益のことを、**主張責任**と呼んでいます。

クリスマス100万円事件で、Bが金銭消費貸借契約の成立を否認している場合において、AもBも「AB間の金銭消費貸借契約の成立を基礎づける事実」を主張せず、この事実が最後まで口頭弁論にあらわれなかった場合には、その事実はないものと扱われてしまうため、Aの請求は認められません。

●弁論主義の第2テーゼ【自白の裁判所拘束力】

裁判所は、当事者間に争いのない事実（自白された事実[58]）はそのまま判決の基礎としなければなりません**（弁論主義の第2テーゼ）**。そのため、裁判所は自白された事実に反する事実を認定することは許されず、これを**自白の裁判所拘束力**と呼びます。

たとえばBが「Aから100万円を借りた事実」を認めた場合、自白が成立します。この場合、裁判所はこの事実を判決の基礎としなければならず、BがAから100万円を借りた事実は存在しなかったと認定することは許されません。

●弁論主義の第3テーゼ【職権証拠調べの禁止】

当事者間に争いのある事実について、裁判所は証拠に基づき事実認定を行う必要がありますが、弁論主義の下では、証拠の提出も当事者の責任です。そのため、裁判所は原則として当事者の提出した証拠のみによらなければならず、自ら職権で証拠調べを行うことは許されません**（弁論主義の第3テーゼ。職権証拠調べの禁止）**。

たとえば、クリスマス100万円事件において、裁判所が「2015年12月24日にBが友人に送ったメールを調べれば真相がわかるだろう」と考えたとしても、そのメールが当事者から証拠として提出されない以上、裁判所が勝手にBの友人に連絡をしてメールの証拠調べを行うといったことは許されません。

---

58 民事訴訟における「自白」とは、相手方の主張する、自己に不利益な事実を認める旨の口頭弁論や弁論準備手続における陳述のことをいいます。

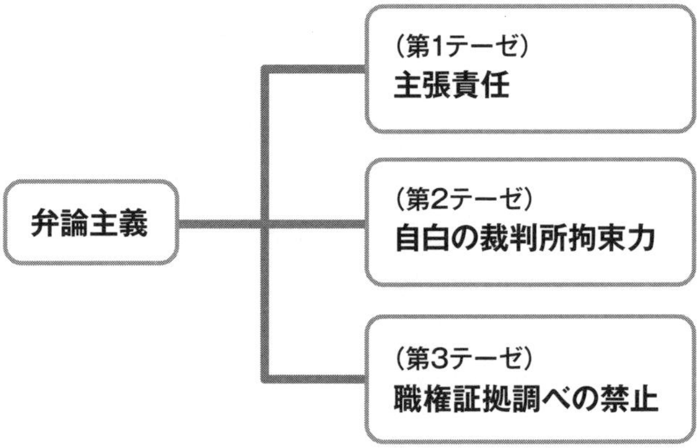

キーワード4　既判力

最後のキーワードは「既判力」です。**既判力**とは、確定した判決の後訴における当事者及び裁判所に対する拘束力のことをいいます。つまり、一度訴訟が行われ判決が確定した以上、同じ問題を蒸し返すことは許されず、その後の訴訟においては、当事者や裁判所はその確定判決の判断に拘束されるということです。

●既判力の根拠

一般に、既判力の根拠は、その必要性と許容性という観点から説明されています。

既判力の必要性としては、前訴で争われた問題を後訴で再び蒸し返すことができてしまっては、判決により紛争を終局的に解決するという民事訴訟の要請を満たすことができなくなります。そのため、紛争の蒸し返しを防止するために、既判力を認める必要があるといわれます。

また、既判力の許容性としては、当事者が前訴において十分に自らの言い分を主張して攻撃防御を行う機会を与えられた以上、その結果下された判決の内容については自己責任が認められ、既判力を認めても差し支えないと考えられています。

●消極的作用と積極的作用

既判力の具体的な中身としては、当事者は既判力の生じた判断を争うことは許されず、後訴裁判所はこれを争う当事者の申立てや主張を排斥しなければなりません。これを、既判力の**消極的作用**と呼びます。また、裁判所は既判力の生じた判断に拘束され、これを前提として後訴の審判をしなければならず、これは既判力の**積極的作用**と呼ばれます。

このように、既判力は消極的作用と積極的作用という２つの側面を持っています。

●既判力の基準時

確定判決の内容をなす権利関係は、時の経過と共に刻々と変化（発生・変更・消滅）するものです。そこで、どの時点における権利関係について既判力を認めるかを考える必要があり、これを既判力の**基準時**の問題といいます。

この点、当事者は事実審[59]の口頭弁論が終結する時まで証拠を提出することができ、判決もこの時点までに提出された訴訟資料に基づいてなされます。そこで、既判力の基準時は事実審の口頭弁論終結時であり、既判力はこの時点における権利関係の判断に生じるとされています。

このように、既判力は基準時における権利関係の存否を確定するので、当事者は後訴において、基準時以前に既に存在していた事由を提出して争うことは許されません。このことを、既判力の**遮断効**といいます。

反対に、基準時後に発生した事由は、前訴ではそもそも提出する機会がなかったので遮断効を生じず、後訴で提出することができます。

たとえば、クリスマス100万円事件の訴訟は2017年６月１日に第１審の口頭弁論が終結し、その後、「ＢはＡに金100万円を支払え」と

59　日本の三審制においては、事実関係と法律問題の両方を審理する「事実審」と、事実審の裁判が法令に違反しないかを審理する「法律審」とがあります。民事訴訟では、第一審と控訴審が事実審で、上告審は法律審です。

いう内容の第1審判決が確定したとしましょう。

この場合、Bが後訴において「私は2017年4月1日に100万円を返済した」という主張をすることは許されませんが、「私は2017年10月1日に100万円を返済した」と主張することは可能です。

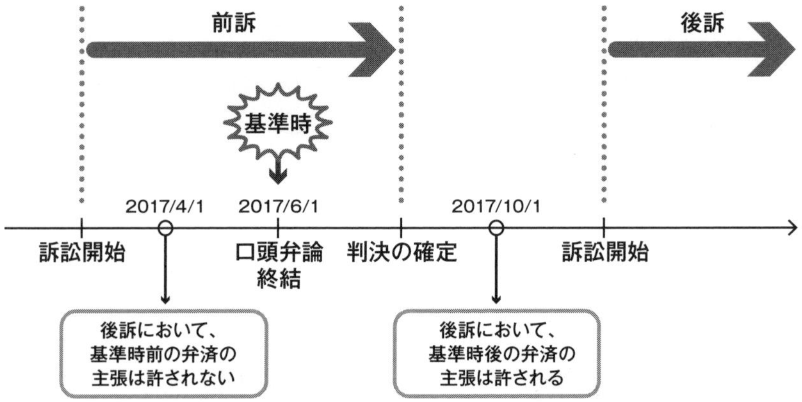

●既判力の客観的範囲

既判力の「範囲」について、前訴判決でなされた判断のどの部分について既判力を生じるのかという問題が、既判力の**客観的範囲**の問題です。民事訴訟法114条1項は、既判力は判決主文に包含する判断に生じることを定めています。

判決は一般的に、「主文」とその「理由」から構成されていますが、「主文」は「訴訟物たる権利関係」の有無について、判決の結論を簡潔に示す部分です。クリスマス100万円事件においてAの請求を認容する場合には、「BはAに金100万円を支払え」という内容の主文となります。この場合、「理由」の箇所では、AB間で金銭消費貸借契約が締結された事実など、主文の判断に至った判断の過程が示されることになります。

以上のとおり、既判力は主文の判断内容（「訴訟物たる権利関係」の有無）のみに生じ、原則として理由中の判断には生じません。

● **既判力の主観的範囲**

最後に、既判力の拘束力は誰に及ぶのかという、**主観的範囲**の問題があります。

既判力は、対立する当事者（クリスマス100万円事件であればAとB）の間にのみ生じ、当事者以外の第三者（たとえば、Aの配偶者や、Bに対して債権を有している債権者）には及ばないのが原則です[60]。

これは、当事者間の私的利益をめぐる民事紛争はその当事者間かぎりで解決すれば十分である一方で、既判力は訴訟で十分に争った結果に対する自己責任として認められるものであり、訴訟で争う機会を与えられていない第三者にまで訴訟の結果を強要するのは妥当でないためであると説明することができます。

60 115条1項

第5章のポイント

▶ 民事訴訟には**真実の発見**と**紛争の解決**という2つの要請があるが、**私的自治の訴訟法的反映**という考え方から、民事訴訟法は紛争解決の要請を優先させる立場をとっている。

▶ 民事訴訟の流れ：
紛争の発生　→　【1】訴訟以外での紛争解決手段　→　【2】訴訟の開始　→　【3】訴訟の審理　→　【4】訴訟の終了　→　【5】上訴 or 判決の確定

▶ **訴訟物**とは、訴訟における審判対象となる、特定の実体法上の権利又は法律関係のことをいう。

▶ **処分権主義**とは、①訴訟の開始、②訴訟物の特定、③訴訟の終了について、当事者に決定権を与える原則のことをいう。処分権主義の背景には私的自治の訴訟法的反映という考え方がある。

▶ **弁論主義**とは、訴訟資料の収集と提出につき、裁判所ではなく当事者の権能と責任に委ねるという原則のことをいう。弁論主義には、**①主張責任**、**②自白の裁判所拘束力**、**③職権証拠調べの禁止**という3つのテーゼが含まれている。

▶ **既判力**とは、確定した判決の後訴における当事者及び裁判所に対する拘束力のことをいう。既判力においては、その基準時、客観的範囲、主観的範囲などが問題となる。

第6章

刑法

第６章の概観

▶ 第１節では、刑法の議論で常に問題となる**法益保護機能**と**自由保障機能**の対立について説明します。ここが刑法の議論の根本になるので、２つの機能の違いをよく理解しておいてください。

▶ 続く第２節では、刑法が「第１編　総則」と「第２編　罪」とに分かれていることと、これに応じて、法学部では**刑法総論**と**刑法各論**という２つの分野を勉強することを説明します。

▶ 第３節では、刑法総論の議論の土台となる**犯罪成立の３ステップ（①構成要件、②違法性、③責任）**という考え方を説明します。この３ステップが頭の中で整理されていれば、刑法総論の勉強をスムーズに進めることができます。

▶ 刑法各論について学ぶ第４節では、多くの論点がある**窃盗罪**を取り上げ、各構成要件が問題となる事例を紹介します。

刑法の議論はシンプルで、「ある行為に犯罪が成立するか」ということが主に論じられます。また、刑法の条文は短く簡潔なものが多いため、刑法はとっつきやすい科目といえるでしょう。

後ほど詳しく説明しますが、「ある行為に犯罪が成立するか」という問題の背景には、刑法の持つ２つの機能、すなわち、法益保護機能と自由保障機能のせめぎあいがあります。そして、この「２つの機能のバランス」という観点を持つことで、刑法の問題をより本質的に論じることができるようになります。

この章では、皆さんに自分の頭で法律論を考える癖をつけてもらうために、たくさんのケース（事例）を用意しています。ぜひ想像力を働かせて、自分なりの答えを考えながら読み進めてみてください！

1 刑法の２つの機能

犯罪は成立するか？

●２つのケース

この章のはじめに、刑法の本質的な理解を深めるため、刑法の持つ２つの機能について説明をしたいと思います。刑法の条文はシンプルなだけに、事例を条文にあてはめようとすると、判断に迷うケースが無数に存在します。まずはその具体例を見てみましょう。

ケース１

Ａは、高校時代の先輩に、ある資産家の家に盗みに入るので見張りをするよう命じられた。Ａは先輩の命令に逆らえず、いわれた通りに家の前で見張りをしたが、そこを通る人は誰もいなかった。先輩は盗みに成功したが、Ａはその分け前をもらわずに帰宅した。

ケース2

百貨店で4500円の商品を買ったBは、1万円札を差し出しておつりをもらったが、店員は誤って、6500円のつり銭をBに手渡した。Bはすぐにそのことに気づいたが、「ラッキー♪　今日はついてるわ〜！」と思い、そのままつり銭を受け取って店を出た。

●AとBに犯罪は成立するか？

皆さんは、AとBについて犯罪が成立すると思いますか？

ケース1については、Aの先輩には窃盗罪が成立しますが、見張りをしていたAも窃盗の共犯者となるかが問題となります。刑法には、「2人以上共同して犯罪を実行した者は、すべて正犯とする」(60条、共同正犯)や、「正犯を幇助《ほうじょ》[61]した者は、従犯とする」(62条1項、幇助犯)といった規定がありますが、Aの行為がこれらに該当すれば、Aにも犯罪が成立することになります。

もっとも、先輩に命じられて見張りをやらされたAが、「共同して犯罪を実行した」とか「幇助した」とはいえないように思えます。そのため、このケースではさまざまな結論がありえます[62]。

ケース2では、**詐欺罪**[63]が成立するかが問題となります。Bは積極的に誰かを騙す行為をしたわけではありませんが、つり銭が多いことに気づきながら、これを黙って受け取りました。この場合にも「人を欺いて財物を交付させた」といえるかどうか、議論のありうるところです[64]。

61「幇助」とは、正犯者を手助けし、その犯罪の実行を容易にすることをいいます。

62 判例・通説によれば、窃盗の実行行為を行わないAについても、共謀共同正犯という理論により、窃盗の共同正犯が成立しうることになります。もっとも、Aは先輩に命じられて見張りをやらされただけであり、分け前ももらっていません。このような事情の下では、Aに共謀共同正犯が成立するとは認められない可能性が高いといえるでしょう。
他方で、Aがいることにより、先輩は自信を持って窃盗行為を行うことができたと考えられるため、Aは先輩に対して「精神的幇助」を行ったとして、窃盗罪の幇助犯が成立する可能性はあります。
このような共犯理論の詳細については、刑法総論の分野でしっかり勉強してくださいね。

63 刑法246条1項（詐欺）「人を欺いて財物を交付させた者は、10年以下の懲役に処する。」

64 一般的には、この場合のBには信義則上、「つり銭が多いですよ」と申告する法的な義務があり、これを怠ってつり銭を受領した場合には、「人を欺いて財物を交付させた」ことになるため、詐欺罪が成立すると考えられています。このようなケースは「つり銭詐欺」と呼ばれ、いわゆる「不作為による詐欺」の典型例とされています。こちらは、刑法各論の有名な論点です。

先ほどもお話ししたとおり、ＡやＢに犯罪が成立するかという問題の背景には、刑法の持つ２つの機能のせめぎあいが隠れています。以下では、**そもそもなぜ刑法という法律が必要となるのか**という観点から、刑法の法益保護機能と自由保障機能について、説明をしたいと思います。

刑法の法益保護機能

この世に刑法がなければ、犯罪行為が増え、国民は安心して社会生活を送ることができなくなってしまいます。そこで、生命身体や財産といった**保護法益**（法律によって保護すべき国民の利益のこと。同じ意味で、単に**法益**ということもあります）を侵害した者に対して刑罰を科することにより、犯罪を予防し、国民が安心して生活できる社会を作る必要があります。

刑法のこのような機能を、**法益保護機能**と呼んでいます。すなわち、刑法の機能の１つ目は、法益を保護することにあるのです。

刑法に掲げられている１つ１つの犯罪には、それぞれ保護すべき法益が存在します。たとえば殺人罪の保護法益は「人の生命」ですし、名誉毀損罪の保護法益は「人の名誉」です。

刑法の自由保障機能

さらに、刑法の２つ目の機能として、自由保障機能（人権保障機能）があります。

フランス革命以前の専制諸国家においては、犯罪と刑罰は事前に法律によって定められておらず、何を犯罪とし、どのように処罰するかは国家機関の専断に委ねられていました。このような社会においては、国民は何が犯罪として処罰されるのかを予測することができないため、安心して社会生活を営むことができませんでした。

そのような反省を踏まえ、今日では、「どのような行為が犯罪となり、どのような刑罰が科されるかは、あらかじめ法律で定めておかなくてはならない」という**罪刑法定主義**が憲法に定められています[65]。そして、そこでいう「法律」こそ、皆さんが勉強している刑法なのです。

刑法では、いかなる行為が犯罪となり、その犯罪に対していかなる刑罰が科されるのかが明文化されています。これを裏返すと、刑法は、**刑法に書かれた要件を満たす行為を行わない限り罰せられない**という意味で、国民に行動の自由を保障しているということができます。

つまり、「〇〇をしたら処罰する」と事前に宣言し、それ以外の行為により国民が処罰されることはないことを明確にすることによって、国民に予測可能性を与え、国家が恣意的に国民を処罰することを禁じているのです。刑法のこのような機能を、**自由保障機能**と呼んでいます。

65　罪刑法定主義は、「何人も、法律の定める手続によらなければ、その生命若しくは自由を奪はれ、又はその他の刑罰を科せられない」と定める憲法31条を根拠とするものと考えられています。

２つの機能の関係

以上のとおり、刑法の法益保護機能は、国民を「処罰する」ことで達成される機能であるのに対し、自由保障機能は、国民を「処罰しない」ことに意味がある機能です。

したがって、この２つの機能はしばしば対立し、どちらを優先すべきなのかが問題となることがよくあります。ある行為について犯罪の成立を認めて処罰すべきかという問題の根本には、法益保護機能と自由保障機能の対立があるというわけです。

具体的なケースを考える際には、刑法の法益保護機能と自由保障機能のバランスという観点から、自分の答えをいつもチェックするようにしましょう。

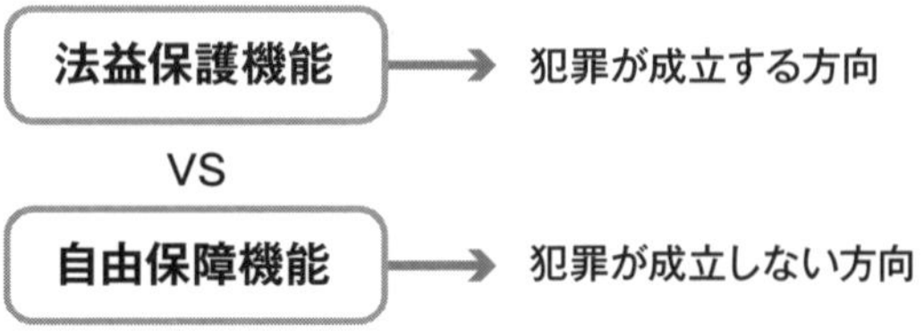

2 刑法の全体像――総論と各論

ここで、刑法の全体像を確認しておきましょう。以下にあるように、刑法の構造はとてもシンプルで、刑法は**第１編の「総則」**と、**第２編の「罪」**の２つに分かれています。

刑法の構造

第1編　総則
　第4章　刑の執行猶予
　第5章　仮釈放
　第6章　刑の時効及び刑の消滅
　第8章　未遂罪
　第11章　共犯
　　……など
→ **刑法総論**

第2編　罪
　第5章　公務の執行を妨害する罪
　第9章　放火及び失火の罪
　第17章　文書偽造の罪
　第25章　汚職の罪
　第26章　殺人の罪
　第27章　傷害の罪
　第32章　脅迫の罪
　第34章　名誉に対する罪
　第36章　窃盗及び強盗の罪
　第37章　詐欺及び恐喝の罪
　第38章　横領の罪
　　……など
→ **刑法各論**

第1編の「総則」には、正当防衛（36条）、故意（38条）、心神喪失及び心神耗弱（39条）、未遂罪（44条）、共同正犯（60条）など、各犯罪類型に共通する内容の規定が並んでいます。この「総則」に規定されていることを中心として、各犯罪類型に共通する刑法理論を研究する分野を、**刑法総論**と呼んでいます。

他方で、第2編の「罪」には、殺人罪（199条）、傷害罪（204条）、強盗罪（236条)、横領罪（252条）など、具体的な犯罪に関する規定が数多く並んでいます。これらの規定に基づき各犯罪が成立するための要件（構成要件）を個別的に研究する刑法の分野を、**刑法各論**と呼んでいます。

本章では、刑法総論と刑法各論それぞれの分野において、代表的な概念や論点を学んでいくことにしましょう。

3 刑法総論 ——犯罪成立の3ステップ

犯罪成立の3ステップ

刑法総論では、正当防衛、未遂罪、共犯などの重要な概念を学びますが、それらすべてと関連する刑法総論の「幹」ともいうべき理論が、「犯罪成立の3ステップ」です。

そもそも犯罪とは、**「構成要件に該当する違法で有責な行為」**であると定義されます。この定義から、犯罪が成立するためには、**①構成要件**に該当すること、**②違法性**があること、**③責任**があることという3条件をすべて満たすことが必要であるとわかります。

この3条件は常に①→②→③の順番で検討されていくもので、この3つのステップをすべてクリアしたときにはじめて、犯罪が成立します。

①構成要件 → **②違法性** → **③責任** → **犯罪成立！**

犯罪成立の３ステップは、刑法の議論をする際の当然の前提となる「常識」です。この常識を知らずして刑法を語ることはできませんので、以下では具体例を使ってしっかり解説していきます。

ステップ１　構成要件該当性

１つ目のステップは、ある行為が構成要件に該当すること、すなわち**構成要件該当性**です。

構成要件とは、刑罰を科す対象として法律に規定された行為や状況のことをいいます。簡単にいうと、「犯罪成立のための条件」のことですね。

たとえば、236条１項（強盗罪）は「暴行又は脅迫を用いて他人の財物を強取した者は、強盗の罪とし、５年以上の有期懲役に処する」と定めているため、強盗罪においては、「暴行又は脅迫を用いたこと」と、「他人の財物を強取したこと」が構成要件となります。

罪刑法定主義により、犯罪やその処罰についてはあらかじめ法律で定めておく必要があるため、法律に定められていない行為をして処罰されることはありません。したがって、いかに皆が「処罰されるべき」と考えるような行為であったとしても、それが構成要件に該当しない限り、犯罪が成立することはありません。

反対に、いかに皆が「処罰するのはかわいそう」と考えるような行為であったとしても、それが刑法に書かれた条件に形式的にあてはまる限り、構成要件該当性のステップはクリアすることになります。

以上を前提として、次のケースを見てみましょう。

ケース１

Xが友人Ｙの顔面を思い切り殴り、Ｙは顔に怪我を負った。

参照条文

刑法204条（傷害）

人の身体を傷害した者は、15年以下の懲役又は50万円以下の罰金に処する。

204条の条文から、傷害罪の構成要件は、「人の身体を傷害した」ことであることがわかります。このケースのYは「人」であり、顔は「身体」の一部です。また、Xの暴行によりYは顔に怪我を負っていますので、XがYの身体を「傷害した」ということができます。したがって、Xの行為は、「人の身体を傷害した」という構成要件に該当します。

これで、犯罪成立のための1つ目のステップをクリアしたことになります。

ステップ2　違法性

●違法性の意義

刑法の条文に書かれた行為は、基本的に悪い行為ですので、構成要件該当性というステップをクリアすると、原則として犯罪が成立することになります。もっとも、ステップ2やステップ3において特別な事情が存在し、例外的に犯罪が成立しない場合があります。以下では、その例外的な場合について解説していきます。

構成要件該当性の次は、違法性を検討するステップへと進みます。**違法性**とは、実質的に考えて刑罰を科してでも禁止すべき行為だといえることを指します。ある行為が形式的には構成要件に該当したとしても、実質的に考えて刑罰を科してでも禁止すべきとはいえない場合には、違法性が阻却され犯罪が成立しません[66]。

66　違法性が否定されることを「違法性が阻却される」ということがあり、正当行為（35条）、正当防衛（36条）、緊急避難（37条）などは、「違法性阻却事由」と呼ばれます。

違法性が阻却される典型例は、36条が「急迫不正の侵害に対して、自己又は他人の権利を防衛するため、やむを得ずにした行為は、罰しない」と定める**正当防衛**の場合です。

●正当防衛の具体例

違法性が阻却される正当防衛の具体例として、ケース１を少しだけ修正したケース２を見てください。

ケース２

ＹがＸを殺そうとしてナイフで切りかかって来たので、Ｘは自分の身を守るため、Ｙの顔面を思い切り殴り、Ｙは顔に怪我を負った。

下線をつけたところが、ケース１と異なる部分です。まず、ケース２でも、ＸはＹの顔に怪我を負わせているので、「人の身体を傷害した」という構成要件に該当します。よって、ステップ１はクリアしています。

次に、ステップ２として、正当防衛が成立するかを検討します。

このケースでは、ＹのＸに対する攻撃は「急迫不正の侵害」にあたります。また、Ｘが暴行に及んだのは自分の身を守るためだったので、「自己又は他人の権利を防衛するため」という要件も満たします。さらに、Ｘは自分の命を守るために必要最小限度の反撃として相手の顔を殴ったに過ぎないと考えられるため、これは「やむを得ずにした行為」にあたります。

以上より、このケースでは要件をすべて満たし正当防衛が成立します。これにより違法性が阻却され、ステップ２をクリアしないため、Ｘには傷害罪が成立しないことになります。

ステップ3　責任

●責任の意義

ステップ1とステップ2をクリアすると、最後に待っているのは、ステップ3の「責任」です。

責任とは、構成要件に該当する違法な行為をしたことについて、その人を道義的に非難できることをいいます。「非難できる」とは、「その人の意思次第では犯罪行為を行わないことも可能であったにもかかわらず、あえて犯罪行為に出たことを責める」という意味です。

ステップ1とステップ2をクリアした行為であっても、その行為について非難することができない特別な事情（責任阻却事由）が存在する場合にはステップ3をクリアせず、犯罪は成立しません。

●精神障害と責任無能力者

責任阻却事由にはいくつかの種類がありますが、中でも重要なのが、**責任無能力者**による行為の場合です[67]。刑法は責任無能力者として、心神喪失者と刑事未成年者について次のように規定しています。

> **刑法39条（心神喪失及び心神耗弱）**
> （1）心神喪失者の行為は、罰しない。
> （2）（略）

> **刑法41条（責任年齢）**
> 14歳に満たない者の行為は、罰しない。

それでは、次のケースも見てみましょう。

67　責任無能力者とは、責任能力（責任非難を認めるための前提としての人格的能力）を欠いている者のことをいいます。

ケース3

XがYの顔面を思い切り殴り、Yは顔に怪我を負った。もっとも、Xは当時、重度の精神障害を患っていた。

ケース3も、下線を引いた部分がケース1と異なる点です。このケースは、ステップ1とステップ2はクリアしますが、XがYを殴った当時、精神障害によりXが心神喪失の状態にあったと認められる場合には、39条1項が適用されます。この場合は「責任」を欠きステップ3をクリアせず、犯罪は成立しないことになります。

なお、**心神喪失**とは、精神の障害により判断能力や自分をコントロールする能力を欠いている状態をいいます。心神喪失の状態にある人は法に従った行動をとることは難しいので、「その人の意思次第では犯罪行為を行わないことも可能であった」ということができません。そこで39条1項は、心神喪失状態にあった人については責任の不存在を理由として、犯罪が成立しないことを定めているのです[68]。

これで、犯罪成立の3ステップについての説明は終わりです。犯罪の成否を論じる際には、構成要件・違法性・責任のうち、どのステップについての議論をしているのかを意識することが大切です。

68　精神の障害により判断能力や自分をコントロールする能力を欠いているとまではいえないものの、それらの能力が著しく低い者は、刑法上「心神耗弱者」と呼ばれます。39条2項は、「心神耗弱者の行為は、その刑を減軽する」と定めています。

4 刑法各論 ——窃盗罪に関する主な論点

窃盗罪の構成要件

刑法各論の分野では、各犯罪の構成要件に関する理論を学びます。ここでは、私たちにとって最も身近な犯罪ともいえる窃盗罪の構成要件について勉強していきましょう。まずは、条文を確認しておきます。

> **刑法 235 条（窃盗）**
> 他人の財物を窃取した者は、窃盗の罪とし、10 年以下の懲役又は50 万円以下の罰金に処する。

この条文から、窃盗罪の構成要件として、①**他人の財物**を、②**窃取**することが必要となることがわかります。また、条文にはありませんが、窃盗罪においては主観的要件として、故意のほかに③**不法領得の意思**が必要になるとされています。それぞれの構成要件の意味を、以下で簡単に紹介します。

①他人の財物

窃盗罪の客体である「財物」とは、有体物（空間の一部を占める形あるもの）を指しています。自動車や建物だけでなく、固体・液体・気体も有体物ですが、電気や熱といったエネルギーは有体物とはいえません。

②窃取

「窃取」とは、他人の占有する財物を、その占有者の意思に反して自己の占有に移転させる行為をいいます。たとえば、他人のポケットから財布を抜き取りそれを自分のバッグに入れる行為は、「窃取」にあたります。

③不法領得の意思

不法領得の意思とは、判例上、「権利者を排除し他人の物を自己の所有物と同様に、その経済的用法に従いこれを利用し又は処分する意思」をいうとされています[69]。

この定義によれば、不法領得の意思は、**権利者排除意思**（権利者を排除して、他人の物を自己の所有物と同様に扱う意思）と、**利用処分意思**（他人の物を、その経済的用法に従い、利用又は処分する意思）という２つの要素から構成されることになります。

不法領得の意思という構成要件は、「権利者排除意思又は利用処分意思が欠ける場合には窃盗罪が成立しない」という点に意味がありますが、これについては後ほど詳しく解説します。

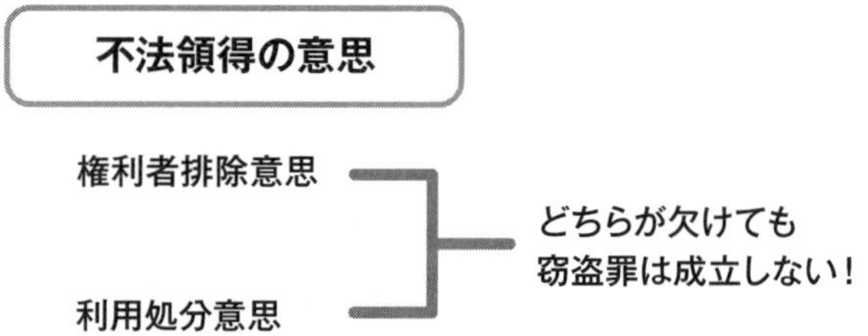

窃盗罪にまつわる５つのケース

次に、実際の事件において窃盗罪の構成要件が問題となるのはどんな場合かを見ていきましょう。

以下の５つのケースにおいて、Xに窃盗罪が成立するかを考えてみてください。ケースを読む際には、窃盗罪のどの構成要件が問題となりそうかを意識してくださいね。

69　最判昭和26年7月13日

●ケース1　情報窃盗

ケース1
ある会社の社員であるXは、競合関係にあるY社のオフィスに忍び込み、オフィスにあるパソコンに保存してあったY社の営業秘密に関するデータを自己のUSBメモリにコピーして、Y社を立ち去った。

このケースでは、XはY社の営業秘密を盗んでいるため、窃盗罪が成立するようにも思えます。しかし先ほど説明したとおり、窃盗罪の客体は「財物」であり、これは有体物に限られます。Xが盗んだ営業秘密という「情報」は有体物ではないため、財物にあたりません。また、営業秘密をコピーしたUSB自体は財物にあたりますが、これはXのものなので、「他人の」財物ではありません。

以上より、結局のところ、本件では「①他人の財物」という構成要件を満たさないため、Xに窃盗罪は成立しないという結論になります。もっとも、Xの行為により、刑法や特別法が定める他の犯罪が成立する可能性はあります。

●ケース2　「他人の占有」の有無

ケース2
Yは公園のベンチにポシェットを置いたまま、ベンチを離れて歩き出した。それから数十秒後、Yの様子を見ていたXは、Yがベンチから27m離れた時点で、そのポシェットを持ち去った。Yは、ベンチから200m離れた地点で、ポシェットを忘れたことに気が付いた。

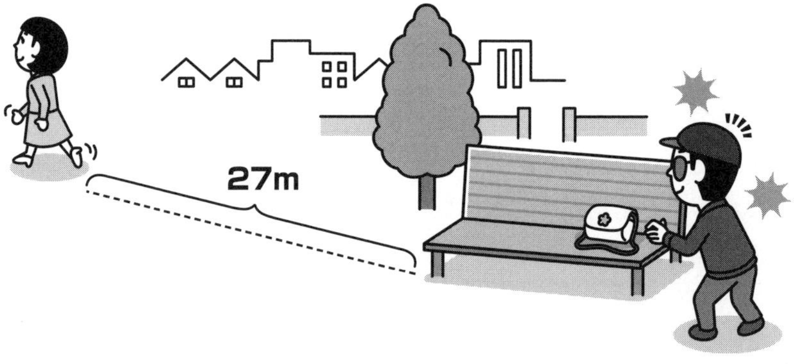

このケースでは、Xの行為が「窃取」にあたるかが問題となりそうですので、窃取の定義を思い出してみましょう。ここでは特に、置き忘れられたポシェットが「他人の占有する」財物にあたるか、すなわち、Xがポシェットを持ち去った時点で、Yがポシェットを占有していたといえるかが問題となります（仮にこの時点でYがポシェットを占有していたと認められない場合には、「窃取」がないため窃盗罪は成立せず、占有離脱物横領罪[70]の成否のみが問題となります）。

このような場合、一般的には、Yがポシェットから離れてからどれくらいの時間が経過したか（時間的接着性）、また、Yとポシェットの間にどれくらいの距離があったか（距離的接着性）などを基準として、占有の有無が判断されます。

本件ではどちらの結論もありうるところですが、これと似た事案において、最高裁判所はYがいまだポシェットを占有していたと認め、窃盗罪の成立を肯定しました[71]。

70　刑法254条（遺失物等横領）「遺失物、漂流物その他占有を離れた他人の物を横領した者は、1年以下の懲役又は10万円以下の罰金若しくは科料に処する。」
71　最決平成16年8月25日

●ケース3　窃盗罪の保護法益

ケース3

大学の昼休み中に、Xの時計が友人Yにより盗まれた。放課後、Xはたまたま、Yのロッカーの中に、盗まれた自分の時計が入っているのを発見した。そこでXは、Yに無断で自分の時計を持ち去って帰宅した。

このケースの場合、YだけでなくXにも窃盗罪は成立するのでしょうか？

XはYのロッカーから時計を持ち去っていますので、そこだけを見れば窃盗罪にあたるようにも思えます。しかし、その時計はXのものですので、自分の時計を取り戻しただけのXに犯罪が成立するというのは、ちょっと酷なような気もします。

構成要件としては、Xが持ち去った時計が、Xにとって「他人の」財物といえるかどうかが問題となりそうです。

この問題を考えるにあたっては、そもそも窃盗罪の保護法益は何かを考える必要があります。そして、窃盗罪の保護法益については、本権説と占有説という2つの考え方が対立しています。

本権説は、窃盗罪の保護法益は所有権その他の権利（本権[72]）であるとする考え方です。235条は「他人の」財物を客体としており、これを素直に読めば「他人の所有する財物」を意味していると考えるわけです。本権説によれば、この時計はXの所有物であり、Xは何らYの所有権を侵害していないため、Xに窃盗罪は成立しません。

72 「本権」とは、「その物を使ったり持っていたりしてよい権利」のことをいいます。所有権だけではなく、たとえば、レンタルCDショップでCDを借りた場合、その人はCDについての賃借権（お金を払って物を使う権利）を取得し、これも本権にあたります。

これに対して、**占有説**は、本権が侵害されない限り窃盗罪の成立を認めないとする本権説では処罰範囲が不当に狭まってしまうとして、より広く、財物の事実上の占有それ自体が窃盗罪の保護法益であると考えます。この考え方では、財物の占有が適法なものであるか違法なものであるか、また、その財物の所有者が誰であるかに関わりなく、誰かが占有している財物を持ち去れば、窃盗罪の構成要件に該当することになります。

占有説によれば、今回のケースの場合、XはYが占有していた時計を自己の占有に移転しているため、窃盗罪が成立するという結論になります[73]。

本件説と占有説の対立は刑法各論の一大論点ではありますが、どちらの考え方も、それぞれ問題があるといわれています。

まず、本権説においては、正当な権限のない者の占有は刑法上保護されません。そのため、所有者が無権限の占有者のもとから自分の所有物を取り戻す場合、どのような事情があろうとも、窃盗罪が成立しないことになります。これでは自力救済が乱発し、社会の混乱を招きかねません。

他方で、占有説の理論を貫くと、明らかに不法な占有であっても保護しなければならないこととなり、社会秩序の維持という刑法本来の目的に反することになると指摘されています。

なお、本章では純粋な本権説と占有説のみ紹介しましたが、それぞれの問題点を克服するため、学説においては、さまざまな中間的な説が主張されています。以上のように、窃盗罪の保護法益については激しい学

73　もっとも、このケースのように、自分の所有物を取り戻す場合にまで窃盗罪が成立すると考えるのは、結論としての妥当性を欠くようにも思えますね。そこで占有説の立場からは、このような場合に「窃盗罪の構成要件には該当するが、違法性がないから窃盗罪は成立しない」と説かれることがあります。つまり、「窃盗犯人から自分の盗まれた物を取り返す」という例外的な場合に限って、実質的に考えると刑罰を科するほどに悪いといえないので、違法性が否定され、結論として窃盗罪は成立しないと考えるということです。

説上の争いがありますが、**判例は基本的に占有説に立っている**といわれています。

●ケース４　権利者排除意思と使用窃盗

> **ケース４**
> Ｘは、図書館で勉強をしていた際に隣の席の人の消しゴムを無断で１回使用した。その後、鍵がついたままの他人の自動車が駐車場にあるのを見つけ、無断でそれに乗って近くの食堂に行き、30分後に自動車を元の場所に戻した。

このケースでは、Ｘは他人の消しゴムや自動車を使うため、無断でそれらの物を自己の占有に移転させています。したがって、Ｘは「他人の財物」を「窃取」したといえ、構成要件の①と②を満たします。

そこで最後に登場するのが、③不法領得の意思という要件です。特に、このケースでは権利者排除意思（権利者を排除して、他人の物を自己の所有物と同様に扱う意思）の有無が問題となります。

権利者排除意思という要件は、他人の物をすぐに返還する意思で一時的に使用する行為は刑罰を科してまで禁ずるべきほどの行為ではないため、不可罰とする点に意味があります。つまり、他人の物をすぐに返還する意思で一時的に使用するだけの場合には、権利者排除意思を欠き窃盗罪は成立しないということです[74]。

ケース４においては、Ｘが消しゴムを無断使用した行為については、権利者を排除したり、他人の物を自己の所有物と同様に扱ったりする意思はないと考えられるため、権利者排除意思を欠き、窃盗罪は成立しな

74　このような理由で不可罰となる行為は、「使用窃盗」と呼ばれます。

いと考えられます。

他方で、Xが自動車を30分間無断使用した行為については、権利者排除意思を欠くといえるか微妙なところですね。この点、娯楽などの目的で他人の自動車を深夜に約4時間乗り回した事案について、最高裁判所は不法領得の意思があるとして、窃盗罪の成立を認めています[75]。

●ケース5　利用処分意思と毀棄・隠匿目的の窃取

ケース5

教師Xは、校長と喧嘩をして腹が立ったため、校長を困らせる意図で、校長室に飾ってあった歴代のトロフィーを持ち出して、学校の用具部屋の奥に隠した。

このケースの場合でも、Xは「他人の財物」を「窃取」したといえ、構成要件の①と②を満たします。もっとも、③不法領得の意思の要件のうち、**利用処分意思**（他人の物を、その経済的用法に従い、利用又は処分する意思）の有無が問題となります。

利用処分意思の要件は、窃盗罪と毀棄・隠匿罪[76]とを区別するためのものです。すなわち、財物の窃取がもっぱら毀棄・隠匿目的で行われた場合、毀棄・隠匿罪の成立だけが問題となり、窃盗罪は成立しないと考えられています。

窃盗罪の法定刑は「10年以下の懲役又は50万円以下の罰金」であるのに対し、器物損壊罪の法定刑は「3年以下の懲役又は30万円以下の罰金若しくは科料」と規定されています。法益侵害という点では、回復可能性のない器物損壊罪のほうが大きいともいえるのに、窃盗罪が器

75　最決昭和55年10月30日

76　毀棄・隠匿罪の具体例としては、たとえば「他人の物を損壊し、又は傷害した」場合に成立する器物損壊罪（261条）があります。

物損壊罪よりはるかに重く処罰されるのは、財物を利用しようという動機や目的のほうがより強い非難に値するためであると説明されています。そのため、窃盗罪において利用処分意思という要件が必要とされているわけです。

このケースでは、Xがトロフィーを持ち出したのはこれを隠して校長を困らせるためであるため、利用処分意思が認められず、窃盗罪は成立しないことになります[77]。

77 大判大正4年5月21日

第6章のポイント

- ▶刑法には、**法益保護機能**（国民の法益を保護する機能）と**自由保障機能**（国民の行動の自由を保障する機能）とがあり、犯罪の成否に関する問題の根本には２つの機能の対立がある。
- ▶刑法は第１編の「総則」と、第２編の「罪」の２つに分かれている。「総則」の規定を中心として各犯罪類型に共通する刑法理論を学ぶ領域を**刑法総論**といい、「罪」に規定された各犯罪の構成要件を学ぶ領域を**刑法各論**という。
- ▶犯罪とは、**「構成要件に該当する違法で有責な行為」**と定義され、刑法総論の議論は、**①構成要件**、**②違法性**、**③責任**という「犯罪成立の３ステップ」が基礎となる。
- ▶窃盗罪の構成要件としては、**①他人の財物を**、**②窃取すること**、**③不法領得の意思**が挙げられ、ケースにより問題となる構成要件が異なる。

第7章

刑事訴訟法

第７章の概観

▶ 第１節では、刑事訴訟法の勉強の前提として、刑事手続は**捜査**と**公判**という２つのパートに分けられることを説明します。

▶ 第２節では、**真実発見の要請**と**人権保障の要請**という、刑事訴訟法の２つの価値の対立について学びます。刑事訴訟法の勉強をする際には、常にこの観点を持ちながら議論をすることが大切です。

▶ 第３節では、民事訴訟と比較しながら、刑事手続の登場人物を確認していきます。新聞やニュースなどでは不正確な用語が使われることも多いので、法律上の正確な用語をしっかり頭に入れておきましょう。

▶ 第４節では、実際の刑事手続の流れを一気に紹介していきます。その中で、逮捕と勾留の違いや、捜索・差押えといった捜査手法など、刑事手続の基本的な知識についても解説します。

▶ 第５節では、捜査機関による捜査が違法となるのはどのような場合かという、捜査パートで最も重要な論点を扱います。ここでは、**任意処分**と**強制処分**の区別や、**任意処分の限界**の議論を理解しておくことが大切です。また、実際の司法試験で出題された問題も紹介します。

皆さんは、全国の警察の活動に密着するテレビ番組を見たことはあるでしょうか？　警察官が事件や事故の現場に駆けつけ、犯人を逮捕したり被害者を保護したりする勇姿にスポットライトをあてた番組です。

こういった番組では犯人や警察官たちのぎりぎりの攻防が描かれるわけですが、見ていると思わずハラハラしてしまいますね。一般の人がこのような番組を見たら「世の中には悪い人がいるものだなー」とか「警察ってかっこいいなー」という感想を持つのが普通だと思います。しかし、少しでも刑事訴訟法を勉強したことがある人は、見方がこれとは180度変わるでしょう。

……え、どう見方が変わるかって？　それはこの章でじっくり勉強していくことにしましょう（笑）

1 刑事訴訟法の２つのパート——捜査と公判

第１章の復習になりますが、刑法は刑事事件についての実体法、刑事訴訟法はその手続法にあたります。

実体法である刑法235条には、「他人の財物を窃取した」者について窃盗罪が成立することが定められていますが、実際に窃盗罪が成立するかどうかは、刑事訴訟法で定められた手続きに則って判断されることになります。

そして、刑事手続は捜査と公判[78]という２つのパートに分けて考えることができます。ここでは、起訴されて刑事訴訟が始まった後の手続きが**公判**のパートで、起訴より前の手続きが**捜査**のパートであると覚えて

78　刑事裁判は、公開の原則が憲法上定められているので、「公」開の裁「判」ということで、「公判」という呼び方が用いられます。

おけば十分です。

捜査のパートでは、警察官や検察官による犯罪の捜査活動や、証拠収集の方法が問題となり、具体的には以下のようなテーマが論じられています。

捜査に関する主要テーマ

・任意処分と強制処分の区別
・職務質問や所持品検査の適法性
・被疑者の身体拘束（逮捕・勾留）、再逮捕・別件逮捕
・捜査手法の適法性（盗聴、おとり捜査、強制採尿…etc）
・供述証拠の収集（取調べや事情聴取の適法性）
・被疑者の権利（接見交通権、黙秘権…etc）

他方で、公判のパートにおいては、刑事訴訟の進め方や、証拠による事実認定の方法に関するルールについて論じられます。こちらの主要なテーマもチェックしておきましょう。

公判に関する主要テーマ

・公訴提起に関する原則（起訴便宜主義、起訴状一本主義）
・審判対象の問題（訴因変更の要否と可否）
・裁判の証拠に関する原則（証拠裁判主義、自由心証主義）
・供述証拠の証拠力（自白法則、伝聞法則）
・違法捜査により収集された証拠の扱い（違法収集証拠排除法則、毒樹の果実論）

紙幅の関係でこれらすべてについて解説することはできないため、本章では捜査のパートに絞って解説していきたいと思います。

2 刑事訴訟法の永遠のテーマ

刑事訴訟法の永遠のテーマ

刑事訴訟法においては、具体的な条文の勉強に入る前に、この法律の目的について理解を深めておく必要があります。

これから説明するとおり、刑事訴訟法の目的には、**刑事訴訟法の永遠のテーマ**と呼ぶことができる２つの価値の対立が隠れています。

それを知るために、まずは法律の第１条を読んでみましょう。

> **刑事訴訟法１条**
> この法律は、刑事事件につき、公共の福祉の維持と個人の基本的人権の保障とを全うしつつ、事案の真相を明らかにし、刑罰法令を適正且つ迅速に適用実現することを目的とする。

下線部のとおり、この条文は、刑事訴訟法が「基本的人権の保障」を全うしつつ、「事案の真相」を明らかにすることを目的としており、これらはそれぞれ、**人権保障の要請**と**真実発見の要請**と呼ばれています。前者は、犯人と疑われている者の人権が不当に侵害されてはならないという要請であり、後者は、真犯人に適切な刑罰が科されるよう、真実が明らかにされていくべきであるという要請を指しています。

もっとも、この２つの要請はさまざまな場面で衝突するため、**真実発見と人権保障の調和**が、刑事訴訟法の永遠のテーマであるといえます。以下では、この相反する２つの要請の中身を詳しく見ていきましょう。

「真実発見の要請」と「人権保障の要請」

第１条にも書かれているとおり、刑事訴訟法の究極の目的は、刑法を適正に実現することです。これによりはじめて国家は社会の秩序を維持することができるわけですが、そのためには、犯罪は必ず発見され処罰に漏れがないようにしなければなりません。

したがって刑事訴訟法においては、何よりもまず真実（＝過去に起こったできごと）を明らかにすることが強く求められます。これが、**真実発見の要請**です[79]。

では、人権保障の要請とはどんな意味を持つのでしょうか？

人類の歴史上、国家にとって都合の悪いことを主張する国民を不当に逮捕したり刑罰を科したりすることが繰り返されてきました。また、国家がときに暴走し、過酷な取調べをして国民の人権を不当に侵害したり、誤って無実の者を処罰したという例は、枚挙にいとまがありません。

このような反省を踏まえ、憲法31条は「何人も、法律の定める手続によらなければ、その生命若しくは自由を奪はれ、又はその他の刑罰を科せられない」として、**法定手続の保障**を定めています。これは「刑事訴訟法の定める手続きを経た場合でなければ、犯人を処罰することはできない」という意味で、しばしば**「手続きなければ刑罰なし」**というフレーズで表現されます[80]。

以上のように、刑事訴訟法は国家の刑罰権に歯止めをかけることで国民の自由や人権を守る役割を担っており、これを**人権保障の要請**と呼んでいます。いわば、刑事訴訟法は不当な処罰が行われないよう国家の前に立ちはだかり、その暴走を食い止める「ブレーキ役」なのです。

真実発見と人権保障の調和

刑事訴訟法は、「社会秩序を維持するために犯人を処罰する」という

79　本文にあるとおり、刑事訴訟法では、犯人を適正に処罰して社会秩序を維持するため、国家権力が積極的に真実を究明していく必要があります。これに対して、民事訴訟法においては、「私的自治の訴訟法的反映」という考え方に基づき、当事者の意思に基づいて紛争が解決されればそれでよいと考えるため、真実発見の要請はそれほど重視されていません（第５章参照）。

80　憲法31条は、単に刑罰を科すために法律の手続きが必要だということを意味しているのではなく、「裁判を経て有罪が確定するまでは被疑者・被告人を無罪として扱う」ことまでも意味していると考えられています（推定無罪の原則）。

側面と、「人権や自由を守るために国家の暴走を食い止める」という２つの側面を持つ法律です。そして、この２つの要請は往々にして衝突するため、いつでも両者のバランスを意識する必要があります。

たとえば真実発見の要請だけを重視すると、捜査機関が「真実を明らかにするため」という名目で被疑者の家に勝手に上がり込み、証拠を探したり盗聴器を設置することが自由にできてしまいます。こんな社会は怖いですね。

一方で、人権保障の要請だけを重視すると、犯罪に使われた可能性が高い凶器を差し押さえることすらできなくなりかねません。これでは犯罪捜査が困難になり、犯人の処罰ができなくなってしまいます。

このように、真実発見と人権保障という２つの要請のどちらかだけを重視することはできないため、両者の調和が不可欠となります。

ちなみに、警察の密着番組の中で警察官が当たり前のように行っている捜査活動も、人権保障の見地からすると、違法な捜査となりかねないものがあることに気がつきます。普段何気なく見ているテレビ番組も、刑事訴訟法の視点を持っていると見え方が大きく変わってくるのです。

3 刑事手続の登場人物

刑事訴訟も民事訴訟と同じように、「訴える者」と「訴えられる者」とが登場することになりますが、刑事手続においては訴訟が始まる前に捜査という重要な段階があったり、「訴える者」は常に国家の機関である検察官であったりと、民事訴訟とは異なる点が多くあります。

ここでは、民事訴訟とも比較しながら、刑事手続の登場人物を確認しておきましょう。

検察官と司法警察職員

検察官は、被疑者を起訴する権限を持ち、公判では証拠を提出して被告人の有罪を立証する役割を担います。また、有罪を立証するのに必要な証拠を集めるため、自ら犯罪の捜査も行います。

なお、私たちが日常的に「警察官」と呼んでいる人たちは、刑事訴訟法では**司法警察職員**と呼ばれています。司法警察職員は、普段は犯罪の予防や公共の安全維持のために活動していますが、犯罪が発生すると検察官の指揮の下で犯罪の捜査を行います。

検察官と司法警察職員の最大の違いは、検察官だけが被疑者を起訴する権限を持つという点にあります。犯罪発生後の捜査は両者が協力して行いますが、最終的に被疑者を起訴し、公判で有罪を立証するのは検察官なのです。

検察官と司法警察職員の役割を時系列に沿ってまとめると、次のようになります。

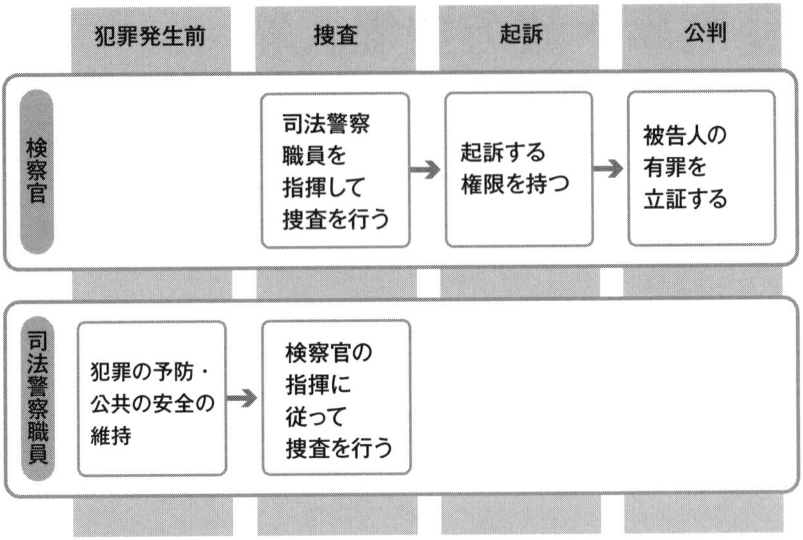

被疑者と被告人

犯罪行為をしたとして容疑をかけられている者は、刑事訴訟法上、「被疑者」と「被告人」という言葉で区別されています。

被疑者とは、犯罪を犯したと疑われ捜査の対象となっているが、未だ起訴されていない者のことをいいます。これに対し、**被告人**とは、検察官により起訴された者のことをいいます。

つまり、犯罪行為をしたと疑われる人は、まず「被疑者」として捜査の対象となり、その後、疑いが濃厚になり実際に起訴された場合には、その時点から「被告人」と呼ばれることになるということです。

	民事訴訟	刑事訴訟
訴える者	原告	検察官（国家機関）
訴えられる者	被告	被告人

ちなみに、「容疑者」という言葉は被疑者とまったく同じ意味の言葉ですが、「容疑者」は法律用語ではありません。刑事訴訟法では「容疑者」という言葉を使うことはないので、注意してください[81]。

弁護人

弁護人とは、被疑者や被告人の保護者・代理人として、その弁護を担当する者のことをいいます。

具体的には、起訴前には被疑者の身体拘束（逮捕・勾留）の期間を最小限に抑えるために、また、捜査機関による違法な捜査が行われないように、捜査機関や裁判官に働きかけを行うなどの役割を担います。

また、公判段階では被告人の主張を代弁し、被告人の無罪を裏付ける事実や、過大な刑罰が科せられないための情状酌量の事情について、主張立証を行います。

被疑者及び被告人は、いつでも弁護人を選任することができ、弁護人には、私選弁護人（被疑者や被告人などが自ら選任した弁護人）と国選弁護人（裁判所や裁判官などが選任する弁護人）がいます。

国選弁護人制度は、主に経済的理由で私選弁護人を選任できない被告人にも、弁護人を依頼する権利を実質的に保障するために設けられています。

裁判所・裁判官

日本において、司法権すなわち裁判を行う権利は、すべて裁判所に属すると定められています[82]。

裁判官は、捜査の段階では、捜査機関による被疑者の逮捕・勾留の請

81　ニュースなどでは刑事事件についても「被告」という言葉が使われますが、これは法律的には誤りです。「被告」という言葉は、民事訴訟において「訴えられた人」のことを意味する言葉ですので、刑事訴訟においてこの言葉が使われることはありません。刑事訴訟において訴えられた（起訴された）人のことは、必ず「被告人」と呼びます。
82　憲法76条

求や、捜索・差押えなどの処分を行いたいという請求について審査を行い、不当な人権侵害がなされないようチェックしています。

また、公判の段階では、1人又は複数人の裁判官で構成される裁判所が、裁判を指揮し、検察官や弁護人の主張立証を検討したり証拠から事実認定を行ったりして、判決をします。

犯罪の被害者

日本の刑事手続において、犯罪の被害者は、原則として、捜査機関から事情聴取を受けたり、被害届を出したり、証人として証言したりすることができるにとどまり、積極的に手続きに関わることができないとされています。

もっとも、昨今では犯罪被害者の刑事手続への参加の必要性を主張する声が大きくなってきたことを受け、既存の制度の変更が検討されています。実際、最近の法改正では、被害者の申し出があるときは、刑事訴訟において意見を陳述する機会を被害者に与える制度が設けられるなど、被害者の手続参加の道が開かれました。

4 刑事手続の流れ——捜査から判決確定まで

刑事手続も民事手続と同じく、**手続全体の流れ**を意識し、今どの段階の手続きについて議論をしているのかを把握することがとても大事です。

先ほど述べたように、刑事手続は、捜査と公判という2つのパートに分けられますが、ここではその全体像を確認していきましょう。

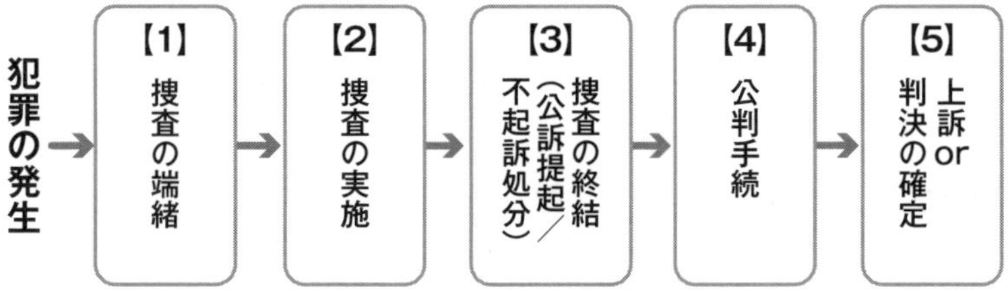

【1】捜査の端緒

捜査とは、捜査機関が公訴の提起・遂行のために犯人を発見・拘束し、証拠を収集・保全する行為のことをいいます。捜査の目的は、特定の被疑者について公訴を提起するか否かの判断を可能にし、公訴提起の場合には公判維持のために必要な準備をすることにあります。

捜査は捜査機関が犯罪の嫌疑を抱いたときに開始され、そのきっかけを**捜査の端緒《たんしょ》**と呼びます。

捜査の端緒の例としては、職務質問、所持品検査、自動車検問、警察官による犯罪の現認などといった捜査機関の活動による場合のほか、被害者などによる被害届、告訴・告発[83]、犯人による自首などの場合もあります。

【2】捜査の実施

●強制処分と任意処分

捜査は、「強制の処分」（197条1項但書）による**強制捜査**と、いわゆる任意処分による**任意捜査**とに分けることができます。

強制処分には、これから説明する逮捕・勾留や捜索・差押え、検証などがあり、任意処分には、任意の取調べ（事情聴取）、実況見分、聞込み・尾行・張込みなどがあります。

83 「告訴」とは、犯罪の被害者などの告訴権者が捜査機関に対し犯罪事実を申告し、その訴追を求める意思表示のことをいい、「告発」とは、第三者（告訴権者や犯人以外の者）がこれを行う場合をいいます。

強制処分と任意処分との違いは刑事訴訟法における最も重要なテーマの1つなので、後で詳しく解説します。

●被疑者の身体拘束（逮捕・勾留）

捜査の端緒によって捜査が開始され、犯人が特定されつつある段階では、被疑者が逃亡したり証拠隠滅を図ることがないように、その身体を拘束する場合があります。そのための手続きが、逮捕と勾留です。

逮捕とは、被疑者の身柄を拘束し、引き続き短時間（最大72時間。205条2項）その拘束を続ける処分のことをいい、通常逮捕・現行犯逮捕・緊急逮捕の3種類があります。

通常逮捕においては、検察官や司法警察職員が裁判官に逮捕状を請求し[84]、裁判官が逮捕の理由と必要性があると判断した場合には逮捕状が発付されます。これが、逮捕の原則的な形態です。

また、例外的に、犯罪を行っている最中の者を逮捕する**現行犯逮捕**や、殺人などの重大犯罪において緊急性がある場合に認められる**緊急逮捕**については、無令状の逮捕が認められています[85]。

勾留とは、逮捕の後に引き続き比較的長期間の身柄拘束の必要があるときに、被疑者の身柄をさらに拘束するものです。逮捕された被疑者について裁判官に勾留請求がなされ、裁判官が勾留の理由と必要性があると判断した場合、勾留状が発せられます[86]。

被疑者の勾留期間は原則として10日以内とされており、この期間内に公訴の提起がされないときは、検察官は被疑者を釈放しなければなりません。

---

84 199条2項本文
85 210条、212条、213条
86 207条1項本文、60条1項、87条1項

●証拠の収集保全

証拠の収集保全のための強制処分による捜査方法としては、捜索と差押えが非常に重要です[87]。

捜索とは、人の身体や住居などについて、証拠の発見を目的として行う強制処分をいいます。たとえば、覚せい剤を見つけるために被疑者の住居に立ち入ったり、被疑者の衣服のポケットに手を突っ込んだりする場合がこれにあたります。

差押えとは、証拠物の占有を強制的に取得する処分です。たとえば、被疑者の衣服のポケットに入っていた覚せい剤を証拠として取り上げる場合がこれにあたります。

対象者のプライバシー保護の観点から、捜索・差押えをするためには原則として裁判官の発する令状が必要となりますが、一定の場合には、例外的に無令状での捜索・差押えも認められています[88]。

この他、刑事訴訟法では、証拠の収集保全のための強制処分として、領置・検証・鑑定処分などが認められています。

また、物的な証拠だけでなく、被疑者による**供述証拠**も実務的には重要です。捜査機関は、犯罪の捜査をするために必要がある場合には被疑者の出頭を求め、取調べを行うことができます。被疑者には黙秘権が保障されているため[89]、供述をする義務はありませんが、被疑者の供述が調書に録取されると、これも証拠となります。

【3】捜査の終結（公訴提起／不起訴処分）

捜査に一応のめどがつくと、捜査が終了します。捜査を終えた司法警察職員は、速やかに書類及び証拠物とともに事件を検察官に送致し、検察官はさまざまな事情を考慮して、起訴すべきか不起訴処分とすべきか

---

87 218条1項、220条1項
88 憲法35条1項、刑事訴訟法220条1項・3項
89 憲法38条1項、刑事訴訟法198条2項

の判断を行います。

検察官は、裁判所に起訴状を提出することで公訴を提起する権限を持っており、これを**起訴**といいます。

他方で、**不起訴処分**には、そもそも証拠が揃っておらず嫌疑が不十分である場合の他に、犯罪の軽重・被疑者の年齢や境遇・被害者感情などを考慮して不起訴と判断する場合（起訴猶予処分[90]）などがあります。

【4】公判手続

被疑者が起訴されると被告人と呼ばれるようになり、ここから公判手続が始まります。

公判手続は、**①冒頭手続→②証拠調べ手続→③弁論→④判決宣告**という４つのステップで進んでいきます[91]。以下では、実際の裁判がどのような順序で進められていくのかを見ていくことにしましょう。

①冒頭手続

公判手続は、まず**冒頭手続**から始まります。冒頭手続は公判全体の「入口」のイメージで、以下の流れで進んでいきます。

［人定質問］

被告人として出頭している者が人違いでないことを確かめるために、裁判長が、氏名・年齢・職業・本籍などを尋ねる。

↓

［検察官による起訴状朗読］

↓

90 248条

91 複雑な事案や重大事件の場合には、充実した公判の審理を計画的かつ迅速に行うため、公判期日の前に公判前整理手続を踏み、裁判所が争点を整理したり、検察官と弁護人がそれぞれ証明しようとすることを先に示すことがあります。裁判員裁判については、公判前整理手続を行うことが必須となっています。

[黙秘権などの告知]

裁判長が、被告人には黙秘権などの権利があり、答えたくない質問には答えなくてもかまわないことを知らせる。

↓

[被告人・弁護人の陳述（罪状認否）]

被告人と弁護人が起訴状に記載された公訴事実に対する意見を述べ、これにより裁判の争点が明らかになる。

②証拠調べ手続

証拠調べ手続は、無罪か有罪かを判断するため、また有罪の場合には刑の重さを決めるための審理を行う、公判手続の中心となるステップです。検察官と被告人・弁護人側がお互いの主張をぶつけ合い、自分たちの主張が正しいことを証拠によって証明していきます。

証拠調べ手続の流れは事件によって異なりますが、ここでは典型的な流れをおさえておきましょう。

[検察官の冒頭陳述]

検察官が公判で証明しようとしている事実を詳細に述べ、検察官が考える事件の全貌を明らかにする。

↓

[犯罪事実に関する検察官の立証]

↓

[犯罪事実に関する被告人・弁護人の立証]

↓

[被告人質問]

弁護人・検察官・裁判官らが被告人に質問し、被告人がそれに答える形で、自らの見解や意見を述べる。

③弁論

証拠調べ手続が終わると、当事者の最終的な意見陳述の場である**弁論**の手続きに入ります。ここは、公判手続の「まとめ」の役割を果たすといえます。
具体的には、以下のように、検察官・弁護人・被告人の順に意見を述べていきます。これらの手続きが終わると審理が終了し、あとは判決宣告を残すのみとなり、この状態を**結審**（弁論の終結）といいます。

［検察官による論告と求刑］
検察官が、被告人に成立する犯罪に関する意見を述べ（論告)、具体的な量刑についても意見を述べる（求刑)。
↓
［弁護人の最終弁論］
↓
［被告人の最終陳述］
↓
［結審（弁論の終結)］

④判決宣告

公判手続の最後に、裁判長が公開の法廷で、判決の主文（「被告人を懲役１年に処する」とか、「被告人は、無罪」といった、メインの結論部分）と、主文の判断に至った理由を朗読します。
これが、裁判の結論部分である**判決宣告**の手続きです。これにより、公判手続が終了します。

【5】上訴 or 判決の確定

判決の内容に不服を持つ当事者の一方は、上級裁判所（高等裁判所や最高裁判所など）に**上訴**をして、もう一度裁判をしてもらうように求めることができます。

これに対し、当事者が上訴をすることなく所定の期間が過ぎた場合には、判決が**確定**します。

5 捜査が違法になる場合とは？

ここまで刑事訴訟法の基本を学んできましたが、この章の最後に、捜査のパートで最も重要なテーマについて詳しく解説します。それは、「どのような捜査が違法になるか」という問題です。

捜査機関は被疑者の取調べ、所持品の検査、防犯カメラ画像の解析、強制採尿など、日々さまざまな捜査を行っていますが、このような捜査手法の適法性について、検討していきましょう[92]。

強制処分に関する原則

適法な捜査と違法な捜査の線引きを考えるにあたっては、**任意捜査（任意処分）**と**強制捜査（強制処分）**という、捜査の２つの種類を知ることが大切です。両者の区別は、司法試験でも毎年のように出題されている重要なテーマです。

強制処分の定義は後で詳しく解説しますが、ここでは、強制処分は国民の重要な人権を侵害する可能性がある捜査方法であると考えておいてください。法律に定められた強制処分として、たとえば、被疑者の逮捕・勾留、被疑者宅に対する捜索、被疑者の所有物の差押えなどがあります。

92　捜査の違法性を考える上でも、「人権保障と真実発見の調和」という観点が重要になります。すなわち、捜査機関が真実を発見するために十分な捜査を行うためには、被疑者の自由や人権をある程度制約する必要があります。他方で、真実発見の要請（捜査の必要性）を強調し過ぎると、強大な国家権力を背景に持つ捜査機関が、国民の自由や人権を不当に侵害するおそれがあります。捜査の違法性を考える際には、常にこれら２つの要請のバランスをとる必要があるのです。

強制処分については、憲法及び法律上、２つの重要な原則が存在します。まずはこれらの原則の内容からおさえておきましょう。

●強制処分法定主義

１つ目の原則は、強制処分法定主義です。まずは次の条文を見てください。

> **刑事訴訟法 197 条 1 項**
> 捜査については、その目的を達するため必要な取調をすることができる。但し、強制の処分は、この法律に特別の定のある場合でなければ、これをすることができない。

197 条 1 項本文は、犯罪に関する真実を発見するために、捜査機関は被疑者などを取り調べることができることを定めています。これに対して但書きは、「強制の処分」は法律に定められている場合に限って行うことができることを定めており、これを**強制処分法定主義**といいます。

強制処分法定主義の目的は、いうまでもなく人権保障にあります。すなわち、強制処分は重大な人権侵害を伴うため、国会が作った法律がある場合に限り行うことできるとすることで、国民の人権が不当に侵害されることを防いでいるのです。

他方で、強制処分にあたらない捜査手法は**任意処分**と呼ばれ、法律上の根拠は不要です。これについては、後ほど説明します。

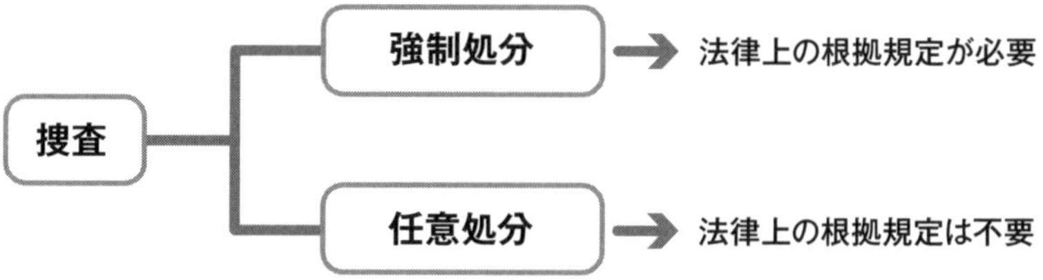

●令状主義

強制処分に関するもう１つの重要な原則としては、強制処分を行うためには令状がなければならないという**令状主義**が挙げられます。皆さんは、ニュースなどで「逮捕状」という言葉を耳にしたことがあると思いますが、これも令状の１つです。

令状主義は、ある事件について強制処分を実行してよいかについて裁判官が事前にチェックするものとし、裁判官がＯＫを出さない限り強制処分を行えない建て付けにすることにより、捜査機関による不必要、不適切な強制処分を防ぐ役割を果たしています。これも、被疑者の人権保障を意図した原則です。

そのため、捜査機関が被疑者を逮捕しようと考えた場合、裁判官に対して逮捕状の発付を請求し、裁判官は、その被疑者が罪を犯したと疑うに足りる相当の理由があり、逮捕をする必要性があると判断する場合に限り、逮捕状を発付することになります。

逮捕以外にも、勾留、捜索、差押えなど、あらゆる強制処分について、原則として事前の令状が必要となります[93]。

任意処分と強制処分の区別

ある捜査手法が強制処分と判断される場合、強制処分法定主義と令状主義が適用され、この２つをクリアしない捜査は違法なものとなります。そのため、任意処分と強制処分の区別、すなわちどのような態様の捜査が強制処分にあたるかが問題となります。

たとえば、次に挙げるような捜査は、強制処分にあたるでしょうか？

(1) 被疑者の自宅近くのビルの屋上から、望遠レンズを使って被

93　160ページでは、現行犯逮捕や緊急逮捕などの場合には事前の令状が必要ないという説明をしました。このように、憲法・刑事訴訟法には、一定の要件のもと、令状なくして強制処分を行える場合（令状主義の例外）が定められています。

疑者の自宅内部を撮影した。
(2) 被疑者の自宅の電話機に盗聴器を設置し、会話を盗聴した。
(3) 被疑者の所有する自動車にGPS端末を設置し、被疑者の移動経路を記録した。
(4) 被疑者に任意同行を求め、警察署で3日間連続の任意の事情聴取を行った。被疑者はその間自宅に戻らず、夜は警察署の近くにあるホテルに宿泊した。

この問題を考えるにあたっては、そもそも強制処分の定義が問題となります。この点についてはさまざまな見解があるところですが、判例は、強制処分とは**「個人の意思を制圧し、身体、住居、財産等に制約を加えて強制的に捜査目的を実現する行為など、特別の根拠規定がなければ許容することが相当でない手段」**のことをいうとしています[94]。また、有力な学説は、強制処分とは**「相手方の意思に反して重要な権利・利益を制約する処分」**のことをいうと解しています。

上記の定義を踏まえ、(1)～(4) の捜査が強制処分にあたるかを考えてみましょう。

まず、(1) については、住居内の無断撮影は個人のプライバシー侵害の度合いが大きいため、強制処分にあたるといえるでしょう。

(2) についても、電話の盗聴もプライバシー侵害の度合いが大きく、強制処分にあたると考えられます[95]。

(3) に関連して、最高裁判所は最近、GPS捜査は強制処分にあたるとする判決を出し、注目を集めました[96]。GPS捜査は強制処分にあたら

94 最決昭和51年3月16日
95 通信傍受法（「犯罪捜査のための通信傍受に関する法律」）は、強制処分としての盗聴を適法に行える場合について定めています。
96 最判平成29年3月15日。最高裁判所は、この判決の中で、法律上の明文規定のないGPS捜査のために立法的な措置が講じられることが望ましいという指摘を行いました。警視庁はそれまで「GPS捜査は任意捜査である」という立場でしたが、この判決を受けて、全国の警察に対しGPS捜査を控えるよう通達が出されました。

ないという見解もありますが、今後の実務は、この最高裁判所の判断を前提に動いていくことになるでしょう。

（4）の事例は、警察署への同行及び事情聴取が任意で行われている以上、基本的には強制処分にあたりません。もっとも、形式的には任意であっても、警察官の言動、事情聴取の時間の長さ、監視の程度などにより、被疑者が警察官の求めを断ることができない状況であった場合には、一連の捜査活動が強制処分（実質的な「逮捕」）にあたると判断される可能性もあるといえます。

任意捜査の原則

次に、任意処分について解説します。捜査機関が行う捜査活動のうち、強制処分にあたらないものが**任意処分**です。

たとえば、相手の承諾を得てバッグの中身を確認する所持品検査、公道上で行う職務質問、いわゆる尾行などは任意処分にあたるため、法律上の根拠規定なくして行うことができます。

なお、197条1項の規定から、強制処分は国民の人権侵害を伴うので必要最小限の行使にとどめなければならず、捜査は原則として任意処分として行われるべきであると考えられています。強制処分は、それがどうしても必要となる例外的な場合に限って認められるべきであるということです。この考え方を**任意捜査の原則**と呼び、刑事訴訟法の重要な原則の1つとなっています。

任意処分の限界

先ほど、強制処分が適法に行われるためには、強制処分法定主義と令状主義の2つのハードルをクリアする必要があるという話をしました。

もっとも、強制処分にあたらない任意処分であっても被疑者の人権を侵害する危険性をはらんでいる以上、これを無制限に認めるべきではないと考えられています。そこで、どの程度の任意処分であれば適法かが次に問題となり、**任意処分の限界**として議論されています。

判例は、任意処分も「何らかの法益を侵害し又は侵害するおそれがあるのであるから、状況のいかんを問わず常に許容されるものと解するのは相当でなく、必要性、緊急性なども考慮したうえ、具体的状況のもとで相当と認められる限度において許容される」ものとしています[97]。つまり、任意処分については、**捜査の必要性・緊急性**と、捜査によって侵害される権利・利益を個別の事案に応じて天秤にかけ、**相当性**を有しているかという基準で適法性を判断するということです。

先ほどの（4）の事例でいうと、被疑者に任意同行を求めて３日間連続で事情聴取を行った捜査が強制処分にあたらないと判断された場合であっても、その捜査手法の必要性と緊急性という観点から社会通念上相当と認められない場合には、違法と評価されます。

たとえば、この事案が軽微な万引き事件であり、被疑者が犯人であることを示す物的な証拠はほとんどなく、被疑者の態度においても不審な点が見当たらないような場合には、その被疑者について３日間も事情聴取を行うのは社会通念上相当とは認めがたいため、違法な任意処分と判断されることになるでしょう。

このように、任意処分の限界を考える際には、まさに、真実発見の要請と人権保障の要請のバランスをしっかりと考える必要があるわけです。

捜査の違法性についてのまとめ

少し議論が複雑になってしまったので、強制処分と任意処分の区別をもとに、捜査機関による捜査が違法か適法かを判断する思考の流れを再度確認しましょう。

まず、捜査は強制処分と任意処分とに分けられます。

97　最決昭和 51 年３月 16 日

ある捜査手法が強制処分にあたる場合、第１に、強制処分法定主義により法律上の根拠規定が必要となります。そして、根拠規定がある場合であっても、第２に、令状主義により、強制処分を実施するためには原則として令状が必要となります。

他方で、任意処分の場合には、必要性・緊急性などに照らして具体的状況のもとで相当と認められれば適法な捜査となりますが、その限度を超える場合には違法な捜査となります。

以上の考え方を次の図にまとめてみましたので、頭の中をよく整理しておきましょう。

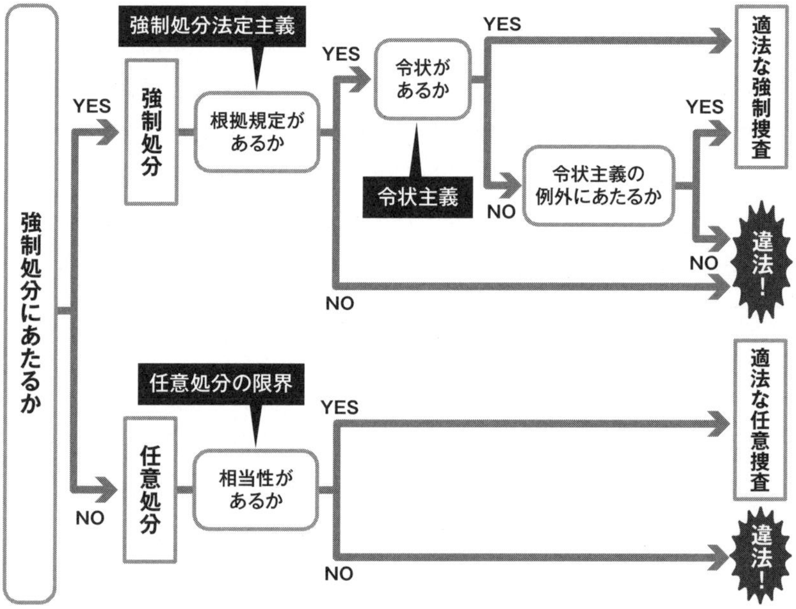

司法試験をのぞいてみよう

最後に、任意処分と強制処分の区別、任意処分の限界に関する司法試験の実際の問題文をのぞいてみることにしましょう。ここでは、次の事例において、司法警察員Ｐが被疑者甲を力づくで現場に留め置いた行為が適法なものかが問題となります。

少し目を通してみるとわかりますが、いかにも警察密着の番組に出てきそうなシーンが司法試験の問題文になっています。現場の状況をイメージしながら、読んでみてください。

平成28年司法試験 論文式試験【刑事系科目第2問】

【事例】

1　司法警察員P及びQは、平成27年7月1日午前10時45分、「G県H市内の路上に停車中の自動車内に、大声で叫ぶ不審な男がいる。」との住民からの通報を受け、同日午前10時55分、通報のあった路上にパトカーで臨場したところ、停車中の自動車の運転席に甲を認め（以下、同自動車を「甲車」という。）、その後方にパトカーを停車させた。甲は、エンジンの空吹かしを繰り返して発進せず、全開の運転席窓から大声で意味不明な言葉を発していた。Pが甲に対し、「どうしましたか。」と声を掛けると、甲は、「何でもねえよ。」と答えた。Pは、甲から運転免許証の提示を受け、Qに対し、甲の犯歴を照会するよう指示した。

2　甲には、目の焦点が合わず異常な量の汗を流すなど、覚せい剤使用者特有の様子が見られた。また、同日午前11時、甲には、覚せい剤取締法違反の有罪判決を受けた前科がある旨の無線連絡があった。そこで、Pは、甲につき、覚せい剤の使用及び所持の疑いを抱いた。

Pは、甲から尿の提出を受ける必要があると考え、Qを甲車助手席側路上に立たせ、自らは甲車運転席側路上に立ち、甲に対し、「違法薬物を使っていないかを確認するので、H警察署で尿を出してください。」と言った。甲は、「行きたくねえ。」と言い、甲車を降りてH警察署とは反対方向に歩き出し、2、3メートル進んだが、

Pは、「どこに行くのですか。」と言って甲の前に立ち、進路を塞いだ。すると、甲は、「仕方ねえ。」と言い、甲車運転席に戻った。その直後、Pは、甲の左肘内側に赤色の真新しい注射痕を認めて、覚せい剤使用等の疑いを強め、「その注射痕は何ですか。H警察署で尿を出してください。」と言ったが、甲は、「行きたくねえ。献血の注射痕だ。」と言った。
(中略)
その後、甲は、甲車助手席上のバッグからたばこを取り出したが、その際、Pは、同バッグ内に注射器を認めた。そこで、Pが甲に対し、「その注射器は何ですか。見せてください。」と言うと、甲は、「献血に使った注射器だ。見せられない。」と言った。
(中略)
　Pは、応援警察官が乗って来た2台のパトカーを、甲車の前後各1メートルの位置に、甲車を挟むようにして停車させ、甲車が容易に移動できないようにした上、前記応援警察官4名を甲車周囲に立たせ、自らは甲車運転席側路上に立った。その後、甲は、甲車を降りて歩き出し、2、3メートル進んだが、Pは、甲の前に立ち、「待ちなさい。」と言って両手を広げて進路を塞ぎ、甲がPの体に接触すると、足を踏ん張り、それ以上甲が前に進めないように制止した。すると、甲は、「仕方ねえな。」と言いながら甲車運転席に戻った。
　甲は、同日午後零時30分、甲車運転席で、携帯電話を用いて弁護士Rと連絡を取り、「警察に囲まれている。どうしたらいいんだ。」などと、30分間通話した。甲は、同日午後1時、「弁護士から帰っていいと言われたので、帰るぞ。」と言い、甲車を降りて歩き出し、2、3メートル進んだ。Pは、甲の前に立ち、「待ちなさい。」と言って両手を広げて進路を塞ぎ、甲がPの体に接触すると、足を踏ん張り、それ以上甲が前に進めないように制止し、更に胸部及び腹部を前方に突き出しながら、甲の体を甲車運転席前まで押し戻し、「座っていなさい。」と言った。
(以下略)

この事例において、司法警察員Ｐは、被疑者である甲がその場を立ち去ろうとしているのに、甲の前に立ちはだかって進路を塞いだり、甲がＰの体に接触すると、足を踏ん張り、それ以上甲が前に進めないように制止したり、甲の体を甲車運転席前まで押し戻したりしています。

Ｐによるこれらの行為は、見方によっては逮捕に近いものであり、強制処分にあたるとも思われます。しかし、Ｐは事前に逮捕状を得ているわけではありませんので、仮にＰの行為が強制処分にあたるとすると、令状主義違反で違法なものとなります。そのため、ここでは第1に、Ｐの行為が強制処分にあたらないかが問題となります。

そして、仮にＰの行為が強制処分にはあたらず、あくまで任意処分の範囲内だとすると、次に、任意処分の限界が問題となります。すなわち、事案の性質、被疑者に対する容疑の程度、被疑者の態度などを総合的に考慮して、Ｐの行為が必要性と緊急性という観点から社会通念上相当と認められない場合には違法と評価されることになるため、これらの事情を、事案に則して検討することになります。

◇　　　　◇

刑事訴訟法の勉強のうち、捜査のパートにおいては、本章で扱った「任意処分と強制処分の区別」、「任意処分の限界」という論点が最も重要です。考え方の筋道は本章でじっくり説明したので、ここで学んだ規範を、さまざまな態様の捜査手法にあてはめて考えられるようトレーニングしておきましょう。

捜査のパートでは、他にも、**再逮捕や別件逮捕**の適法性や、身体を拘束されている被疑者・被告人の**接見交通権**の制約の適法性などが論点となりますが、これらを考える場合も、常に、「人権保障と真実発見の調和」という観点が大切になります。

本章では扱えませんでしたが、公判のパートでは、訴因変更、伝聞法則、違法収集証拠排除法則などが重要なテーマです。

訴因変更とは、１つの公判手続の中で、検察官が訴因（検察官が主張立証しようとする個別の犯罪事実）を変更することをいいます。

伝聞法則とは、伝聞証拠（公判における反対尋問を受けていない供述証拠）は原則として証拠として受け付けないというルールです。少し難しいですが、つまり、Ａさんが「Ｂさんが●●と言っていたのを私は聞きました」と公判において裁判官の前で証言しても、裁判官は、Ｂさんに詳しい事情を聞かないと、Ｂさんの発言内容（「●●」の部分）が真実かどうかは判断できませんね。そのため、伝聞法則により、裁判所は原則として、Ｂさんの発言内容に基づいて事実認定をしてはいけないことになります。ここでは、伝聞法則を原則としつつ、例外的に伝聞証拠が事実認定に用いられるのはどのような場合かなどが議論されています。

違法収集証拠排除法則とは、違法な手段で収集された証拠は事実認定の基礎としてはならないという原則をいいます。たとえば、先ほどの司法試験の事案において、司法警察員Ｐの行為が違法なものだと判断された場合、この行為に基づいて採取された尿の検査結果を覚せい剤取締法違反事件の証拠として用いてよいのかが議論されます。

第７章のポイント

▶ 刑法を適正に実現するためには、**真実発見**と**人権保障**という２つの要請の調和が不可欠になり、これが刑事訴訟法の永遠のテーマである。

▶ 刑事手続の流れ：
犯罪の発生　→　【１】捜査の端緒　→　【２】捜査の実施　→　【３】捜査の終結（公訴提起／不起訴処分）　→　【４】公判手続　→　【５】上訴 or 判決の確定

▶ **逮捕**とは、被疑者の身柄を拘束し、引き続き短時間その拘束を続ける処分のことをいい、**通常逮捕・現行犯逮捕・緊急逮捕**の３種類がある。**勾留**とは、逮捕の後に引き続き比較的長期間の身柄拘束の必要があるときに、被疑者の身柄をさらに拘束することをいう。

▶ 公判手続は、**①冒頭手続→②証拠調べ手続→③弁論→④判決宣告**という４つのステップで進んでいく。

▶ 判例は、**強制処分**を「個人の意思を制圧し、身体、住居、財産等に制約を加えて強制的に捜査目的を実現する行為など、特別の根拠規定がなければ許容することが相当でない手段」と定義しており、強制処分については、**強制処分法定主義**と**令状主義**という２つの原則が重要である。

▶ 強制処分は国民の人権侵害を伴うため、捜査は原則として任意処分として行われるべきであるとされており（**任意捜査の原則**）、判例は、任意処分は「必要性、緊急性などをも考慮したうえ、具体的状況のもとで相当と認められる限度において許容される」

としている（**任意処分の限界**）。

第8章

法令・条文の読み方

第８章の概観

▶ 第１節では、まず「条・項・号」といった**条文の構造**をおさえてから、どんな法令にも登場する「又は」「及び」などといった**接続詞**について学びます。これらの基礎をしっかり理解し条文の意味を正確に把握することで、法律の議論をする土台が出来上がります。

▶ 第２節では、「推定する」と「みなす」など、いろいろな法令に登場する間違えやすい法律用語についてチェックしていきます。「神は細部に宿る」といいますので、正確に用語の使い分けができるよう意識しておきましょう。

▶ 第３節では、**法令解釈**のテクニックを解説します。現実の社会では、法令の条文をそのまま読むだけで紛争が解決することはありません。ここでは、具体例を使いながら法令解釈の代表的な技法を学んでいきましょう。

皆さんは、法律や契約書に使われる「推定する」と「みなす」という言葉の違いを尋ねられたら、自信を持って答えることができるでしょうか？　また、「及び」と「並びに」の違いはどうでしょうか？

この章では、このような「法律家の常識」ともいえる法令や条文に関する基礎知識をまとめて解説していきます。司法試験を受けるときにこれらの「常識」を身につけていないと恐ろしい結果になってしまうので、お気をつけください（笑）

大学の法学部では、このような基礎知識をまとめて学ぶ機会はほとんどありません。これを機会に、自信を持って条文を読むための基本を一通りチェックしてみてください！

1 条文を読み解くための基礎知識

六法に載っている条文の多くはとても難解で、一読しただけで意味を理解することはほぼ不可能です。しかし、法律家にとって条文は最強の武器ですので、一人前の法律家になるためには、条文の読解を避けて通ることはできません。そこで、ここでは条文を読み解くための基礎知識を皆さんに伝授します。

条文の構造

条文を読むための基礎中の基礎として、まずは条文の構造を学びましょう。1つの条文は、以下のようなパーツから構成されています。

●条・項・号

条文の最も基本的な単位は**「条」**ですが、「条」を複数の文章で細分化するときは、原則として**「項」**を用います。

「条」や「項」をさらに細分化して箇条書きにするときは**「号」**を用います。「項」が文章の形で定められるのに対し、原則として「号」は体言止めの形で定められます。
「号」により項目が列挙された場合、その「号」以外の部分は**「柱書」**と呼ばれます。具体例として、民法770条を見てみましょう。

民法770条（裁判上の離婚）

(1)　夫婦の一方は、次に掲げる場合に限り、離婚の訴えを提起することができる。……1項柱書
①　配偶者に不貞な行為があったとき。……〃 1号
②　配偶者から悪意で遺棄されたとき。……〃 2号
③　配偶者の生死が3年以上明らかでないとき。……〃 3号
④　配偶者が強度の精神病にかかり、回復の見込みがないとき。……〃 4号
⑤　その他婚姻を継続し難い重大な事由があるとき。……〃 5号
(2)　裁判所は、前項第1号から第4号までに掲げる事由がある場合であっても、一切の事情を考慮して婚姻の継続を相当と認めるときは、離婚の請求を棄却することができる。……2項

前段・後段と本文・但書き

ある「条」や「項」を文章の中で複数の部分に区切る場合、それぞれの文章は句点（「。」）で区切られます。「条」や「項」が2つに区切られる場合、前の一文を**「前段」**、後の一文を**「後段」**と呼びます。憲法13条は、この構造を持っています。

憲法13条

すべて国民は、個人として尊重される。……13条前段
生命、自由及び幸福追求に対する国民の権利については、公共の福祉に反しない限り、立法その他の国政の上で、最大限の尊重を必要とする。……〃 後段

ある「条」や「項」が2つに区切られる場合でも、後の一文が「ただし」で始まっている場合には、前の一文を「本文」、後の一文を**「但書き」**と呼びます。本文には原則的なルールが、但書きにはその例外が規定されるのが一般的です。民法606条1項を見てみましょう。

民法606条（賃貸人による修繕等）

（1）賃貸人は、賃貸物の使用及び収益に必要な修繕をする義務を負う。…… **1項本文**

ただし、賃借人の責めに帰すべき事由によってその修繕が必要となったときは、この限りでない。…… **〃 但書き**

どんな法令にも登場する用語

●「or」を表す接続詞——「又は」と「若しくは」

続いて、どんな法令にも登場する頻出用語の正確な意味をおさえておきましょう。まずは接続詞です。

「又は」と**「若しくは」**という接続詞は、どちらも英語の「or」にあたります。これらについては次の3つのルールを覚えておけば、たいていの条文は読みこなせます。

ルール①

2つの内容を「or」でつなげる場合、「又は」を使う。

（例）A又はB

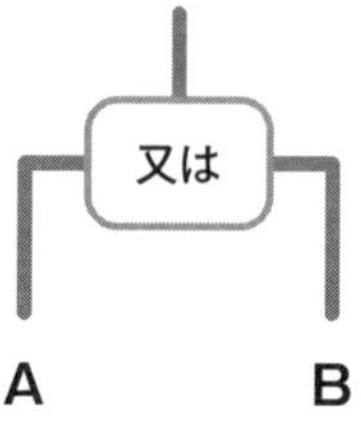

ルール②

３つ以上の内容を並列的に並べる場合、最後に「又は」を使い、それ以外のところは「、」を使う。

（例）A、B又はC

ルール③

大きなグループとそれより小さなグループがある場合、「又は」は一番大きなグループ分けに使い、それより小さなグループ分けには「若しくは」を使う。

（例）A若しくはB又はC

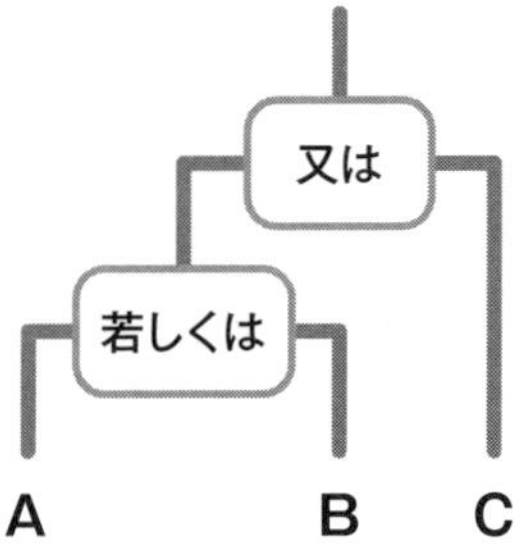

ルール③が実際に使われている具体例として、次の条文を見てみてください。

民法111条（代理権の消滅事由）

(1) 代理権は、次に掲げる事由によって消滅する。

① （略）

② 代理人の死亡 又は 代理人が破産手続開始の決定 若しくは 後見開始の審判を受けたこと。

（以下略）

大グループ

小グループ

ルール③により、「又は」で結びつけられた大きなグループの中でより小さなグループ分けを行う場合、「若しくは」が使われます。

したがって、「若しくは」が使われた条文に出会ったら、まず「又は」に目印をつけて、そこで大きなグループ分けがされていることを確認した上で、その内部が「若しくは」で分けられていることを確認しましょう。

民法111条1項2号を図示すると、以下のようになります。

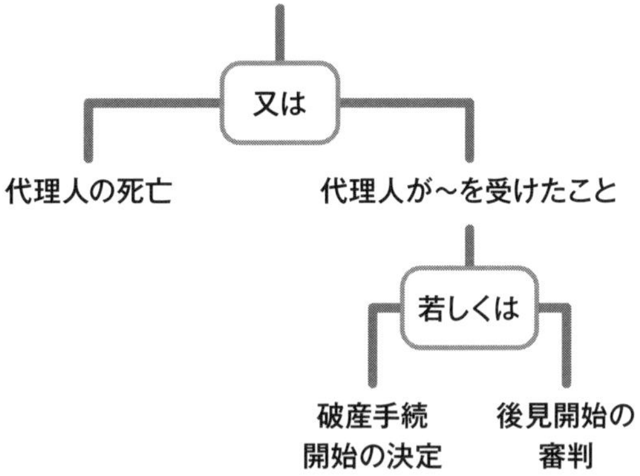

●「and」を表す接続詞――「並びに」と「及び」

英語の「and」を意味する「並びに」と「及び」も、条文でよく使われる重要な接続詞です。こちらも、まずは以下の3つの基本的なルールを覚えておきましょう。

ルール①

2つの内容を「and」でつなげるときは、「及び」を使う。

（例）A及びB

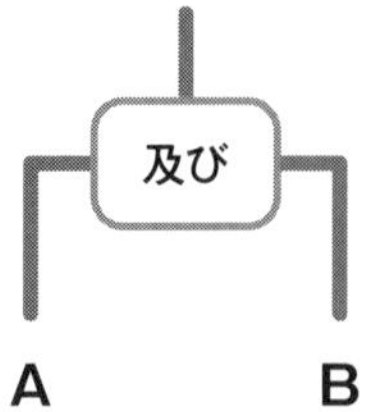

ルール②

３つ以上の内容を並列的に並べる場合、最後に「及び」を使い、それ以外のところは「、」を使う。

（例）A、B及びC

ルール③

大きなグループとそれより小さなグループがある場合には、「及び」は一番小さなグループ分けに使い、それより大きなグループ分けには「並びに」を使う。

（例）A及びB並びにC

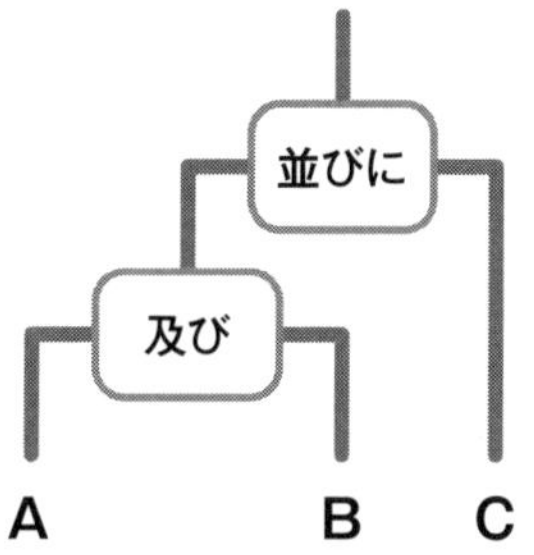

ルール③が実際に使われている条文としては、民法974条２号があります。

民法974条（証人及び立会人の欠格事由）

次に掲げる者は、遺言の証人又は立会人となることができない。

①（略）

② 推定相続人及び受遺者並びにこれらの配偶者及び直系血族

（以下略）

小グループ（推定相続人及び受遺者）
小グループ（これらの配偶者及び直系血族）
大グループ（並びに）

この条文は、次のように整理することができます。

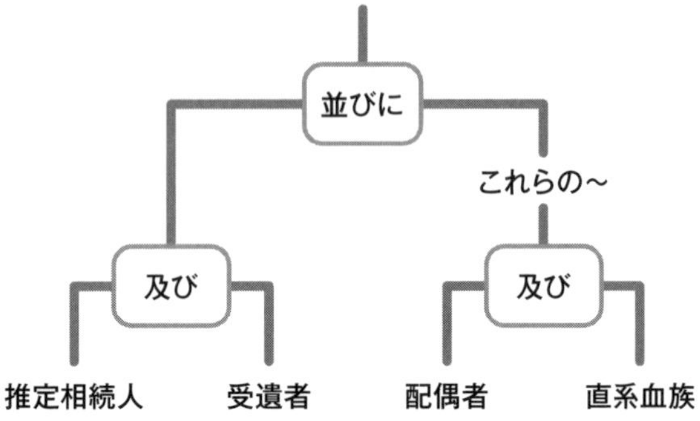

●数量の基準——以上・超える、以下・未満

一定の数量を基準として法規を定めるとき、その基準値が入るかどうかを明確にするために用いられる「以上」や「超える」、「以下」や「未満」といった用語も、条文に頻繁に登場します。

基準となる数量を含む場合には**「以上」**や**「以下」**という表現が用いられ、基準となる数量を含まない場合には**「超える」**や**「未満」**といった表現が用いられます。なお、「満たない」や「達しない」という用語も、「未満」と同じ意味です。

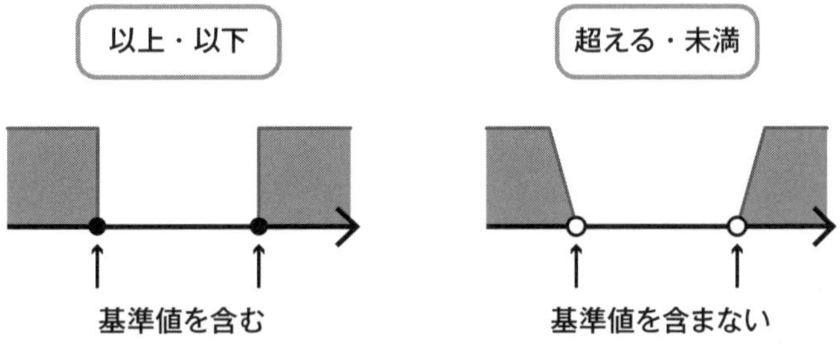

たとえば、「100万円を超える金額」とある場合には「100万円」を含まないのに対し、「50万円以下の罰金」とある場合には、「50万円」を含むことになります。

なお、「以」という字は、時間的前後関係を表す場合にも用いられます。たとえば、「2018年4月18日以前」とされている場合には、基準となる4月18日を含み、それより前への時間的広がりを意味します。

2 間違えやすい法律用語

次に、語感や用法が似ているものの、法令の中では厳密に使い分けられている用語について解説します。紛らわしい用語の意味の違いを、セットで覚えておきましょう。

「推定する」と「みなす」

「推定する」は、法令の取り扱い上、事実はこうだと一応決めておく場合に使われる用語であり、**「みなす」**は本来性質の違うものを同じものとして取り扱う場合に使われる用語です。意味は似ていますが、「推定する」の場合はその推定を否定する証拠があるときには推定を覆すことができるのに対し、「みなす」とされている場合には証拠を挙げて覆すことができないという違いがあります。

例として、民法に書かれた次の2つの規定を比較してみましょう。

民法186条（占有の態様等に関する推定）
（1）（略）
（2）前後の両時点において占有をした証拠があるときは、占有は、その間継続したものと推定する。

民法753条（婚姻による成年擬制）
未成年者が婚姻をしたときは、これによって成年に達したものとみなす。

民法186条2項によれば、たとえば、原告がある建物を2008年1月1日と2018年1月1日の2つの時点で占有していたことを立証した場合、原告の占有が10年間継続していたことが推定されます。もっとも、被告は、2012年6月1日に第三者がその建物を占有していた事実を立証することにより、占有継続の推定を覆すことができます。

これに対し、民法753条は「婚姻をした未成年者」を「成年に達した者」とみなすことを定めているため、証拠を挙げてこのことを覆すことはできません。

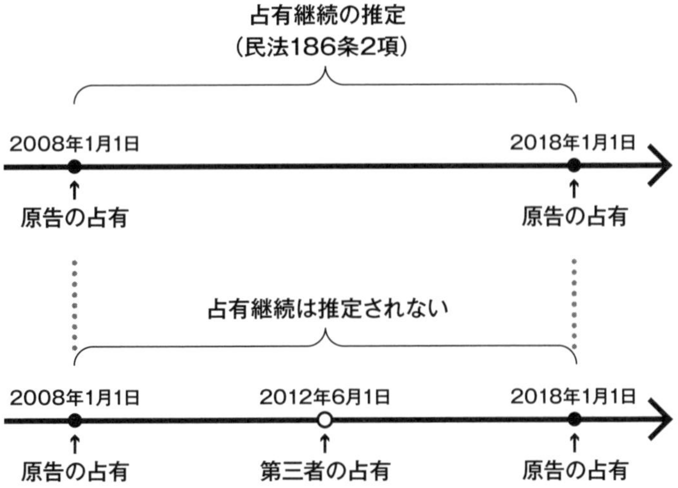

「違法・不正・不法」と「不当」

「違法・不正・不法」は、行為や状態が法令に違反することを表す言葉です。これに対し、**「不当」**は、行為や状態が法令には違反しないものの、実質的に妥当性を欠いていたり不適切であることを意味します。

「適法」は「違法・不正・不法」の反対概念ですが、「適法」の中にも、何ら法的に問題がない場合と、「不当」と評価される場合の2つがあると理解しておきましょう。会社法382条では、「不正」と「不当」という2つの用語がしっかり区別して使われています。

会社法 382 条（取締役への報告義務）
監査役は、取締役が不正の行為をし、若しくは当該行為をするおそれがあると認めるとき、又は法令若しくは定款に違反する事実若しくは著しく不当な事実があると認めるときは、遅滞なく、その旨を取締役（取締役会設置会社にあっては、取締役会）に報告しなければならない。

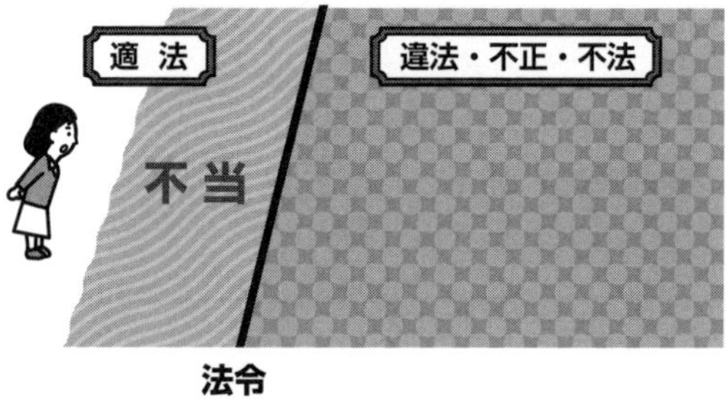

「棄却」と「却下」

民事訴訟においては、請求や上訴の内容に理由がないとして斥ける裁判を**「棄却」**といいます。これに対し、手続きなどが不適法であるため内容を判断することなく門前払いすることを**「却下」**といいます。

刑事訴訟においては、公訴や上訴などを斥ける場合をすべて「棄却」といい、それ以外の手続上の申立てを斥ける場合を「却下」といいます。

棄却と却下の意味は、民事訴訟と刑事訴訟で若干異なっていることに注意してください。

「公判」と「口頭弁論」

「公判」とは、刑事訴訟において、起訴された被告人について公開の法廷で審理を行う手続きのことをいいます。これに対し、**「口頭弁論」**とは、民事訴訟において、裁判官の面前において口頭で行われる当事者の弁論のことをいいます。

このように、似た手続きでも刑事訴訟と民事訴訟で呼び方が異なる点に、注意が必要です。

「時」と「とき」

「時」は時点や時刻を強調する場合に使われるのに対し、**「とき」**は「場合」と同じ意味で、仮定的条件を表すために使われます。民法116条本文では、「時」と「とき」という2つの用語が区別して使われています。

> **民法116条本文（無権代理行為の追認）**
> 追認は、別段の意思表示がないときは、契約の時にさかのぼってその効力を生ずる。

とき → 場合　　時 → 時点

3 法令解釈のテクニック

私たちが生きるこの社会ではさまざまな事象が発生するため、すべての場合について法令であらかじめルールを定めておくことはできません。そのため、ときには法令の文言を解釈することによって紛争を解決することが必要となり、これを**法令解釈**と呼びます。

ここでは、基本的な法令解釈の方法を紹介します。

文理解釈と論理解釈

法令解釈は、文理解釈と論理解釈とに大別されます。**文理解釈**は、条文の語句を忠実に解釈していこうとする方法であるのに対し、**論理解釈**は、条文の語句にとらわれることなく、条文の背後にある道理や趣旨などを考慮して、実質的な結論の妥当性を図ろうとする方法です。

文理解釈を重視すると、条文の文言とは整合するものの、実質的に見て妥当な結論が導けない場合があります。他方で、論理解釈を重視すると、結論は妥当なものであっても、あまりに条文の文言とかけ離れた解釈となってしまう場合があります。

このように、どちらの方法を重視するかによって正反対の結論が出てくる場合もあるため、事案に応じて両者を上手に使い分けることが必要になります。

以下では、論理解釈の中でもよく使われる手法を紹介します。

拡張解釈と縮小解釈

拡張解釈とは、法令を文字どおり解釈すると妥当な結論を導くことができない場合に、その語句を通常の意味より広く解釈することをいいます。

たとえば、交通事故の被害者は、加害者に対して不法行為に基づく損害賠償請求をすることができますが[98]、民法722条2項は、「被害者に過失があったときは、裁判所は、これを考慮して、損害賠償の額を定めることができる」として、過失相殺について定めています。これは、被害者にも過失がある場合に、公平の見地から、損害賠償額を減額することができるという規定です。そして、この条文の「被害者」とは、本来は不法行為を受けた被害者本人のことを意味します。

もっとも、判例・通説は、「被害者に過失があったとき」には、「被害者と身分上、生活上一体をなすとみられるような関係にある者」に過失があった場合も含めるという拡張解釈をしています 。これを、**被害者側の過失**と呼びます。

たとえば、母親が目をはなした隙に幼児（被害者）が道路に飛び出して交通事故に遭った場合、母親の過失が「被害者側の過失」として考慮され、損害賠償額が減額されることがあります。

98　民法709条

縮小解釈とは、拡張解釈とは反対に、法令の語句を通常の意味より狭く解釈することをいいます。たとえば、民法177条は、「不動産に関する物権の得喪及び変更は、……その登記をしなければ、第三者に対抗することができない」と定めています。この規定をそのまま読むと、登記がなければ対抗できない「第三者」の範囲については何も制限がないため、あらゆる第三者を指すとも考えられます。

しかし判例は、177条における「第三者」は、「当事者及びその包括承継人以外の者であって、登記の欠缺《けんけつ》を主張する正当な利益を有する者」に限られると解しています[99]。これが、縮小解釈の代表例です。

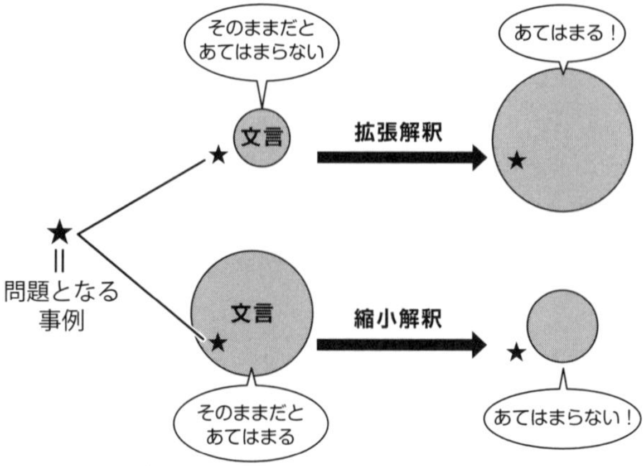

反対解釈と類推解釈

反対解釈とは、ある規定が定めているケースと逆のケースについて、その規定の反対の効果を生じると解釈することをいいます。たとえば、民法792条は「成年に達した者は、養子をすることができる」と定めていますが、この規定の裏返しとして「未成年者は養子をすることができない」と解釈するのが、反対解釈です。

---

99 大連判明治41年12月15日参照。「欠缺」とは、「欠けている」という意味です。

類推解釈とは、あるケースについて直接規定した法令がない場合に、類似する他のケースについての規定を借用し、それと同様の効果を生じると解釈することをいいます。

たとえば、債務不履行と不法行為には共通点が多く、両者の損害賠償の範囲を異なって取り扱う必要はないと考えられています。そのため、債務不履行に基づく損害賠償請求の範囲について定めた民法416条は、不法行為に基づく損害賠償請求の範囲についても類推適用されています。

反対解釈は「ケースAについて規定がある場合に、規定のないケースBについては反対の効果を生じる」と解釈するものであるのに対し、類推解釈は、この場合に「ケースBについてもケースAと同様の効果を生ずる」と解釈します。このように、反対解釈と類推解釈では、正反対の結論が導かれることになります。

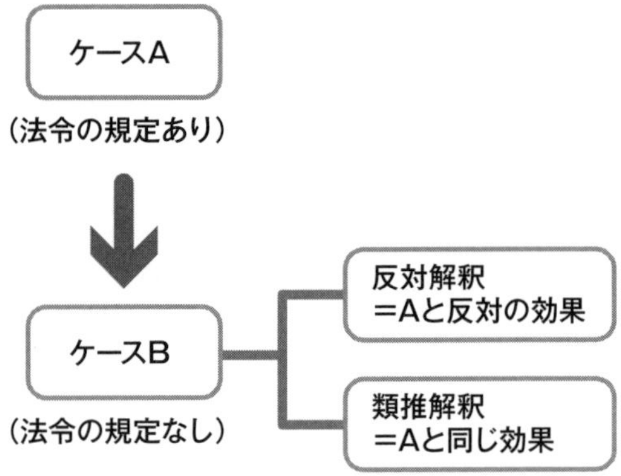

第8章のポイント

▶ 1つの条文は、**条・項・号、柱書、前段・後段、本文・但書き**といったパーツから構成されている。

▶「or」を表す接続詞……大きなグループとそれより小さなグループがある場合、**「又は」**は一番大きなグループ分けに使い、それより小さなグループ分けには**「若しくは」**を使う。

▶「and」を表す接続詞……大きなグループとそれより小さなグループがある場合には、**「及び」**は一番小さなグループ分けに使い、それより大きなグループ分けには**「並びに」**を使う。

▶ 一定の数量を基準として法規を定めるとき、基準となる数量を含む場合には**「以上」**や**「以下」**が用いられ、基準となる数量を含まない場合には**「超える」**や**「未満」**が用いられる。

▶ **文理解釈**は条文の語句を忠実に解釈する方法であるのに対し、**論理解釈**は、条文の背後にある道理や趣旨などを考慮して、実質的な結論の妥当性を図ろうとする方法である。論理解釈には、**拡張解釈と縮小解釈、反対解釈と類推解釈**などがある。

第9章

法的思考法の基礎

第９章の概観

▶第１節では、法律家が日常用いている基本的な思考の枠組みについて学んでいきます。具体的には、プロの法律家にとっては空気よりも身近な存在である**要件と効果**、**法的三段論法**、**原則・例外パターン**という３つの枠組みについて解説します。

▶第２節では、すべての法律家に必要とされるリーガルマインドについて皆さんと一緒に考えていきたいと思います。宇奈月温泉事件という有名な判決をモデルに、リーガルマインドの本質である**「論理性」と「結論の妥当性」のバランス感覚**について解説します。

いよいよ、法学部のステージの最後の章となりました。この章は「法的思考法の基礎」と銘打って、「法律家の頭の中はどうなっているのか？」を皆さんにご紹介します。

本来、法的思考法は一朝一夕で身につくものではなく、いろいろな法律の勉強をしていく中で徐々に習得していくべきものです。もっとも、法律家に必要とされる思考法をあらかじめ知っておくことで、各法律の勉強を効率的に進めていくことができます。そこでこの章では、法律家が最低限身につけておくべき思考法をギュッとまとめておきました。

1 法律家の思考の枠組み

この節では、裁判官・検察官・弁護士といったプロの法律家が共通して用いている思考の枠組みについて学びます。これらは、いわば法律家の共通言語ともいえるものですので、考え方をしっかりと身につけておきましょう。

要件と効果

●要件・効果とは

要件と効果という用語は、「要件Ａが満たされると、効果Ｂが発生する」という形で使われます。

要件とはある法的な効果が発生するための条件のことであり、**効果**とは法律上の権利や義務のことをいいます。ある効果が発生するための要件は法律や判例などであらかじめ決まっており、その要件に該当する事実があれば、法律上の効果が発生するというイメージです。

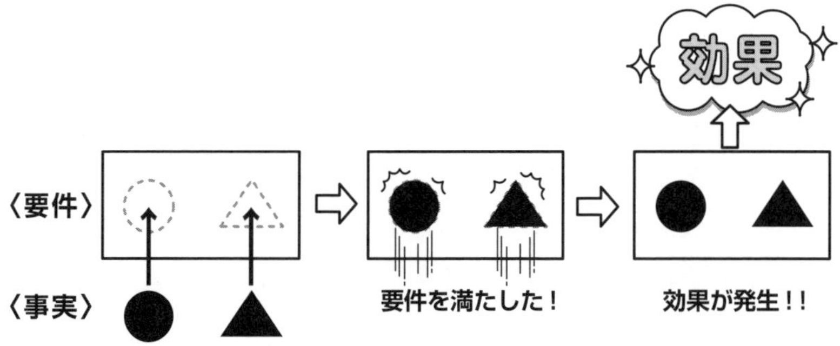

●売買契約成立の要件と効果

売買契約を例にとり、要件と効果という枠組みが実際の法律でどのようにあらわれてくるかを確認してみましょう。まずは、売買契約に関する民法555条を見てください。

> **民法555条（売買契約）**
> 売買は、当事者の一方がある財産権を相手方に移転することを約し、相手方がこれに対してその代金を支払うことを約することによって、その効力を生ずる。

この条文は、次の３つの要素に分解できます。

①売主が「あるものを買主に譲ること」を約束し、
②買主が「それに対して代金を支払うこと」を約束すると、
③売買契約の効力が発生する。

この①～③のうち、①売主が「あるものを買主に譲ること」を約束するという部分と、②買主が「それに対して代金を支払うこと」を約束するという部分とが、「要件」にあたります。

売買契約の要件はこの①と②だけですので、たとえば「契約書を作成すること」は要件ではありません。したがって、口頭での約束であっても売買契約は成立し、その効果が発生します。

そして、③売買契約の効力が発生するという部分が「効果」にあたります。この条文には売買契約の効果は詳しく書いていませんが、たとえば、物の所有権が売主から買主へと移転したり、買主には売主に対して代金を支払う義務が発生したりすることなどが挙げられます。

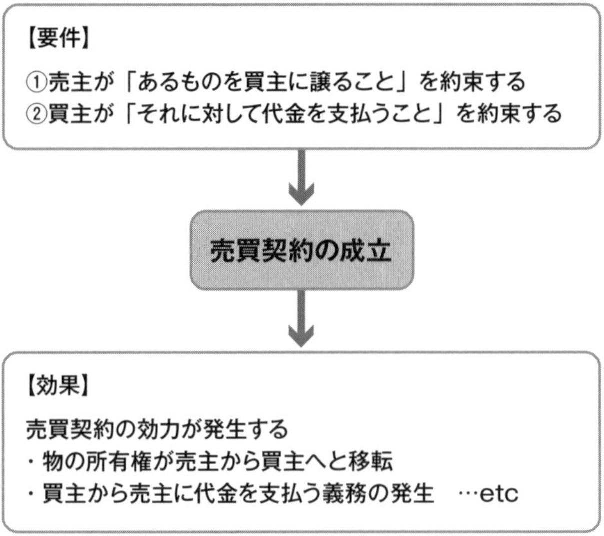

法的三段論法

法的三段論法は、司法試験の解答や、実際の裁判における訴状・準備書面など、法的議論を行うあらゆる場面に共通する枠組みです。

●法的三段論法とは

大前提と小前提から結論を導き出す三段論法という言葉は皆さんも聞いたことがあるかもしれません。三段論法の例としては、以下のものが有名ですね。

① 大前提：すべての人間は死すべきものである。
② 小前提：ソクラテスは人間である。
③ 結論：ゆえにソクラテスは死すべきものである。

法的三段論法は、この三段論法の考え方を法律の議論に応用したものということができ、以下の３つのステップにより構成されます。

① 大前提：適用されるべき法的ルール（条文・判例など）
② 小前提：具体的事実
③ 結論：法的ルールに具体的事実をあてはめた結果

つまり、法的三段論法においては、まず法的ルール（①）が存在します。これは条文にそのまま書いてあることもあれば、判例や学説による法律解釈によって定立されることもあります。

そして、その法的ルールに具体的な事実（②）をあてはめることにより、結論（③）が得られるというわけです。

法的三段論法が用いられる場面はさまざまですが、たとえば相続に関する条文を例にとると、次のような三段論法が成り立ちます。

① 大前提：相続は死亡によって開始する（民法882条）。
② 小前提：Aは死亡した。
③ 結論：したがって、Aの相続は開始した。

法的な議論においては、必ず大前提と小前提をしっかり積み上げてから、結論を述べるようにしましょう。

● 2つの事例（傷害罪の成否）

法的な議論においては、できるだけシンプルに法的三段論法の枠組みを当てはめ、自らの主張を組み立てることが必要となります。具体例として、刑法に関する次の２つの問題を考えてみてください。

問題１
Ａは元恋人Ｂへの思いを捨てきれず、長い黒髪が自慢のＢを困らせようと考え、Ｂに背後から近づき、Ｂの頭を丸刈りにした。Ａには傷害罪が成立するか。

問題２
Ｃも元恋人Ｄへの思いを捨てきれず、Ｄを困らせてやろうと考えてＤの食事に下剤を入れたところ、Ｄはお腹を壊し、約１時間腹痛に苦しんだ。Ｃには傷害罪が成立するか。

参照条文
刑法204条（傷害）
人の身体を傷害した者は、15年以下の懲役又は50万円以下の罰金に処する。

ＡもＣも悪いことをしていることに違いありませんが、ちょっと可哀想ですね……。それはさておき、問題１と問題２では、ＡとＣの行為が刑法204条の定める「傷害」にあたるかどうかが問題となります。

刑法204条の「傷害」の定義には諸説ありますが、ここでは「人の生理的機能を障害すること」を指すと考えてください。この理解を前提とすると、先ほどの問題に、皆さんならどう答えるでしょうか。

●法的三段論法の使い方

問題1と問題2に法的三段論法をあてはめると、たとえば以下のような議論が成り立ちます。

問題1

① 大前提：刑法204条の「傷害」とは、「人の生理的機能を障害すること」をいう。

↓

② 小前提：AはBの髪の毛を刈り取ったが、これによりBの生理的機能は障害されていない。

↓

③ 結論：したがって、Aの行為は「傷害」にあたらない。

問題2

① 大前提：刑法204条の「傷害」とは、「人の生理的機能を障害すること」をいう。

↓

② 小前提：Cが食事に下剤を入れたためにDはお腹を壊しているので、CはDの生理的機能を障害した。

↓

③ 結論：したがって、Cの行為は「傷害」にあたる。

こうしてみると、何だか当たり前のことをいっているように思えますね。しかし、複雑な法律問題にぶつかると、つい①と②がごちゃまぜになってしまったり、①に触れることなくいきなり②に関する議論を始めてしまったりということがよくあります。

そのため、複雑な問題に出合ったときこそ、自分の主張が法的三段論法に則っているかをしっかりチェックするようにしましょう。

原則・例外パターン

●原則・例外パターンとは

最後にもう1つ、法律家に特有の思考の枠組みをご紹介します。

法律に関する文章や法的な議論においては、「原則は◯◯である。しかし、●●の場合は例外的に××である」という表現が頻繁に登場します。このような、原則と例外を明確に切り分ける整理の方法を、本書では**原則・例外パターン**と呼ぶことにします。

以下では、その具体例を3つほど見てみましょう。

●具体例（1） 一般法と特別法

一般法と特別法については12ページで説明しましたが、たとえば、民法は私法の一般法であり、借地借家法は土地や建物の賃貸借に適用される特別法でした。

そして、民法では賃貸借契約の期間の下限は定められていませんが、借地借家法が適用される借地契約においては、例外的に、契約期間の下限が30年とされています。

このように、一般法と特別法の関係は、法令間の原則・例外パターンであるということができます。

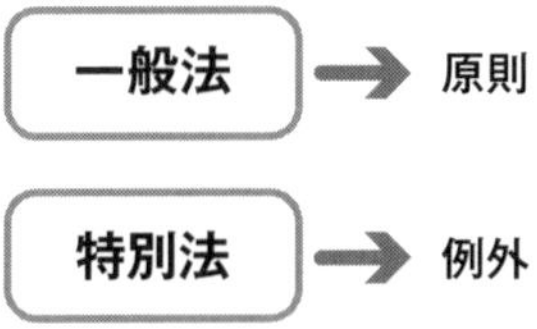

●具体例（2）　本文と但書き

原則・例外パターンは、1つの条文の中にあらわれる場合もあります。その典型例が、182ページで説明した「本文」と「但書き」の関係です。民法606条1項を例に見てみましょう。

> **民法606条1項（賃貸人による修繕等）**
> 賃貸人は、賃貸物の使用及び収益に必要な修繕をする義務を負う。ただし、賃借人の責めに帰すべき事由によってその修繕が必要となったときは、この限りでない。

606条1項の本文によれば、賃貸人は「賃貸物の使用及び収益に必要な修繕をする義務を負う」ため、たとえば賃貸マンションの貸主は、マンションの部屋に雨漏りがあった場合にはその部分を修繕しなくてはなりません。これが606条1項の原則にあたる部分ですね。

もっとも、606条1項は但書きにおいて、「賃借人の責めに帰すべき事由によってその修繕が必要となったとき」、すなわち、たとえばマンションの借主の故意や過失によって修繕が必要になったときは、賃貸人は修繕義務を負わないことを定めています。

このように、賃貸物の修繕が必要になった際には原則として貸主に修繕義務がありますが、借主のせいでその修繕が必要になった場合には、例外的に、貸主はこの義務を免れます。これが、民法606条1項にあらわれた原則・例外パターンです。

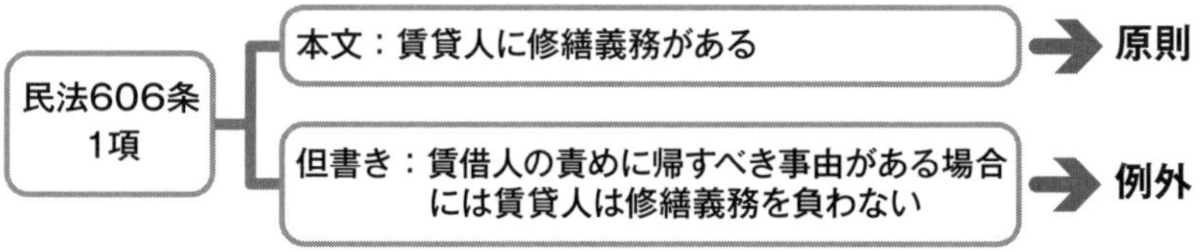

●**具体例（3）　判例**

重要な判例の中にも、原則・例外パターンが頻繁に登場します。たとえば、賃借物の転貸などについて定めた民法612条に関する最判昭和28年9月25日は非常に有名な判例ですので、ぜひチェックしておきたいところです。まずは条文を確認しておきます。

民法612条（賃借権の譲渡及び転貸の制限）
（1）賃借人は、賃貸人の承諾を得なければ、その賃借権を譲り渡し、又は賃借物を転貸することができない。
（2）賃借人が前項の規定に違反して第三者に賃借物の使用又は収益をさせたときは、賃貸人は、契約の解除をすることができる。

転貸とは、賃借人が賃借物をさらに他人に貸すことをいいます。この条文によれば、ある建物の賃借人（借主）が賃貸人（貸主）に無断でその家を第三者に転貸して使用させた場合、賃貸人は、賃貸借契約を解除できることになります。

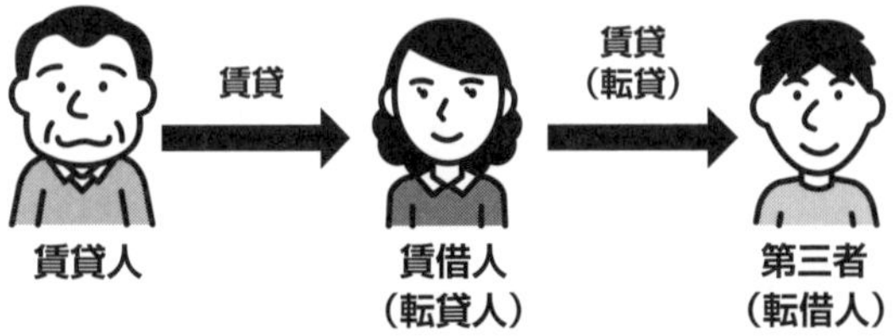

この規定は、賃貸借契約においては賃貸人と賃借人の信頼関係が重要であるところ、無断転貸があると賃貸人としては誰に賃借物を使われてしまうかがわからず、賃貸人と賃借人の信頼関係が破壊されると考えられるために設けられています。

ところが、最判昭和28年9月25日は、「賃借人が賃貸人の承諾なく第三者をして賃借物の使用収益を為さしめた場合においても、賃借人の当該行為が賃貸人に対する背信的行為と認めるに足らない特段の事情がある場合においては、同条の解除権は発生しないものと解するを相当とする」と判示しました。

この判示が意味するところは、賃借人が無断で賃借物を第三者に使用させた場合、原則として賃貸人は賃貸借契約を解除できるものの、例外的に、そのような行為があっても賃貸人と賃借人の信頼関係が破壊されたとはいえない「特段の事情」がある場合には、解除をすることはできないということです[100]。

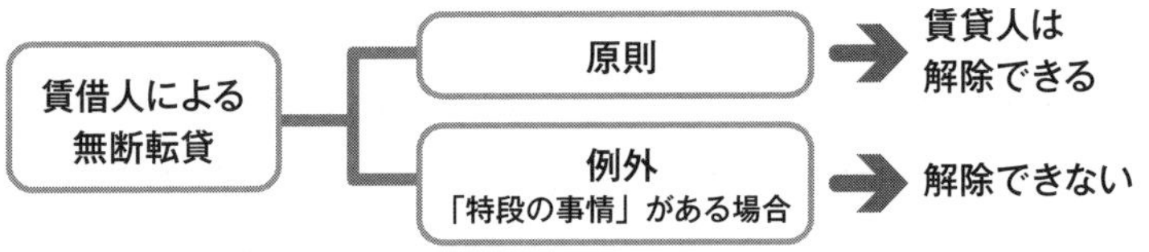

このように、判例においては、「原則は◯◯である。しかし、●●と認められる特段の事情がある場合は例外的に××である」という判断がなされることがよくあります。これは、「特段の事情」という例外的な場合を想定したルールを設けておくことで、原則的な処理だけでは妥当な結論が導けない場合に備えているということです。

100 たとえば、賃貸人Aが個人事業主である賃借人Bに事務所として建物を貸した後、Bが税金対策のために自らが唯一の株主・役員となって株式会社Cを設立し、その建物で事業を継続した場合を想定してみてください。この場合、形式的にはBが株式会社Cに建物を使用させているとも考えられますが、Bと株式会社Cは実質的には同一の存在であるといえるため、AとBとの間の信頼関係が破壊されたとは認められない「特段の事情」があると考えられます。

2 リーガルマインドとは何か？

「論理性」と「結論の妥当性」のバランス感覚

法律家を目指す学生は、法学部で法律の基礎的な知識を勉強すると同時に、リーガルマインドと呼ばれる法的な素養も身につける必要があります。リーガルマインドという言葉にはさまざまな意味が含まれますが、その最も重要な要素は、法的問題を解決するためのバランス感覚だといえます。

法律の勉強を始めると気づくことですが、多くの法律問題には絶対的な「正解」というものが存在しません。そのため法律家には、ある法律問題について誰もが納得できるような、説得力のある解決策を示す力が求められます。

そして、説得力のある解決策であるといえるためには、**①論理的な理由づけがなされていることと（論理性）**、**②社会常識に照らして妥当な結論であること（結論の妥当性）**の両方が必要になります。

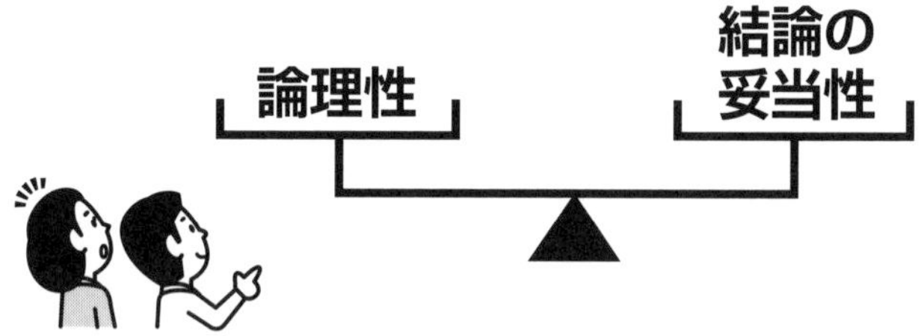

①の論理性という要素においては、十分な法的根拠があること、論理が明確で曖昧さがないこと、理論上の矛盾がないことなどが重要です。そのため、「この人は何となく可哀想だから」という感覚的な主張や、あちらではＡと言いこちらではＢと言うような一貫性のない主張は、

高く評価されません。

もっとも、論理的でさえあれば常に説得力を持つかというと、決してそうではありません。多くの人の納得を得るためには、その結論が常識に照らして妥当なものである必要もあります。これが、②の結論の妥当性という要素です。

法律の世界ではこの①と②の要請をバランス良く満たす主張が高く評価され、そのために必要となるのが、リーガルマインドとしてのバランス感覚なのです。

事例でリーガルマインドを鍛えよう

●ある温泉街の事件

次に、リーガルマインドとしてのバランス感覚が試される事例を一緒に検討していきましょう。まずは次のケースを読んでください。

ケース

温泉街でホテルを経営するY社は、地下に埋設させた引湯管を使ってホテルまで温泉を引いていた。

ある日、Y社の引湯管が他人の所有する荒地（土地A）を1坪分だけ無断で通っていることを知ったXは、これに目をつけて土地Aを10万円で買い受け、Y社に対して、引湯管を撤去するか、5000万円でこの土地を買取ることを求めた。

Y社がこの要求に応じなかったため、XはY社に対し、この土地から引湯管を撤去することを求めて民事訴訟を提起した。なお、Y社が土地Aから引湯管を撤去して他のルートを通すためには1億円ほどの費用がかかり、ホテルを約1ヶ月間休業する必要があることが予想された。

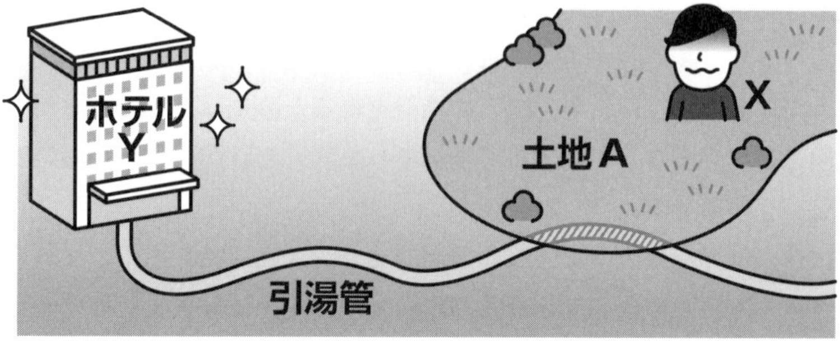

これは、宇奈月温泉事件[101]という昭和初期の有名な判例をモデルにしたケースです。皆さんがこの事件を担当する裁判官であったとして、Xの請求を認めるでしょうか？

●論理性の観点からの検討

まず、論理性の観点からこのケースをどのように考えるべきかを検討しましょう。

法律的な解説をすると、XのY社に対する請求は、所有権に基づく妨害排除請求ということになります。所有権に基づく妨害排除請求の要件と効果を本件に即して説明すると、次のようになります。

所有権に基づく妨害排除請求

【要件】

①Xが土地Aの所有権を有していること

②Y社が土地Aに関するXの所有権の実現を妨害していること
　（Y社の引湯管が土地Aを無断で通過していること）

【効果】

XのY社に対する「土地Aに埋設された引湯管の撤去を請求する権利」が発生する。

101　大判昭和10年10月5日

本ケースでは上記の要件①と②を満たしますので、その効果として、XのYに対する「所有権に基づく妨害排除請求権」が発生します。そのため、論理性の観点からは、Xの請求は認められるべきであるという結論が導かれそうです。

●結論の妥当性の観点からの検討

次に、結論の妥当性という観点から考えてみましょう。今回のケースには、以下のような特徴があります。

- 引湯管はホテルの経営に不可欠な存在であり、Xの請求を認めた場合のY社の経営に与える影響は大きい。
- 引湯管は荒地である土地Aのごく一部を通過しているに過ぎず、Xには、引湯管があることによる実質的な被害はまったくない。
- Xは、引湯管が無断で土地Aを通過していることに目を付け、法外な値段でY社にこれを買い取らせるために、土地Aを購入したと考えられる。

乱暴な言い方ですが、本ケースは、XがY社の不注意につけ込んで一儲けしようとした事案です。このような場合にXの請求を認めてしまうと、今後もXのような悪質な行為を行う人間が後を絶たなくなる可能性があります。そうすると、Xの請求を認めるという結論は、社会正義にかなったものとはいい難いですね。

以上のとおり、結論の妥当性という観点からは、「Xの請求を認めない」という判断のほうが道理にかなっていると考えられます。

●「論理性」と「結論の妥当性」のバランス

さて、上記の検討を踏まえて再び質問です。皆さんがこの事案を担当する裁判官だとしたら、どのような判断をするでしょうか？

Xの請求を認めるという判断をする場合には、悪質ともいえるXの行為を裁判所が是認することになりますが、本当にそれでよいのでしょうか？　反対にＸの請求を認めない場合には、法律上・理論上はＸに「所有権に基づく妨害排除請求権」が発生していると考えられるにもかかわらずＸの主張を排斥する根拠を、きちんと説明できなくてはなりません。

さて、皆さんの意見はいかがでしょうか？

……う〜ん、なかなか難しい問題ですね。こう考えてみると、かなり判断に迷うと思います。しかし、その迷いこそがリーガルマインドの本質なのです。

既に述べたとおり、法律の問題に絶対的な正解というものはありません。だからこそ法律家は、今回のケースのような問題に直面しても説得力のある解答を導き出すために、論理性と結論の妥当性のバランス感覚を常に養っておく必要があるのです。

ちなみに、本ケースのモデルとなった宇奈月温泉事件において、裁判所は、「このような請求は所有権の目的に反し、権利の濫用に他ならない」と判断し、引湯管の撤去を求めた原告の請求を認めませんでした。この判決は、結論の妥当性を重視して原告の請求を斥ける一方で、「権利濫用の禁止」という法的な根拠を示すことで、論理性とのバランスも図ったものと評価することができます[102]。

102　この判決は、当時の条文にはなかった「権利濫用禁止の原則」を宣言し、この原則を確立したものと解されています。これを受けて、現在の民法１条３項は「権利の濫用は、これを許さない」と規定し、権利濫用禁止の原則を明文化しています。

第9章のポイント

▶ **要件**とは法的な効果が発生するための条件のことであり、**効果**とは法律上の権利や義務のことをいう。両者は「要件Ａが満たされると、効果Ｂが発生する」という関係にある。

▶ **法的三段論法**

①大前提：適用されるべき法的ルール（条文・判例など）
②小前提：具体的事実
③結論：法的ルールに具体的事実をあてはめた結果

▶「原則は○○である。しかし、●●の場合は例外的に××である」という**原則・例外パターン**は、「一般法と特別法」の関係や、条文における「本文と但書き」の関係に見ることができる。また、判例でも「特段の事情」という言葉を用いて原則・例外パターンが用いられることが多い。

▶ リーガルマインドの正体は、**「論理性」と「結論の妥当性」のバランス感覚**である。

法曹三者を目指す2つのルート

このコラムでは、法曹三者（裁判官・検察官・弁護士）になるための道のりについて解説します。法曹三者になるためには、①ロースクールを卒業して司法試験を受験するルート（**法科大学院ルート**）と、②予備試験に合格して司法試験を受験するルート（**予備試験ルート**）の２つがありますが、このうち、予備試験の合格率はとても低いため、大半の受験生は法科大学院ルートで司法試験を受験することになります。

司法試験に合格すると、その後１年間の**司法修習**が待っています。そして、その最後に実施される**二回試験**（正式には「司法修習生考試」といいます）に合格すれば、晴れて法曹三者の仲間入りとなります。

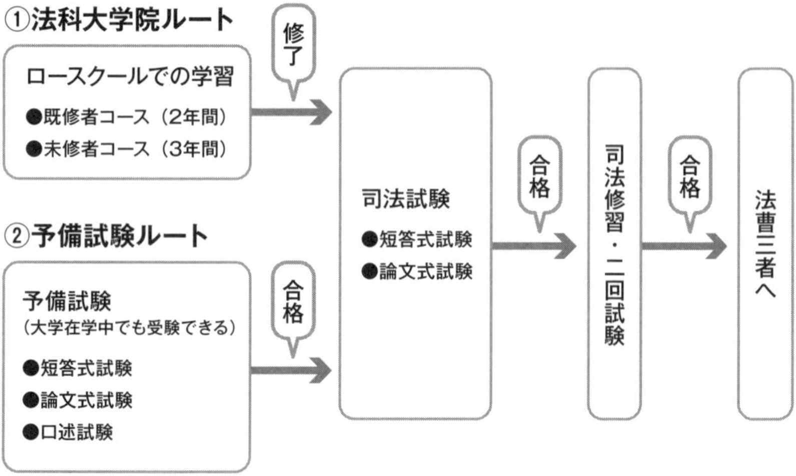

法曹三者になるまでのステップ

次に、法曹三者になるためのステップを確認しましょう。先ほど述べたとおり、２つのルートのうち法科大学院ルートのほうが一般的なので、これを中心に解説をしていきます。

たとえば、2021年４月に大学法学部に入学した学生が法曹三者を目指す場合の一般的なスケジュールは、次のようになります。

2021年　4月	大学入学
2024年　夏～冬	ロースクール入試
2025年　4月	ロースクール（既修者コース）入学
2027年　3月	ロースクール卒業
5月	司法試験受験
9月	司法試験合格発表
11月	司法修習開始
2028年　11月	司法修習終了・二回試験
12月	裁判官・検察官・弁護士として職務を開始

こうして見ると、法曹三者になるまでの道のりは決して楽ではないことがわかりますね。以下では、この道のりをもう少し詳しく説明していきます。

大学（法学部）での勉強

大学の法学部では、第１部で解説した六法の勉強が中心になります。それぞれの法分野について、主要な論点に関する学説・判例の基礎的な知識や、法律家独特の思考法を学びます。

ロースクールへの進学を希望する学生は、学部最終学年の夏以降、ロースクール入試を受験します。なお、学部時代の成績を加味して合否を判断するロースクールも多いため、ロースクールへの進学を考えている学生は、学部時代の成績にも注意が必要です。

ロースクール入試

ロースクールには、法律の基礎を習得済みである学生を対象とした2年制の既修者コースと、法律の基礎から学ぶ3年制の未修者コースとがあり、両者は受験の仕方が異なっています。

また、入試の受験科目や問題の傾向は各ロースクールによってさまざまなため、受験するロースクールごとの対策が必要になります。

ロースクールでの勉強

ロースクールは、「法理論と実務の架け橋」という理念の下、法曹の養成に特化した教育が行われる場です。実際の訴訟で必要となる知識を学んだり、具体的な事例を題材としたケーススタディーを行ったりするなど、実践を意識した授業が展開されています。また、ロースクールを卒業した直後に司法試験が控えているため、ロースクールの最終学年が始まる頃には、多くの受験生が司法試験対策を本格的に開始します。

なお、ロースクールでの成績は司法試験の合否とは無関係ですが、法律事務所の就職活動において成績の提出を求められることが多く、裁判官・検察官になるための選考過程でも考慮されている可能性がありますので、将来のことを考えると、ロースクールの成績にも気をつけておく必要があります。

司法試験

ロースクールを卒業すると、いよいよ司法試験が待っています。現在の司法試験は合計4日間で、はじめの3日間が論文式試験、最終日が短答式（マークシート式）試験です。試験科目の概要は、以下のとおりです。

【論文式試験】

①公法系科目（憲法・行政法に関する分野）
②民事系科目（民法・商法・民事訴訟法に関する分野）
③刑事系科目（刑法・刑事訴訟法に関する分野）
④選択科目（以下の中から1科目を選択：倒産法・租税法・経済法・知的財産法・労働法・環境法・国際関係法（公法系）・国際関係法（私法系））

【短答式試験】

①憲法
②民法
③刑法

司法試験には、いわゆる「足切り」が存在します。まず、短答式試験の合計点が最低ラインに達しない場合は、論文式試験の出来にかかわらず、その時点で司法試験に不合格となります。また、短答式試験及び論文式試験において最低ラインに達していない科目が1科目でもある場合も、それだけで不合格となります。

これらの足切りをクリアした受験生についてのみ、短答式試験及び論文式試験の成績を総合して、合否が判定されます。

司法修習

無事司法試験に合格すると、すぐに司法修習が始まります。司法修習は、①司法修習のイントロダクションを行う「導入修習」、②割り当てられた修習地の裁判所・検察庁・弁護士事務所において民事裁判・刑事裁判・検察・弁護の4分野について実務を学ぶ「分野別実務修習」[103]、③司法修習生が自らの進路や興味・関心に応じて実務を学ぶ「選択型実務修習」、④実務家による講義や裁判書面などの起案の練習が行われる「集合修習」から構成されています。

このうち、①導入修習と④集合修習は、埼玉県にある司法研修所に全国から司法修習生が集まり、座学形式で行われます。

②分野別実務修習と③選択型実務修習では、司法修習生が全国各地に赴き、実務の中でさまざまな体験をします。たとえば、裁判修習では、係属中の事件の記録を読んだり、法廷傍聴をしたりして、裁判官と判決について意見交換をすることがあります。検察修習では、実際の犯罪事件について証拠収集や被疑者に対する取調べなどを体験し、起訴・不起訴の処分について検事に意見を述べたりします。

二回試験

司法修習の集大成となるのが、二回試験です。二回試験では、民事裁判・刑事裁判・検察・民事弁護・刑事弁護の5科目について、1日1科目の起案（合計5日間）を行います。内容としては、実際の事件を題材に作られた事件記録などを見て、判決や裁判書面（準備書面・弁論要旨など）の一部を起案する形式の問題が多く出されています。

二回試験は司法試験とはまったく違う形式の試験ですが、司法修習の中で教官から合格のために必要な知識や考え方を徹底的に叩き込まれますので、それに真剣に取り組んでおけば対策としては十分といえるでしょう。ちなみに、二回試験は毎年9割以上の人が合格する試験です。

103 分野別実務修習における修習地（北は北海道から、南は沖縄県まで）は、司法試験合格後に割り当てられますが、その際に修習地の希望を申し出ることも可能です。もっとも、希望通りの修習地が割り当てられる人もいれば、そうでない人もいます。修習地がどのようにして決められているかについてはいろいろな噂がありますが、実際のところはよくわかりません。

予備試験

ここで、例外的なルートではあるものの、予備試験についても説明しておくことにしましょう。予備試験に合格すると、ロースクールを卒業していなくても司法試験の受験資格が与えられます。予備試験のメリットは、何といっても、ロースクールで必要となる時間的・経済的なコストを一切かけずに、ショートカットで法曹三者を目指すことができる点にあります。

予備試験では、①短答式試験、②論文式試験、③口述試験という、３つの試験に順に合格していく必要があります。

①短答式試験は、法律基本科目（憲法・行政法・民法・商法・民事訴訟法・刑法・刑事訴訟法）と、一般教養科目（人文科学・社会科学・自然科学・英語）のマークシート式の試験です。

②論文式試験は、法律基本科目及び一般教養科目に加え、法律実務基礎科目（民事・刑事）の試験が出題されます。

③口述試験は、法律実務基礎科目（民事・刑事）について、法的な推論や分析に基づいて弁論をする能力をはかる面接形式の試験です。

裁判官・検察官・弁護士への分かれ道

法曹三者を目指す人の中には、裁判官・検察官・弁護士のうち、はじめから「私は○○になる！」と強く心に決めている人もいれば、司法修習中に志望を固めたり、司法修習の終盤まで悩んだりしている人もいます。進路を決めるにあたり、以下の点には注意しておきましょう。

弁護士の就職活動

弁護士の道を選ぶ場合、いわゆる「即独（ソクドク）」（司法修習後、即時に独立開業すること）する人もいますが、多くの弁護士はどこかの法律事務所に入ってキャリアをスタートさせます。一般的には、大手の法律事務所は就職活動の時期が早く、規模が小さくなるほど、時期が遅くなる傾向があります。

東京・大阪などの大手法律事務所の場合、その年の司法試験受験者を対象に、司法試験（5月）前後の時期から面接への応募などが始まります[104]。そして、司法試験の直後から司法修習が始まる頃（11月）までの間に、大小さまざまな規模の法律事務所で説明会や面接が本格化し、多くの法律事務所がこの頃までに内定を出します。

司法修習が始まった後も就職活動は続き、二回試験の前後に内定を出す法律事務所もあります。

裁判官・検察官のなり方

裁判官・検察官になるためには、司法修習の成績（司法修習中に行われる起案の点数など）が重視されるといわれています。裁判官・検察官を志望する人は、司法修習期間中にその旨を申し出て、適当と認められる人には教官から声がかかるという仕組みです。したがって、裁判官・検察官になるためには弁護士のような就職活動はありませんが、司法修習に真剣に取り組むことが大切になります。

104 大手法律事務所の中には、ロースクールの学生を対象に、夏季休暇中のサマー・クラーク（弁護士業務を体験するための1週間程度の短期アルバイト。「サマー・アソシエイト」などと呼ばれることもあります）を実施するところもあります。サマー・クラークは、ロースクール在学中における事実上の就職活動となっています。

第2部

ロースクールで学ぶ「理論と実務の架け橋」

第２部は、より実践的な勉強をするロースクールのステージです。法学部では理論的な勉強が中心でしたが、ロースクールでは、実務を見据えた学習へとシフトしていくことになります。その意味で、ロースクールは、**「理論と実務の架け橋」**の役割を担っているといわれています。

ロースクールを卒業した後に待っている司法試験の試験科目には、いわゆる六法の他に、実務において重要な意味を持つ法分野が選択科目として組み込まれています。具体的には、倒産法・租税法・経済法・知的財産法・労働法・環境法・国際関係法（公法系）・国際関係法（私法系）の中から、１科目を選択します。

第２部では、司法試験の必須科目である**行政法**に加えて、選択科目の中でも特に人気の高い３つの法分野**（労働法・倒産法・知的財産法）**について解説します。これらの法分野はとても奥が深く、詳しく説明しようとするとページがいくらあっても足りませんので、本書では、各分野の全体像と重要なコンセプトを簡潔に解説しています。

さらに第２部では実務への架け橋として、**要件事実論**（第14章）と、**判例の重要性**（第15章）についても学びます。ここが、理論中心だった法学部との違いが最も鮮明にあらわれてくる部分です。

第 10 章

行政法

第10章の概観

- 第1節では、憲法と行政法の関係や、日常生活の中で私たちが行政法と関わりを持つ場面などについてお話をします。また、行政法の教科書では必ず登場する**法律による行政の原理**や**法律の留保の原則**という基本的な考え方も説明します。

- 第2節は、行政法の全体像についてです。行政法理論は、**行政組織法・行政作用法・行政救済法**という3つの分野から成り立っているので、その中身を順番に説明していきます。

- 第3節は行政作用法を取り上げ、この分野の議論の中心となる**行政行為**という概念について説明します。

- 最後の第4節では、行政救済法について学びます。取消訴訟の訴訟要件のうち、試験でもよく出題される**処分性**の要件をいかに判断するか、実例を交えて解説します。処分性の要件に関する判例は多く、教科書でもかなりのページが割かれるテーマですので、基本的な知識をしっかり身につけておきましょう。

突然ですが、この章を読み始める前にぜひ、法学部や司法試験受験生の先輩たちに、「行政法って面白いですか？」と聞いてみてください。「うん、面白いよ！」と爽やかに答えてくれる先輩がいるとすれば、その人はかなり稀有な存在といえます（笑）

残念なことに、行政法は昔から人気のない科目で、法律を勉強している多くの学生たちに疎まれてきました。また、著名な行政法学者が「六法に 入れてもらえぬ 行政法」という自虐的な川柳（!?）を詠むほど、行政法にはやや残念なイメージがつきまとっています。

しかし実は、行政法は後ほど説明するとおり私たちの日常生活と密接に関係しており、司法試験でも必要とされる重要科目です。本章を通じて、皆さんが少しでも行政法に興味を持ってもらえればとてもうれしく思います。

1 行政法の基礎知識

行政法ってどんな法律？

●行政法を勉強する視点

はじめに、これから行政法を勉強する際に持っておいてほしい視点を１つ紹介させてください。

行政法は憲法と同じ公法に分類されますが、既に勉強したように、憲法は国民主権や人権保障など、国家の究極的な価値を謳った最高法規です。つまり、憲法は私たちが目指す国の理念や理想形を指し示す法だといえます。

そして行政法は憲法の理念を実現するために制定された、行政に関する無数の法律をカバーする法分野です。つまり、**憲法が目指す価値をより現実的なレベルで具体化**するためのツールが行政法なのです。

このように、憲法と行政法は、国家権力から国民の権利利益を保護することを目指している点で共通しています。そのため、行政法の分野では、**国民の権利利益が不当に侵害されていないか**という視点を持って勉強を進めていってください。

●「行政法」という法律はない

ご存じのとおり、日本に「行政法」という法律が存在するわけではなく、行政法は、行政に関わる膨大な数の法律に共通する原理原則（**行政法理論**）について学ぶ科目です。そのため、行政法は具体的な法律の条文の解釈よりも理論的な勉強が中心となるので、つかみどころがない科目として敬遠されがちなのです。

ところが、行政法は私たちの日常生活と密接に関わる身近な存在でもあり、その意味ではとてもイメージしやすい科目でもあるということも忘れてはいけません。

このことを、とある食品加工会社の工場で働くAさんの朝の様子を描いた次のイラストを見て確認しておきましょう。

ここにある日常的なシーンだけでも、実はさまざまな種類の行政法規が関わっています。

まず①の絵では、出勤のためにAさんが自宅から自動車に乗ろうとしていますね。Aさんの家に注目してみると、**建築基準法**は、家を建てる場合には建物としての最低限度の安全性を備えるために建築確認という手続きが必要となることを定めています。また、自動車を購入する際には自動車取得税の支払いが必要になりますが、これは**地方税法**により定められています。また、**道路運送車両法**は、いわゆる「車検」が必要になることを定めています。

次に、②の絵ではAさんが自動車を運転して職場に向かっています。**道路交通法**は、自動車を運転するためには都道府県公安委員会の発行した運転免許証が必要となることを定めています。また、赤信号では止まらなければいけない、法定速度を守らなければいけないなどといった運転中の交通ルールもこの法律で定められています。

③の絵では、Aさんは駐車場に自動車を停めて、自動販売機で買ったジュースを飲んで一息ついています。

駐車場法は、駐車場の構造・設備の基準などを定めています。また、缶に入った飲料には、「濃縮還元りんごジュース」「無果汁」「清涼飲料水」などといった表示がついていますね。**景品表示法**[1]は不当表示を禁止し、業者が一般消費者に対して適切な情報提供を行うことを求めているため、必ずこのような表示がついているのです。

④の絵では、Aさんが職場の工場に入って行こうとしています。工場を建設する際には、**都市計画法**上の用途地域指定に注意が必要です。た

1　正式には、「不当景品類及び不当表示防止法」といいます。

とえば、その場所が住居専用地域として指定されてしまっているような場合には、そこに工場を建てることはできません。

以上のように、4枚の絵を見て挙げた法律はすべて、本章で学ぶ行政法に分類される行政法規です。このように、普段はあまり意識しないかもしれませんが、実は行政法は私たちにとって身近な存在なのです。

法律による行政の原理

●「法律による行政の原理」の意義

行政法の勉強は、最も重要な基本原理である**法律による行政の原理**について学ぶことから始めましょう。これは文字通り、行政活動は法律に基づき、法律に従って行われなくてはならないということを意味しています。

法律による行政の原理は、行政権が国民の権利・自由を侵害することを防止するという**自由主義**の思想から生まれました。すなわち、市民革命前のヨーロッパでは、社会のルールを作る権限とそれを適用する権限が君主に集中していたため、その権限が濫用され、市民の自由が侵害されることがありました。そこで、三権分立を建前とする近代自由主義国家においては、行政活動をあらかじめ法律で定めておくことで行政の恣意を防ぎ、国民の権利・自由を保障しようとしているのです。

また今日では、法律による行政の原理は、行政活動を議会（国会）によって作られた法律に従わせることで民意を反映させるという、**国民主権**という価値も持つものであると理解されています。

●「法律による行政の原理」の内容

法律による行政の原理は、①法律の法規創造力、②法律の優位、③法律の留保の原則という内容を持つとされています。

①**法律の法規創造力**とは、法規を独自につくる力を持つのは法律だけ

であるという意味です。ここでいう「法規」とは、国民の自由を制約したり、義務を課したりする法のことを指します。

つまり、国民の権利を制限し義務を課すような重要なルールについては、自由主義の観点から国会で民主的に決める必要があり、行政が独自に決めることはできないということです[2]。

②法律の優位とは、行政活動は法律の規定に違反してはならないという原則です。三権分立の下では、国会が立法権を独占して行使し、それを執行するのが行政の役割ですので、これは当然といえますね。

最後の**③法律の留保の原則**については今日でもさまざまな議論があるところですので、以下で少し詳しく解説することにしましょう。

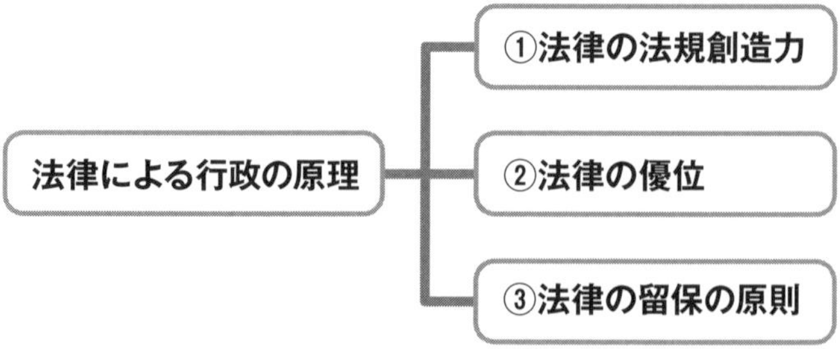

法律の留保の原則

●法律の留保の原則とは

法律の留保の原則とは、行政活動を行うためには法律の根拠が必要であるという原則です。「法律の優位」はあくまで「行政が法律に違反すること」を禁じるものなので、これだけでは、法律が存在しない事項について行政は何をやってもよいということになりかねません。これでは行政の恣意を防ぐことができず、国民の権利や自由が侵害されてしまいます。

そこで法律の留保の原則により、法律によって権限が与えられた場合

2　たとえば、新しい税金の徴収を定める法は国民に義務を課すものですので、国税庁の一存でつくることはできず、国会によって制定された法律による必要があります。

でなければ行政活動ができないこととされているのです。

●法律の根拠が必要となる場合

法律の留保の原則は行政法の最も基本的な原則ですが、具体的にどのような性質の行政活動について法律の根拠が必要となるかについては、議論があるところです。

通説及び行政実務はこの点について、国民の権利や自由を制約したり国民に義務を課したりする行政活動についてのみ法律の根拠が必要であると考えており、これを**侵害留保説**といいます。この説によると、税金を課したり営業停止命令を発したりするためには法律の根拠が必要になりますが、補助金の交付など国民に権利を与える活動については法律の根拠が必要ないことになります。

これに対して、行政活動は民主的な正当性を持つべきであることから、行政活動のすべてについて法律の根拠が必要であるという考え方もあります**（全部留保説）**。もっともこの説では、法律の根拠がないと行政はいっさいの活動ができないということになり、国民のニーズに応じた迅速な対応が不可能になるという弊害が生じてしまいます。

また、中間的な見解として、権力的な行政活動については法律の根拠が必要であるとする**権力留保説**や、国民の生活に大きな影響を与える重要事項については法律の根拠が必要とする**重要事項留保説**なども唱えられています。

この論点についてはいろいろな説がありますが、まず皆さんは、通説である侵害留保説を理解しておけばOKです。

2 行政法の全体像

ここでは、行政法の全体像を大まかに理解しておきましょう。行政法理論は、行政組織法・行政作用法・行政救済法という３つの分野に整理されているので、以下ではそれぞれの分野について、簡単に説明していきます。

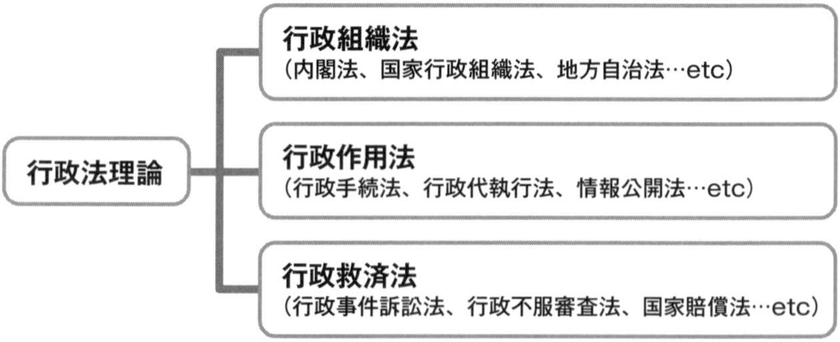

行政組織法

行政組織法は、行政の組織構成や各組織への権限配分を扱う法分野であり、行政活動を行う主体について定めています。具体的には、内閣法、国家行政組織法、地方自治法などがこれにあたります。

行政組織法のポイントを少しだけ紹介しておくと、まず、行政上の権利義務を負い、自己の名と責任において行政活動を行う法人のことを**行政主体**といいます。行政主体の代表例は国や地方公共団体ですが、独立行政法人なども行政主体にあたります。

もっとも、行政主体は行政上の権利義務が帰属する主体（法人）ではありますが、それ自体は形のない観念的な存在に過ぎません。実際に行政活動を行う者は、**行政機関**と呼ばれます。行政主体と行政機関は、行政機関がその権限の範囲内で行った行為の法的効果は行政主体に帰属するという関係にあります。

会社にたとえると、行政主体は法人格を持つ「会社」にあたり、行政機関は会社のために働く取締役や従業員といったイメージです。

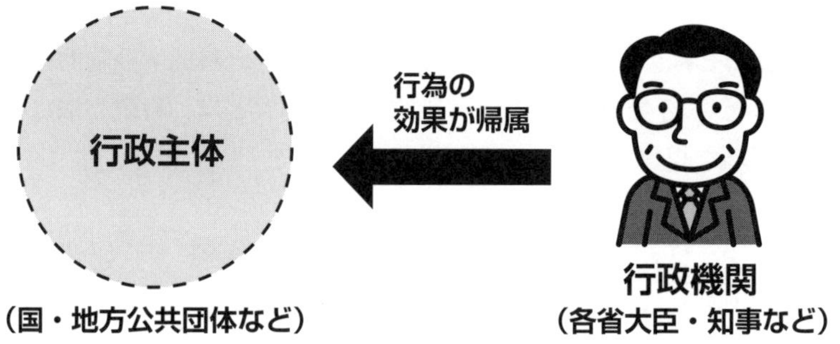

行政機関には、行政庁・補助機関・執行機関などの種類がありますが、そのうち最も重要なのは行政庁です。**行政庁**とは、行政主体のために意思決定をし、それを外部に表示する権限を持つ行政機関のことをいいます。各省大臣・知事・市町村長などは行政庁にあたり、会社でいう代表取締役のイメージです。

補助機関は、行政庁の意思決定の補助をする任務を負っています。県庁や市役所などで働く職員の多くは、補助機関にあたります。

執行機関とは行政上の実力行使を行う機関であり、警察官・収税官・自衛官などがこれにあたります。

行政作用法

●行政の行為形式とは

行政作用法は、法律による行政の原理を基礎として、国民の権利利益を守るため、法律によって行政活動をどのようにコントロールするかというテーマを扱う法分野です。この分野では、行政はどのような場合に何ができ、そのための手続きは何かが議論されます。

行政が国民に対して作用を及ぼす方法には、行政立法、行政指導などさまざまなものがありますが、このような分類を**行政の行為形式**と呼びます。行政の行為形式のうち、主なものを紹介しましょう。

●行政立法

行政立法とは、行政機関によって定立される、一般的・抽象的な規範（ルール）のことをいいます。「一般的・抽象的」とは、行政立法は特定の者や行為を規律するものではなく、あくまで「いつでも、誰にでも」適用されるルールであるということです。

行政立法には、国民の権利義務にかかわる法規命令（「○○法施行規則」など）と、行政内部で用いられる基準で国民の権利義務にかかわらない行政規則（通達・行政指導指針など）とがあることも覚えておきましょう。

●行政行為

行政行為とは、行政庁が、法律に基づき、公権力の行使として、直接・具体的に国民の権利義務を規律する行為のことをいいます。行政行為については、後ほど詳しく説明します。

●行政指導

行政指導とは、行政目的を実現するため、特定の者に対して指導や勧告を行うことをいいます。たとえば、違法建築物の所有者に対して、違法な部分を改造するよう求める場合などがこれにあたります。

行政指導は国民の自由意思に働きかける非権力的行為であり、国民の権利義務を変動させるものではない事実行為であるという点に特徴があります。

●**行政契約**

行政契約とは、行政主体が行政目的を達成するために締結する契約のことをいいます。当然のことですが、行政主体も私人と対等の立場で経済取引をすることができるということです。

たとえば、市町村が役所を建てるために建設業者と締結する請負契約は、行政契約にあたります。

●**行政計画**

行政計画とは、行政がある目標を掲げ、それを実現するための手段をまとめた計画をつくる行政活動のことをいいます。たとえば都市計画法においては、地域の景観や環境を守るために、建物の種類や高さ、用途などの規制を都市計画という形で決めることが定められています。

行政作用法の分野では、行政活動をここに挙げたような行為形式に分類し、それぞれの行為形式が法律による行政の原理によってどのようにコントロールされるかを学んでいきます。

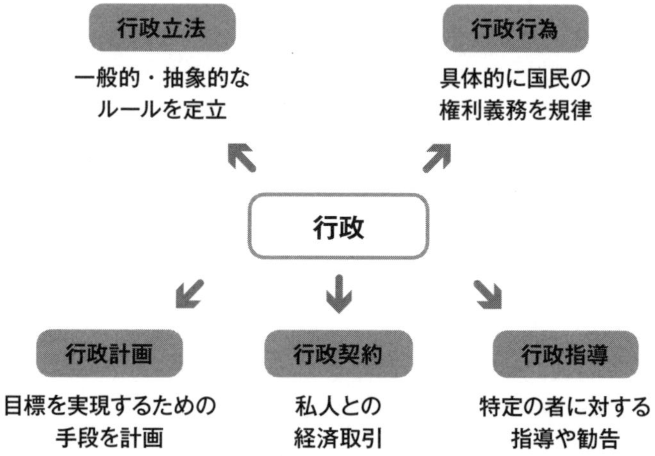

行政救済法

●行政救済法の２本柱

行政活動は法律に従い、公益に合致する形で行われる必要がありますが、法律に違反したり公益に沿わない行政活動が行われたりして国民の権利や利益が侵害された場合には、それを救済する必要があります。そのための手続きやルールをまとめた法分野が、**行政救済法**です。

国民の権利が侵害された場合の救済の方法は、権利が侵害される前の状態に戻す**原状回復**の方法と、侵害を**金銭で救済**する方法の２つに大別されます。これが、行政救済法の２本柱です。

さらに、原状回復の方法は行政不服申立てと行政事件訴訟とに分けられ、金銭救済の方法は国家賠償と損失補償とに分けられます。以下では、それぞれについて簡単に紹介しておきます。

行政救済法の２本柱

原状回復	金銭救済
行政不服申立て（行政不服審査法）	**国家賠償**（国家賠償法）
行政事件訴訟（行政事件訴訟法）	**損失補償**（個別の法律で定められる）

●原状回復の方法

まずは、行政救済の１本目の柱である原状回復の方法について説明します。

原状回復の第１の仕組みとして、**行政不服申立て**があります。これは、行政庁による公権力の行使につき、国民が行政機関（処分をした行政庁やその上級行政庁）に対して不服を申し立てる手続きです。

もっとも、行政不服申立ての当否を判断する主体はあくまで行政機関ですので、行政と国民が争っている問題を第三者的な立場で公正に判断できる保証はなく、これだけでは国民の権利救済は不十分です。

そこで、原状回復の第2の仕組みとして、裁判によって違法な行政活動を是正し、国民の救済を図る**行政事件訴訟**という制度が用意されています。

行政事件訴訟の諸類型の中で最も重要なのは、行政権から独立した立場にある裁判所が行政活動の違法性を審査し、違法な処分を取り消すことを通じて原状回復を図る**取消訴訟**です。取消訴訟については、後ほど詳しく説明します。

●金銭救済の方法

次に、行政救済の2本目の柱である金銭救済の方法について見ていきましょう。

金銭救済の1つ目の方法は、**国家賠償**です。国家賠償の制度は、原状回復の方法だけでは国民の権利利益の救済が不十分な場合に特に大きな意味を持ちます。

たとえば、違法な営業不許可処分を半年後に裁判で取り消してもらっても、半年間営業ができなかったことによる営業利益の損害は戻って来ませんね。そこで必要になるのが、違法な行政活動によって受けた損害を金銭的に救済する国家賠償制度です。

金銭救済の2つ目の方法は、**損失補償**です。損失補償とは、適法な行政活動により特定の者に財産上の損失が生じた場合に、金銭救済をする仕組みです。たとえば、ダムや空港を造るために私人の所有する土地を強制的に収用した場合、その土地の価格に相当する金銭を所有者に支払う場合がこれにあたります。

国家賠償は「違法な」行政活動により生じた損害を賠償する制度であるのに対し、損失補償は「適法な」行政活動により生じた損害の補填を図る制度であるという違いに注意しておきましょう。

3 行政行為の特殊性

行政行為とは

●定義と具体例

先ほど、行政作用法の分野で学ぶさまざまな行政の行為形式を紹介しましたが、ここでは、その中で最も重要な「行政行為」をクローズアップして解説したいと思います。

行政行為という言葉は聞き慣れない用語だと思いますが、ここでは、行政庁が法律に基づき、公権力の行使として直接・具体的に国民の権利義務を規律する行為のことをいうと理解しておきましょう。……とはいえ、この定義を聞いても何のことだかさっぱりわかりませんね（笑）

具体的には、たとえば以下のような行為が行政行為にあたります。

行政行為の例

(1)　国民Aが納付すべき税額の決定（税金の賦課決定）
(2)　建築基準法に違反する建築物を取り壊せという、株式会社Bに対する命令（除却命令）
(3)　団体Cに対して補助金を交付する決定
(4)　国民Dについて生活保護を開始する決定

何となくイメージが湧いてきたでしょうか？　ちなみに、(1) や (2) のように、国民の権利を制約したり義務を課す行政行為を侵害的処分といい、反対に、(3) や (4) のように国民に権利を与えたり義務を免除したりする行政行為は受益的処分と呼ばれています。

●行政行為の３つの特徴

行政の行為形式にはさまざまな種類がありますが、他の行為形式と比較すると、行政行為には次の３つの特徴があるということができます。

第１に、行政行為は**国民の権利義務を決定する**法的効果があるものです。行政行為は国民に権利や義務を発生させるものであり、この点で、単なる事実行為に過ぎない行政指導などと区別されます。

第２に、その効果が**個人の権利義務に具体的に及ぶ**という特徴もあります。行政立法は相手を特定せず一般的・抽象的な規範を定めるものであるのに対し、行政行為は、特定の誰か（たとえば「Aさん」や「株式会社B」など）に対して行われ、その者の権利義務を変動させるという点に特徴があります。

第３に、行政行為は**行政庁の一方的判断**によって行われるものであるという特徴もあります。この点で、相手方の同意を要する行政契約などと区別されます。

ここまで説明した行政行為の具体例と特徴を頭に入れた上で、もう一度行政行為の定義を読み直してみてください。すると、この定義の意味するところがよく理解できるのではないでしょうか。

行政行為の効力

さまざまな行政の行為形式の中でも行政行為について特に議論が多いのは、行政行為には一般的な法律の常識とは異なる特殊な効力が認められているためです。

行政行為の特殊な効力には、公定力・不可争力・自力執行力などがありますので、これらの効力の内容について見ていきましょう。

●公定力

公定力というのは、行政法に特有の用語です。通常、違法な法律行為は当然に無効になりますが、行政行為は違法であっても直ちに無効とはならず、一定の手続きを経ない限り有効なものとして扱われます。このような効力を**公定力**といいます。

つまり、行政行為は仮に違法であっても権限のある機関によって取り消されない限り、完全に効力を有するということです[3]。

公定力について実感を持ってもらうため、行政の計算間違いによって皆さんが「100万円の税金を支払え」という課税処分を受けた場合を想像してみてください。このような誤った課税処分は違法な行政行為ですが、この場合も公定力により、取消訴訟などによって課税処分が取り消されない限り、課税処分は有効なものとして扱われることになります。したがって、皆さんは計算間違いを理由に納税を拒否することはできず、間違った処分だからといってこれを無視していると、滞納処分を受けることになってしまいます。

以上のように、行政行為については行政庁が国民に「払え」といっただけで義務が有効に存在し、たとえそれが違法なものであっても「行政がいうことだから従え」といわれてしまうわけです。行政活動の便宜のため、行政行為にはある種の特権が与えられているということです。

なお、あまりにひどい違法があることが誰から見ても明らかな場合には、例外的に、公定力をはじめとする行政行為の効力は生じないこととされています。このように、重大かつ明白な違法（瑕疵）がある行政行為には公定力は及ばず、無効な行政行為となるという考え方を、**重大明白説**と呼びます。

3　違法な行政行為が取り消される方法としては、私人が不服申立てや取消訴訟を提起して取り消す場合（争訟取消し）と、行政庁による職権取消しの場合とがあります。

●不可争力

不可争力とは、一定期間を経過すると、私人の側から行政行為の効力を争うことができなくなる効力のことをいいます。

行政の側から見ると、違法な行政行為とはいえいつまでも取り消される可能性が残っていると、行政上の法律関係が不安定なものとなってしまいます。そこで、行政上の法律関係を早期に安定させるため、行政事件訴訟法は、取消訴訟を起こすことができる期間（出訴期間）を原則として６ヶ月に制限しており、この期間が過ぎると行政行為は有効なものと確定し、裁判で争うことができなくなります。

●自力執行力

自力執行力とは、行政目的を迅速に実現するため、行政行為として命じた義務について、裁判所の力を借りずに行政が自ら実現できる効力のことをいいます。

私人には自力救済が禁じられているため、債権者が債務者の家に行って勝手に財産を取ってくるわけにはいきません。自らの権利を実現するためには、裁判所の力を借りて執行手続を行う必要があります。

これに対して、「違法な建物を壊せ」という行政の命令に国民が従わない場合、行政は自らその建物を取り壊すことができますが、これがまさに自力執行力のあらわれです。

【行政行為】

①国民の権利義務を決定する法的効果　←行政指導との違い
②効果が個人の権利義務に具体的に及ぶ　←行政立法との違い
③行政庁の一方的判断によって行われる　←行政契約との違い

↓

公定力　不可争力　自力執行力

4 取消訴訟の重要論点——処分性の要件

取消訴訟の訴訟要件

最後に、行政救済法の分野から、「私人 vs. 公権力」という構図で昔から多くの重要な議論が交わされてきた行政事件訴訟を取り上げることにします。行政事件訴訟の中で最も重要なのが、取消訴訟です。

取消訴訟とは、行政の処分などの取消しを求め、その法的効力を遡って消滅させる訴えのことをいいます。たとえば、食中毒を出したために営業停止命令を受けた飲食店が命令の取消しを求める場合には、取消訴訟を提起することになります。

取消訴訟が提起されると、裁判所はまず訴訟要件を満たしているかを審査します。**訴訟要件**とは、訴えが適法なものと認められるための要件です。訴訟要件を満たさない訴えは不適法なものとされ、本案審理に入ることなく却下判決が言い渡されます。

取消訴訟の訴訟要件には、次のようなものがあります。

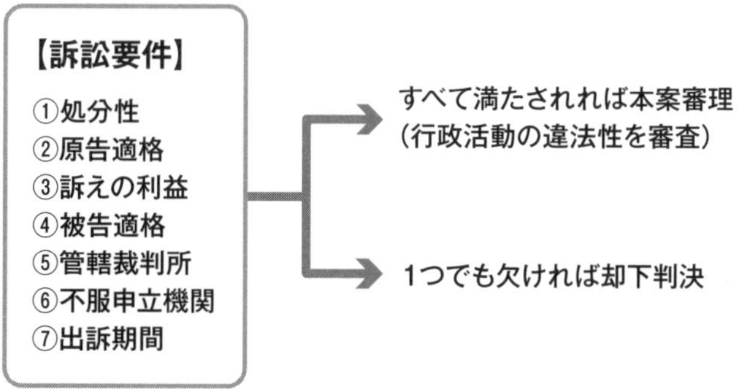

取消訴訟の訴訟要件は、長らくの間、国民の権利救済にとって厚い壁となって立ちはだかっていました。従来、訴訟要件は非常に厳格に審査されてきたため、国民が行政事件訴訟を提起しても、「訴訟要件を満た

さない」として裁判所に門前払い（却下）されることが非常に多く、国民の権利救済は十分に図られてきませんでした。

そのため、行政事件訴訟の分野では、どのような場合に訴訟要件を認めるべきかという点が最大の関心事となってきました。ここでは、訴訟要件の中でも特に議論が多い「処分性」について、解説をしていきます。

処分性の要件とは

行政事件訴訟法３条２項は、さまざまな行政活動のうち、「行政庁の処分その他公権力の行使に当たる行為」だけが取消訴訟の対象になることを定めており、これを**処分性**の要件と呼んでいます。

判例は、この「行政庁の処分」について、「公権力の主体たる国または公共団体が行う行為のうち、その行為によって、直接国民の権利義務を形成しまたはその範囲を確定することが法律上認められているもの」と定義しています[4]。すなわち、処分性の有無は、①**公権力性**と、②**国民の個別・具体的な法的地位の変動**という観点から判定されるということです。

4　処分性に関する判例（最判昭和39年10月29日）の定義は、先ほど勉強した「行政行為」の定義とほぼ同じです。したがって、ある行政活動が「処分性」の要件を満たすということは、それが「行政行為」にあたることと同じことを意味していると考えてください。

第１の基準である「公権力性」については、たとえば、食中毒を出した飲食店に対する営業停止命令は、行政庁が一方的に営業の停止を命じるものなので、公権力性が認められます。他方で、行政が私人と契約を締結するといった私法上の法律行為や、公共施設の建設といった非権力的な事実行為の場合には、公権力性が認められないため、処分性がないと判断されることになります。

第２の基準である「国民の個別・具体的な法的地位の変動」が問題になるケースにはいろいろなパターンがあるので、以下で少し詳しく説明します。

「国民の個別・具体的な法的地位の変動」の解釈に関する議論

行政庁の行為が、特定の国民に対して直接・具体的な法的効果を発生させず、その法的地位を変動させない場合には、処分性が否定されます。この観点から処分性が否定される場合をいくつか見てみることにしましょう。

●表示行為（通告・行政指導など）

行政庁が法律的見解を表示するだけの行為は、単なる事実行為として処分性が否定されます。

たとえば、交通反則通告制度は、軽微な交通違反をした者が警察本部長の通告に基づいて自主的に反則金を納付すれば、その交通違反については公訴を提起されないという制度ですが、判例上、この通告は相手方に反則金納付義務を生じさせるものではないという理由で、処分性が否定されます[5]。交通違反をした場合に通告に従わないと公訴提起されてしまいますが、通告それ自体は行政機関による意思の表明に過ぎないと考えられているわけです。

5　最判昭和57年7月15日

以上が原則論ですが、判例は、取消訴訟による救済の必要性を考慮して、行政庁が法律的見解を表示するだけの事実行為についても、例外的に処分性を拡大することがあります。

たとえば、都道府県知事が病院を開設しようとする者に対して医療法に基づき行う病院開設中止の勧告は、本来は行政指導に過ぎません。しかし最高裁判所は、この勧告に従わない場合、勧告を受けた者は健康保険法上の保険医療機関指定を受けられない可能性が高く、実際上病院の開設を断念せざるをえないことを理由として、処分性を肯定しました[6]。

これは、根拠法の解釈上は行政指導にあたる勧告が実質的には法的効果を有することを理由に、処分性の範囲を拡大したものと理解することができます。

●規範の定立行為（行政立法など）

行政立法を定立する行為や条例制定行為などは、特定人の具体的な権利義務に直接影響を及ぼすものではないため、基本的に処分性は否定されます。

もっとも判例は、「条例の制定行為が行政処分と実質的に同視できる場合には処分性を認める」という立場をとっています。

たとえば最高裁判所は、市が設置する保育所廃止を定める条例の制定行為について、その条例は現に入所中の児童・保護者という限られた特定の者らに対し、直接、当該保育所において保育を受けることを期待しうる法的地位を奪うことから行政庁の処分と実質的に同視できるとして、処分性を肯定しました[7]。

●内部行為（通達など）

通達[8]など、行政機関の内部行為は、行政機関を法的に拘束するとし

6　最判平成17年7月15日
7　最判平成21年11月26日
8　「通達」とは、上級の行政機関が、下級の行政機関に対して、職務事項や法律の解釈・判断の具体的指針を示す文書のことをいいます。

ても、国民との関係で直接具体的な法的効果を生ずるものではないとして、通常は処分性が否定されます。

しかし、実際には通達により行政機関の運用が変わり、それによって国民に直接具体的な法的効果が発生する場合も十分考えられます。このような場合には通達の処分性を認めて裁判的救済を受ける余地があるとした裁判例も存在します。

●段階的行為（行政計画など）

行政活動の中には、長期にわたり一連の活動が段階的に進行していくものがあり、この場合にどの段階で処分性を認めてよいのかが問題となることがあります。この論点の典型例が、**行政計画**に関する問題です。

たとえば、判例はかつて、土地区画整理事業計画の決定は事業の「青写真」が決まったに過ぎず、まだ特定の個人の権利関係を具体的に確定させるものではないという理由で、処分性を否定していました。つまり、決定に反対する人がいたとしても、「もっとステップが進まないと取消訴訟を提起できません」ということです。

しかし、このような判例の立場に対しては、計画が具体化するまで待つのではなく、できるだけ早期に取消訴訟で争えるほうが紛争解決に資するのではないかという批判がありました。これを受けて最高裁判所は判例を変更し、事業計画決定は地域内の宅地所有者の法的地位に変動をもたらすものであって、取消訴訟の対象とするに足りる法的効果を有するものであると判示し、処分性を認めるに至りました[9]。

処分性要件の変遷

最後に、処分性の議論に関する原則的な理解と、判例による処分性の拡大について、大まかな議論の流れを整理しておきましょう。

もともと最高裁判所による処分性の認定は非常に厳格で、取消訴訟を

---

9 最判平成 20 年 9 月 10 日

提起して権利救済を求めても、処分性がないとして門前払いされることが多くありました。このように行政事件訴訟が国民の権利救済にまったく役立たない状態は、「行政訴訟の機能不全」とまでいわれました。

このような状況を打破するため、行政救済法の分野では、処分性の範囲を何とかして広げようとさまざまな解釈論が展開されてきました。これを受けて、最近では、国民の権利救済の必要性という観点から処分性を認める範囲を大胆に拡大する判例・裁判例が多く出てきています。

このように、行政事件訴訟において処分性をどこまで認めることができるかというのは、行政事件訴訟法の最大のテーマであるということができます。

第10章のポイント

- ▶ **法律による行政の原理**とは、行政活動は法律に基づき、法律に従って行われなくてはならないという原則のことをいい、①**法律の法規創造力**、②**法律の優位**、③**法律の留保の原則**という内容を持つ。

- ▶ **法律の留保の原則**とは、行政活動を行うためには法律の根拠が必要であるという原則である。通説である**侵害留保説**によれば、国民の権利や自由を制約したり、国民に義務を課する行政活動についてのみ法律の根拠が必要であると考えられている。

- ▶ 行政法理論は、**行政組織法・行政作用法・行政救済法**という3つの分野から成り立っている。

- ▶ **行政行為**とは、行政庁が、法律に基づき、公権力の行使として、直接・具体的に国民の権利義務を規律する行為のことをいい、**公定力・不可争力・自力執行力**などの特殊な効力が認められている。

- ▶ **取消訴訟**とは、行政庁の処分などの取消しを求め、その法的効力を遡って消滅させる訴えのことをいう。取消訴訟には**処分性**の要件が必要とされ、その有無は、①**公権力性**と、②**国民の個別・具体的な法的地位の変動**という観点から判定される。

第11章

労働法

第11章の概観

▶ 第1節ではまず、私たちの身近で起こりうる労働問題の事例を紹介した上で、労働法の意義や、労働基準法・労働契約法・労働組合法の概要を説明します。また、労働条件を決める4つの法的ツールとして、**労働契約・法令・就業規則・労働協約**の関係性についても解説します。

▶ 第2節では、労働者にとって最も重要なテーマともいえる労働時間や休日に関するルール（時間外労働・休日労働・深夜労働、三六協定、割増賃金など）を定める**労働基準法**の概要を学びます。

▶ 第3節は、個別的労使関係を定める重要な法律である**労働契約法**について学びます。労働者にとって最も不利益の大きい「解雇」を取り上げ、**解雇権濫用法理**や、**整理解雇の有効性に関する4要素**について、第1節で紹介したケースを使いながら学んでいきます。

▶ 第4節は、団体的労使関係を規律する**労働組合法**について学びます。そもそも労働組合とは何かという話からはじめて、労働組合法の重要なキーワード**（団体交渉・団体行動・不当労働行為）**について解説します。

昨今、従業員に対して劣悪な環境での労働を強いる「ブラック企業」という言葉がマスコミを賑わせていますが、企業で働く従業員に労働法の知識がなければ、自らの正当な権利を主張することはできません。他方で、企業が労働法を無視した経営を行えば、従業員から未払い賃金を請求されたり、社会からブラック企業としての烙印を押されたりするなど、さまざまなリスクに直面するでしょう。このように、労働法はどのような立場の人にとっても重要な法律だといえます。

そこでこの章では、自分自身が企業で働いている姿を具体的にイメージしながら、労働法の基礎的な知識を習得してもらいたいと思います。

1 労働法の基礎知識

あなたの身に起こるかもしれない労働問題

この章のはじめに、労働法が問題となる具体的な場面をいくつか見てみることにしましょう。まずは、あなたが大手タクシー会社の管理部門で働いている場合をイメージして、次の2つのケースを読んでみてください。

ケース1

あなたは先月、休日出勤を繰り返し深夜まで働いた。しかし、給与明細を見ると残業手当があまり増えていなかったので友人に相談すると、「法律では、休日労働は通常賃金の35%以上、深夜労働は通常賃金の25%以上の給料がもらえると定められている。休日の深夜労働の場合、合わせて60%以上をプラスした給料がもらえるはずだ」といわれた。この友人がいっていることは正しいだろうか？

ケース2

ある日、会社が経営不振を理由としたリストラを発表し、あなたもその対象となった。あなたは、20年以上真面目に勤務し、年齢的に転職も難しい自分がリストラの対象となったことが甚だ不満であり、法律事務所に相談に行こうか迷っている。なお、リストラに先立ち会社側と労働組合との協議は行われたようであるが、希望退職者の募集が行われたという話は聞いたことがなかった。

ケース1では、割増賃金の算出方法が問題となりそうです。「通常賃金の6割増し」なんてことが本当にあるのでしょうか？

ケース2は、いわゆる「整理解雇」の有効性が問題となります。不当な解雇は無効と判断されることがありますが、このケースの場合はどうでしょうか？

最後に、会社は同じですが、上の2つのケースとは反対に、経営者(使用者）の立場に立って労働問題を考えてみましょう。次のケース3を読んでみてください。

ケース3

会社の労働組合が、基本給の引き上げなどを求めて団体交渉を行っていたが、交渉は決裂し、労働組合がストライキを実施した。その際、労働組合員らは、会社が所有するタクシーの鍵を隠したり、タクシーの側に座りこんだりすることにより、会社がタクシーを使って営業を行えないようにした。

会社の役員であるあなたは、ストライキといえどもこれらの営業妨害は許されないと考え、労働組合に対して損害賠償を請求することを検討している。

このケースでは、労働組合によるストライキなどの争議行為として、どのような行為まで許されるのかが問題となります。

ここで紹介した3つのケースについては、後でそれぞれ解説をしていきますね。

労働法の存在意義

冒頭で紹介した各ケースについて検討する前に、「そもそもなぜ労働法が必要となるのか」というところから話を始めたいと思います。

労働法の分野では、使用者と労働者との間で結ばれる**労働契約**という概念が中心に置かれます。**使用者**とは、個人事業主や会社など、労働者から労務の提供を受け、労働者に対し賃金を支払う者のことをいい、**労働者**とは、いわゆる会社員・従業員など、使用者に対して労務を提供する者のことをいいます。

労働契約は、労働者が使用者に使用されて労働し、使用者はこれに対して賃金を支払うことについて、労働者と使用者が合意することにより成立します[10]。

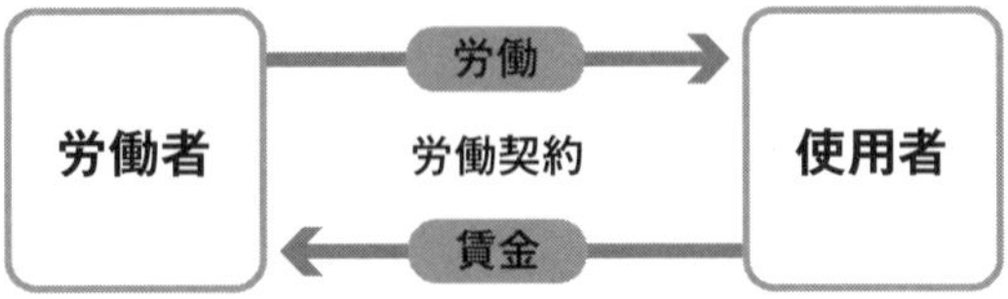

ここで、第3章で学んだ契約自由の原則という言葉を思い出してください。この原則によれば、労働者と使用者の契約関係も当事者間の自由な合意によって決定されるべきであるといえます。

しかし、一般に労働者は使用者よりも弱い立場にあるため、契約自由の原則を純粋に貫いてしまうと、労働者は劣悪な労働条件・労働環境で働かざるを得なくなります。

10 労働契約法6条

このような、いわば弱肉強食の状況を是正するために必要となるのが、労働法です。つまり、労働法は**契約自由の原則を修正することにより立場の弱い労働者を保護する**ために存在するというわけです。

たとえば、労働契約において、いわゆる最低賃金を下回る賃金額の合意は最低賃金法の規定により無効とされます。このような法規制は、契約自由の原則を修正する典型例であるということができます。

労働法の全体像――基本となる３つの法律

ここまでは漠然と「労働法」という言葉を使ってきましたが、実際には労働法という１つの法律があるわけではありません。労働に関するさまざまな法律をまとめて、労働法と呼んでいます[11]。

労働法は、大まかにいうと労働者と使用者との労使関係を規定する法分野であるということができますが、労使関係は、個別的労使関係と集団的労使関係の２つに分けて考えるのが一般的です。

個別的労使関係とは、個々の労働者と使用者との間の労働契約の締結から終了をめぐる関係であり、**集団的労使関係**とは、労働者の団結体である労働組合と使用者との関係のことをいいます。

個別的労使関係について定める法律の代表格は、労働基準法と労働契約法です。また、集団的労使関係について定める法律の代表格は、労働組合法です。

労働基準法は、労働関係の基本原則と労働条件の最低基準を定める法律として、労働者保護のためのさまざまな規定が置かれています。この法律が定める基準に達しない労働条件を定める労働契約は、その部分について無効となります[12]。

11　本文で挙げた法律の他に、男女雇用機会均等法（雇用の分野における男女の均等な機会及び待遇の確保等に関する法律）、パートタイム労働法（短時間労働者の雇用管理の改善等に関する法律）、労働関係調整法なども、「労働法」に含まれます。

12　労働基準法13条

労働契約法は、労働契約の基本的な原則の他、出向・懲戒・解雇に関する事項などを定めた法律です。たとえば労働契約法15条は、使用者が行った懲戒処分は、「客観的に合理的な理由を欠き、社会通念上相当であると認められない場合」には無効になることを定めています。

労働組合法は、憲法上の労働基本権を受けて、労働者の地位を向上させ、労働者と使用者が対等の立場に立つことを目的とする法律です。具体的には、労使間の団体交渉や、労働組合と使用者の間で締結される労働協約などについて規定しています。

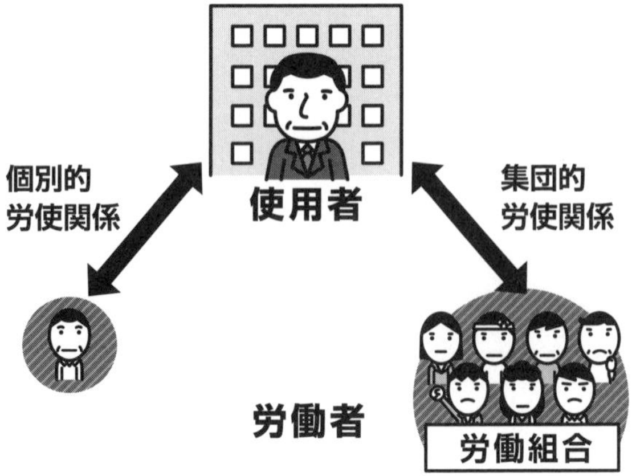

労働条件を決める４つの法的ツール

●労働契約・法令・就業規則・労働協約

ここで、使用者と労働者の間の労働条件がどのように決められるかを確認しておきましょう。労働契約においては契約自由の原則が修正されるため、実際の労働条件は、個々の労働契約のほか、法令・就業規則・労働協約といった法的ツールによって決定されます。

それぞれ簡単に説明しておくと、まず、労働条件の最低基準が法令で決められている場合、法令以外のツール（個々の労働契約・就業規則・労働協約）によっては、その最低基準を下回ることはできません。

また、**就業規則**とは、使用者により定められた、労働条件や職務上の規律などに関する規則のことをいいます。

多数の労働者との間で労働契約を結ぶ使用者としては、労働条件について一人ひとりの労働者と個別に交渉していくことは困難です。そこで、労働条件を公平かつ統一的に設定するため、就業規則が「労働契約のひな形」としての役割を果たします。なお、労働契約において、就業規則の定める労働条件の基準に達しない労働条件が定められている場合、その部分は無効となります[13]。

そして**労働協約**とは、労働組合と使用者の間で締結される労働条件などに関する合意のことをいいます[14]。

労働協約には、個々の労働契約を直接規律する効力（規範的効力）と、使用者と労働組合の間の契約としての効力（債務的効力）という、2つの効力があります。たとえば、労働時間・賃金・休憩時間などの労働条件を定める労働協約の規定は規範的効力を持ち、労働者の労働条件を決定するものです。他方で、労働組合と使用者による団体交渉の手続きやルールに関する規定は債務的効力のみを持つことになります。

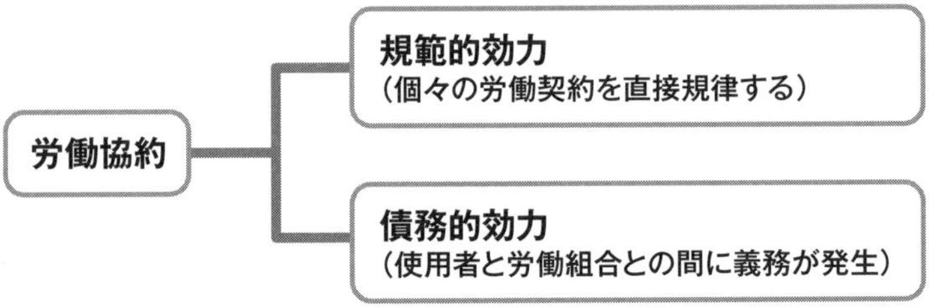

13　労働契約法12条
14　労働協約の要件は、労働組合法で厳密に規定されています。

● ４つのツールの効力順序

以上をまとめると、労使間の労働条件は、労働契約・法令・就業規則・労働協約という４つの法的ツールによって定められることになります。

一般論として、これらの法的ツールを効力の強い順に並び替えると、法令→労働協約→就業規則→労働契約という順序になります。すなわち、まず、法令に違反する労働協約・就業規則・労働契約は無効となります。また、労働協約に違反する就業規則・労働契約は無効となり、就業規則に違反する労働契約は無効となります。

2 労働基準法の概要と重要テーマ

労働基準法の概要

ここからは、労働法の代表的な３つの法律の概要を見ていくことにしましょう。

はじめに取り上げるのは、労働基準法です。以下に労働基準法の重要な規定をいくつかピックアップしましたので、まずはこちらに目を通してみてください。

労働基準法の重要な規定

第１章（総則）

- 労働者の差別的取り扱いの禁止（３条）
- 男女同一賃金の原則（４条）

第２章（労働契約）

- 労働基準法で定める基準に達しない労働条件を定める労働契約の効力（13条）

・賠償予定・前借金相殺・強制貯金の禁止（16条～18条）
・30日前の解雇予告に基づく解雇（20条・21条）

第3章（賃金）
・通貨払いの原則・直接払いの原則・全額払いの原則等（24条）

第4章（労働時間、休憩、休日及び年次有給休暇）
・労働時間・休憩・休日に関するルール（32条～35条）
・時間外労働・休日労働が許される場合（36条）
・時間外労働・休日労働・深夜労働の割増賃金（37条）

第9章（就業規則）
・就業規則と法令・労働協約・労働契約との関係（92条・93条）

以下では、労働基準法の最も重要な部分ともいえる第4章に注目し、労働時間と休日に関するルールについて解説します。

労働時間と休日に関する原則的なルール

●32条が定める労働時間

まず、労働時間と休日に関する労働基準法の原則的な立場を確認しましょう。

労働時間に関する最も基本的な規定は、1週及び1日における労働時間の上限である法定労働時間を定める32条です。同条では、使用者は労働者に、1週間について40時間、1日について8時間を超えて労働させてはならないと定められています。

そして、使用者が労働者に**時間外労働**（1日又は1週の法定労働時間を超える労働）をさせるためには、あらかじめ労働組合などと使用者の間で協定を締結し、届出をすることが必要になります。これが、よく耳にする三六《さぶろく》協定です。労働基準法36条に定められているため、このように呼ばれています。

三六協定がない場合に、実際の労働時間が法定労働時間を超えてしまうと、違法な労働時間として刑事罰の対象になります。

●35条が定める週休制の原則

休日については、35条1項が「使用者は、労働者に対して、毎週少くとも一回の休日を与えなければならない」として、週休制の原則を定めています。休日を週のどの曜日に置くかは法律で定められていないため、日曜日である必要はありません。

労働者に**休日労働**をさせるためにも、三六協定が必要となります。

原則 →	**週40時間・1日8時間、休日（週1日）**
例外 →	**三六協定**

●時間外労働・休日労働と割増賃金

三六協定により時間外労働や休日労働を適法にさせることができる場合であっても、これらについては割増賃金の支払いが必要となります。また、37条4項は、午後10時から午前5時における**深夜労働**についても、割増賃金が支払われるべきことを定めています。

それぞれの割増賃金をまとめると、以下のとおりとなります。

・時間外労働	通常の賃金の25％以上の額
・休日労働	通常の賃金の35％以上の額
・深夜労働	通常の賃金の25％以上の額

ここで、252ページのケース1を思い出してみてください。あの友人がいっていたことは正しいのでしょうか……？

実は、労働基準法施行規則20条には、時間外労働と深夜労働が重複した場合は「25％＋25％＝50％以上」の割増賃金が必要となり、休日と深夜が重複した場合は「35％＋25％＝60％以上」の割増賃金が必要となることが定められています[15]。したがって、ケース1の友人の助言は、法律的には正しいことになります。「6割以上」というのは、なかなかの額ですね。

労働時間と休日に関する例外的な制度

ここまで、労働時間と休日に関する原則的なルールを説明してきましたが、社会にはこのような原則的なルールになじまない性質の事業や業務も数多く存在し、昨今、人々の働き方も多様化しています。

このような状況に鑑み、労働基準法は、労働時間と休日に関して、よりフレキシブルな制度を用意しています。

具体的には、時期的な繁閑の波が大きい業種を想定した**変形労働時間制**、始業・就業時間を社員が調整できる**フレックスタイム制**、実労働時間を問題とせず一定時間労働したものと「みなす」ことにより賃金を決する**みなし労働時間制**が、労働基準法には用意されています。

今後の日本社会の働き方の多様化に伴い、このような例外的な制度がやがて当たり前になる日も、そう遠くはないでしょう。

15　休日労働と時間外労働は同じ性質を持つため、休日労働が8時間を超えても異なる割増原因が重複したものではないと考えられ、割増賃金は35%以上で足りることとされています。

3 労働契約法の概要と重要テーマ

労働契約法の概要

労働契約法は条文の数は多くないものの、実務でも頻繁に登場する重要な規定が目白押しです。たとえば、次のような規定が置かれています。

労働契約法の重要な規定

第1章（総則）

- ・労働契約の諸原則（3条）

第2章（労働契約の成立及び変更）

- ・就業規則で定める労働条件が労働契約の内容となる場合（7条）
- ・就業規則の変更により、使用者が一方的に労働契約の内容を変更することができる場合（10条）
- ・個別の労働契約における労働条件が就業規則・法令・労働協約と抵触する場合の効果（12条・13条）

第3章（労働契約の継続及び終了）

- ・出向・懲戒・解雇が権利濫用として無効とされる場合（14条～16条）

第4章（期間の定めのある労働契約）

- ・有期労働契約において契約期間中に解雇できる場合（17条）
- ・有期労働契約から無期労働契約への転換（18条）
- ・有期労働契約において「雇い止め法理」が適用される場合（19条）[16]

---

16 有期労働契約は、使用者が更新を拒否したときは契約期間の満了により雇用が終了するのが原則であり、これを「雇い止め」といいます。もっとも、労働者保護の観点から、判例により、一定の条件を満たした場合には雇い止めを無効とする「雇い止め法理」が確立しました。そして、近時の法改正により、この法理が労働契約法に組み込まれました。

ここに挙げた規定はどれも重要ですが、特に解雇に関する規定は、労働者の人生そのものに大きなダメージを与えかねないものですので、ぜひしっかりとした知識を身につけてほしいと思います。そこで以下では、解雇に関する労働契約法 16 条について説明をしていきます。

解雇権濫用法理の成文化

私法の一般法である民法は、「当事者が雇用の期間を定めなかったときは、各当事者は、いつでも解約の申入れをすることができる」(627 条 1 項前段) ことを定めており、労働基準法 20 条は、使用者が労働者を解雇しようとする場合においては、原則として 30 日前にその予告をしなければならない旨を定めています。

これらの規定によると、使用者は事前に予告をすれば自由に解雇できることになりますが、これでは労働者の地位が不安定になってしまいます。そこで、判例は以前より「使用者による解雇が、客観的に合理的な理由を欠き、社会通念上相当であると認められない場合は、権利の濫用として無効になる」という**解雇権濫用法理**を採用し、使用者の解雇権行使を厳しく制約してきました。

判例法理として確立した解雇権濫用法理は、その後、法律に組み込まれました。これが労働契約法 16 条の規定です。

労働契約法 16 条
解雇は、客観的に合理的な理由を欠き、社会通念上相当であると認められない場合は、その権利を濫用したものとして、無効とする。

解雇権濫用法理の内容

労働契約法 16 条により、使用者が労働者を解雇した場合であっても、その解雇が①客観的に合理的な理由を欠くか、②社会通念上相当であると認められない場合には、解雇は無効とされます。したがって、使用者は、**①客観的合理的理由**と、**②社会的相当性**という、２つのハードルをクリアしない限り、労働者を有効に解雇することはできません。

２つの要件の中身を、以下でもう少し詳しく見ていきましょう。

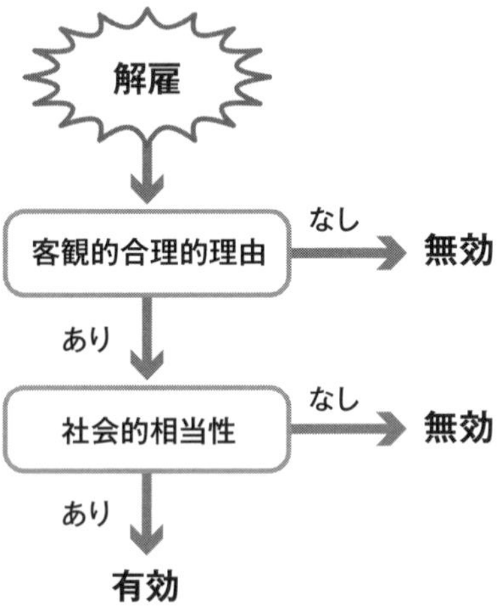

①客観的合理的理由

１つ目の要件である**客観的合理的理由**とは、解雇の根拠となる合理的な理由が存在することを意味しています。使用者が恣意的に労働者を解雇することは許されないということです。

客観的合理的理由は、以下の４つの事由に大別されます。

第１は、**労働能力や適格性の欠如・喪失**です。たとえば、怪我や病気により働けなくなった場合や、著しい能力不足・成績不良などがこれにあたります。重要な経歴の詐称により労使間の信頼関係が喪失したと認められるような場合も、この事由にあたると考えられます。

第２に、**労働者の規律違反**も、解雇の客観的合理的理由にあたります。規律違反の具体例としては、無断欠勤や遅刻・早退を繰り返すなどの職務懈怠、上司の指示・命令に従わないなどの業務命令違背、労働組合の争議行為により自社の業務を妨害する行為などが挙げられます。

第3は、**整理解雇の必要性**が認められる場合です。整理解雇とは、企業が経営上必要とされる人員削減のために行う解雇のことをいいます。整理解雇はあくまで使用者の都合でなされるものであり、労働者に何ら落ち度はありません。整理解雇の有効性については、次ページ以下でより詳しく検討することにします。

第4は、**ユニオン・ショップ協定**による解雇です。ユニオン・ショップ協定とは、使用者が労働協約において、労働組合に加入しない労働者を解雇する義務を負う制度です。この制度は、労働組合の組織力を強くし、使用者との交渉力を有利に運ぶことを目的として利用されるものです。ユニオン・ショップ協定がある場合、労働者は労働組合に加入することを強制されることになります。

解雇が以上の4つの事由のいずれかに該当する場合には、解雇の客観的合理的理由という1つ目のハードルをクリアすることになります。

②社会的相当性

解雇に客観的合理的理由が認められる場合であっても、裁判所はさらに、その解雇が**社会通念上相当であるといえるか**を審査します。この要件は、解雇が労働者にとって過酷なものとならないかという点を総合的に判断することにより、労働者を保護する役割を果たしています。

たとえば、アナウンサーが寝坊により早朝のラジオニュースを放送できないという事故を2週間あまりの間に2度起こして解雇された事案において、最高裁判所は、これを理由とする解雇は過酷であるとして、この解雇は権利濫用にあたり無効であると判示しました[17]。

17 最判昭和52年1月31日

整理解雇の有効性に関する４要素

● ４つの要素とは

先ほど説明したとおり、**整理解雇**は、企業の経済的事情により労働者が一方的に解雇されるものです。そのため、整理解雇の場合は、一般的な解雇権濫用法理の場合に比べ、解雇の有効性をより厳しく判断すべきであると考えられています。

具体的には、裁判所は以下の４つの要素に着目し、整理解雇の有効性を判断することになります。

整理解雇の有効性

①人員削減の必要性
②人員削減の手段として整理解雇を選択することの必要性（解雇回避努力義務）
③解雇対象者選定（人選）の合理性
④解雇手続の妥当性

１つ目の要素は、**人員削減の必要性**です。そもそも整理解雇は、企業の経営状況の悪化に伴い、やむをえず労働者を解雇するものです。したがって、企業の経営状況に照らして人員削減が必要であるといえないような場合には、整理解雇は許されません。

たとえば、整理解雇の直後に大量の新規採用を行っているような場合には、そもそも人員削減の必要性があったのかが疑われます。

２つ目の要素は、**人員削減の手段として整理解雇を選択することの必要性**です。人員削減を行う方法としては、配転・出向、新規採用停止、希望退職の募集など、さまざまなものが考えられます。整理解雇は、これらの手段を尽くしてもなお人員を削減せざるをえない場合にのみ認められる、いわば「最後の切り札」です。

したがって、使用者には、まずこれらの手段によって解雇を回避するよう努力すべき義務（**解雇回避努力義務**）があると考えられています。
使用者が解雇回避努力義務を尽くしていない場合には、整理解雇が無効と判断されることがあります。

3つ目の要素は、**解雇対象者選定（人選）の合理性**です。整理解雇がやむをえない場合であっても、解雇の対象者の選定について客観的で合理的な基準を設定し、これを公正に適用することが求められます。このような基準をまったく設定しない整理解雇や、恣意的な基準による整理解雇は無効とされます。
たとえば、労働組合員や共働きの女性を対象とするなど、法令（労働組合法7条、男女雇用機会均等法6条4号）に違反するような基準で解雇の対象者が選定された場合には、合理的に人選がなされたということはできません。

4つ目の要素は、**解雇手続の妥当性**です。労働協約により使用者に労働組合との協議が義務づけられている場合には、協議を経ない整理解雇は労働協約違反として無効となりえます。また、このような労働協約上の規定がない場合であっても、使用者が労働者側に十分な説明を行わないような場合には、整理解雇が無効と判断される可能性があります。

●ケース2の解雇の有効性

ここで、253ページで紹介したケース2を思い出してみてください。まさに整理解雇の有効性が問題となる事案でしたね。4要素の観点から、この事案を検討してみましょう。

まず、実際に会社が経営不振に陥っているような場合には、①人員削減の必要性は認められるでしょう。
もっとも、この会社では希望退職者の募集が行われていないため、②解雇回避努力義務が尽くされたといえない可能性があり、人員削減の手段として整理解雇を選択することの必要性が認められるかは疑問です。また、解雇対象者を選定する際には勤怠状況や年齢・家族状況などを考慮すべきものといえますが、20年以上真面目に勤務し、年齢的に転職も難しい従業員がその対象とされたことについては、③解雇対象者選定（人選）の合理性が認められるのか、疑わしいといえます。

なお、リストラに先立つ会社側と労働組合との協議がしっかりと行われたのであれば、④解雇手続の妥当性については特に問題は生じないと考えられます。

ケースに書かれた事情だけで結論を出すことはできませんが、もし今回の整理解雇の有効性が裁判で争われた場合には、以上のような観点に基づく総合判断が行われることになります。

4 労働組合法の概要と重要テーマ

労働組合法の目的

労働組合法は、憲法28条[18]が保障する**労働三権（団結権・団体交渉権・団体行動権）**を具体化する役割を果たす法律です。

労働者と使用者の交渉力には大きな差があるため、労働者一人ひとりが個別に使用者と交渉をしていても、労働条件の改善は期待できません。そこで労働組合法は、「労働者が使用者との交渉において対等の立場に立つことを促進することにより労働者の地位を向上させる」（1条1項）として、労使対等という理念を掲げています。

そして、労使対等を実現するため、労働組合の結成・運営やその団体行動を擁護し、使用者側との団体交渉を助成することが、労働組合法の

18 憲法28条「勤労者の団結する権利及び団体交渉その他の団体行動をする権利は、これを保障する。」

目的であるということができます。

労働組合法の３つのキーワード

この節では、団体交渉・団体行動・不当労働行為という、労働組合法の中心的な役割を果たす３つのキーワードを紹介します。それぞれの意味を、順に見ていきましょう。

●団体交渉

団体交渉とは、労働組合と使用者が労働条件や労使関係上のルールに関して合意することを目的として行う交渉のことをいいます。団体交渉権は憲法28条で保障されていますが、労働組合法はそれを一歩進めて、団体交渉について刑事上・民事上の免責を定め、不利益取り扱いを禁止しています[19]。

使用者には誠実に団体交渉に応じる義務（**誠実交渉義務**）があるとされており、たとえば、合意達成の意思がないことを最初から明確にするような交渉態度や、労働者側の主張を全面的に拒否する回答のみを行い実質的な検討に入ろうとしない交渉態度は、誠実交渉義務違反となります。

●団体行動

団体行動も憲法28条によってその権利が保障されており、争議行為と組合活動に分けられます。

争議行為とは、ストライキ・怠業・ピケッティングなど[20]、労働者がその主張を貫徹することを目的として行う、業務の正常な運営を阻害する行為のことをいいます。争議行為を行う権利である争議権は、団体交渉における労働者の立場を強化し、交渉の行詰まりを打開するために重

19　労働組合法1条2項、7条1号、8条

20　「怠業」とは、外形的には労務の提供を行うものの、意図的にその能率を低下させることをいいます。「サボタージュ」ともいい、「サボる」という言葉の語源にもなっています。
「ピケッティング」とは、業務を通常通り遂行しようとする使用者側の人間の妨害や、取引先による原材料・製品の搬入の阻止、さらにはスト参加者の脱落防止のために、見張り・言論による説得・座り込み・その他の有形力の行使などを行うことをいいます。

要な権利です。

他方で、**組合活動**とは、労働組合による業務の正常な運営を阻害しない種々の活動のことをいい、具体的には、ビラ貼り・ビラ配布・組合集会の開催・デモの実施などがこれにあたります。組合活動を行う権利である組合活動権は、労働組合の活動を日常的に保障する権利であるとされています。

なお、争議行為も組合活動も団体行動であることには変わりないため、それぞれの基準を満たす限り、刑事免責、民事免責、不利益取り扱いの禁止という保護を受けることになります。

●不当労働行為

不当労働行為とは、労働組合法７条各号に定められた、使用者による労働組合又は労働者に対する不公正な行為のことをいいます。大まかにいうと以下の３種類の行為が不当労働行為として禁止されています。

(1) 労働組合員であることや労働組合の正当な行為をしたことなどを理由に不利益な取り扱いをすること（７条1号・４号)
(2) 正当な理由なく団体交渉を拒否すること（７条2号)
(3) 労働組合の結成や運営を支配しそれに介入すること（７条3号)

たとえば、先ほど説明した使用者の誠実交渉義務違反は、正当な理由なく団体交渉を拒否したとして、(2) の不当労働行為にあたります。

使用者が不当労働行為を行った場合、労働組合や労働者は、不法行為に基づく損害賠償請求訴訟を提起するなどの司法救済の他、労働委員会による行政救済を受けることができます[21]。

21 労働委員会は、労使関係に専門的な知見を持ち、必要に応じて救済命令を発する権限を持つ行政委員会です。たとえば、使用者に対し、解雇された労働者の原職復帰及びその間得られたはずの賃金の支払い（バックペイ）を命じたり、団体交渉に応じるよう命じたりします。

ケース3の解説

最後に、ケース3について検討しましょう。労働組合員たちは、ストライキの際に会社が所有するタクシーの鍵を保管し、タクシーの側に座りこんでいますが、これらの行為は争議行為（ピケッティング）にあたります。

本件では、使用者であるあなたは労働組合に対して損害賠償を請求することを検討していますが、ここでは、争議行為に関する損害賠償について定める労働組合法8条に注意が必要です。

> **労働組合法8条（損害賠償）**
> 使用者は、同盟罷業その他の争議行為であつて正当なものによつて損害を受けたことの故をもつて、労働組合又はその組合員に対し賠償を請求することができない。

同条は、正当な争議行為をした労働組合やその組合員が損害賠償責任を追及されないことを定めています。ケース3においては、組合員たちによる行為が8条の「争議行為であつて正当なもの」にあたり、損害賠償責任が発生しないことになるのかが問題となります。

一般論として、争議行為がストライキのように「労務の不提供（停止)」という消極的な態様にとどまる限り、正当性が認められます。しかし、争議行為といえども使用者の財産権との調和が要請されるため、労働者たちが職場や企業施設を排他的に占拠して使用者による営業を妨害するような行為は、正当な争議行為とは認められていません。

ピケッティングとしてどこまでの行為が許されるかはさまざまな議論があるところですが、判例は、平和的説得（言論による説得）は正当性が認められるものの、それ以上の実力行使は許されないという厳格な立場をとっています[22]。

したがって、ケース3のような方法で使用者による営業用タクシーの運行を阻止する行為は正当な争議行為といえず、民事上の免責は認められません。よって、これらの行為を行った労働組合には、損害賠償を請求することができます。

22 最判平成4年10月2日

第11章のポイント

▶ 使用者と労働者の間の労働条件を定める法的ツールを効力の強い順に並べると、**法令→労働協約→就業規則→労働契約**となる。

▶ 使用者が労働者に時間外労働や休日労働をさせるためには、三六協定が必要となる。また、**時間外労働・休日労働・深夜労働**については割増賃金を支払わなければならない。

▶ **解雇権濫用法理**により、解雇には①**客観的合理的理由**と、②**社会的相当性**という2つのハードルがある。①客観的合理的理由は、労働能力や適格性の欠如・喪失、労働者の規律違反、整理解雇、ユニオン・ショップ協定による解雇という4つの事由に分けられる。

▶ 整理解雇の有効性は、①**人員削減の必要性**、②**人員削減の手段として整理解雇を選択することの必要性（解雇回避努力義務）**、③**解雇対象者選定（人選）の合理性**、④**解雇手続の妥当性**という4つの要素を含む諸事情を総合的に考慮して判断される。

▶ **団体交渉**とは、労働組合と使用者が労働条件や労使関係上のルールに関して合意することを目的として行う交渉のことをいい、使用者には**誠実交渉義務**がある。

▶ **団体行動**は、**争議行為**（労働者がその主張を貫徹することを目的として行う、業務の正常な運営を阻害する行為）と**組合活動**（労働組合による業務の正常な運営を阻害しない種々の活動）とに分けられる。

▶ **不当労働行為**とは、労働組合法7条各号に定められた、使用者による労働組合又は労働者に対する不公正な行為のことをいう。

第 12 章

倒産法

第12章の概観

- ▶第1節では、そもそも社会に倒産法が必要となる理由や、倒産処理手続の種類（**破産・特別清算・民事再生・会社更生**）について説明します。

- ▶第2節では、**倒産法の目的**について皆さんと一緒に考えていきます。ここでは、倒産法では誰のどのような利益が対立するのか、ポイントをしっかりおさえておきましょう。

- ▶第3節では、倒産法の中でも最も重要な**破産手続**の流れを解説します。ここが本章の勉強の中心になります。

- ▶続く第4節では破産以外の手続きについても簡単に説明していきます。破産手続との違いを意識しながら読み進めると、理解が深まります。

この章では、企業や個人の倒産や破産に関する法律について勉強します。「倒産」という言葉を聞いて、皆さんはどんなイメージを持つでしょうか？　何となく、恐ろしいもののような気がしますよね……。

法律の解説を始める前に少し寄り道をして、この章では、一昔前の貸金業者の物語である『ナニワ金融道』という漫画の一場面をのぞいてみたいと思います。まずは第１巻の表紙を見てみてください。

いいですね〜、お金数えていますね〜（笑）『ナニワ金融道』には数々の修羅場が描かれているため、企業や個人の倒産がどのようにして起こるのかのイメージを持つことができます。もっとも、倒産法の分野では近年法改正が多く、実務も大きく変化している点には注意してくださいね。

1 倒産法の世界

倒産のイメージ

『ナニワ金融道』は大阪の貸金業者を描いた漫画ですので、「破産」や「倒産」という言葉が日常的に出てきます。もっとも、これらの言葉が持つ意味は、場面によって大きく異なるようです。たとえば、第1巻には次のようなシーンが出てきます。

出所：青木雄二『ナニワ金融道　第1巻』（講談社、1991年）

なかなかシリアスですね……。物語の主人公・灰原が所属する帝国金融に追い込まれた経営者が会社の倒産を決意するこのシーンでは、倒産が人生の終わりを意味するようなものとして描写されています。

他方で、同じく1巻には以下のような場面も登場します。

①

②

③

出所：青木雄二『ナニワ金融道　第１巻』（講談社、1991 年）

これは、多重債務に苦しむ正子という女性が、灰原の勧めで破産をしたときのシーンです。

「ほかのサラ金に申しわけなくて……」と言う正子に対して、灰原は優しく前向きな言葉をかけています。これを見ると、正子や灰原にとって、破産はポジティブなものとしてとらえられているようです。

以上の２つのシーンで債務者の倒産（破産）に対する態度が対照的なのは、倒産や破産の目的は１つではなく、その要件や効果も、利用する手続きによってまちまちであるためです。『ナニワ金融道』は、１巻目にして倒産（破産）の多様性を示してくれる名作といえますね。

この章では、倒産手続の種類や破産法の概要などについて解説をしていくことにします。

倒産法とは

倒産というと、「会社が潰れる」というイメージを持つ人も多いと思いますが、厳密にいうと、倒産法における**倒産**は、個人・法人を問わず経済的に破たんしていること、つまり、債務者が自らの債務を返済できない経済状態を指しています。

資本主義社会における自由な経済活動においては、企業価値をより高めるために借金をして資金調達を行ったり、信用取引を行ったりすることがありますが、その結果として巨額の債務を抱え込んでしまうことがあります。また、個人が多重債務に陥り、どうにも首が回らない状態に陥ることもあります。このような状態を倒産と呼んでいるのです。

ちなみに、この章のタイトルは「倒産法」ですが、実際に倒産法という名前の法律が存在するわけではありません。**倒産法**とは、企業や個人の倒産を処理する法律（破産法、民事再生法、会社更生法、会社法のうち特別清算手続について定めた部分など）の総称です。

倒産処理手続の種類

企業や個人の倒産を処理する手続きは、清算型手続と再生型手続とに大別されます。

清算型手続とは、債務者の総財産をお金に換えて債権者に平等に分配するもので、これには**破産**や**特別清算**といった手続きがあります。本章での勉強の中心となる破産法は、自然人と法人の両方を対象とする清算型手続の一般法に位置づけられます[23]。

他方で、**再生型手続**とは、債務者の事業や経済生活を立て直し、その事業を継続しつつ、そこから生じる収益・収入によって債権者の債権を満足させる手続きです。再生型手続としては、**民事再生**や**会社更生**が用

23　特別清算は解散した株式会社のみが対象となる手続きであり、会社法のうち特別清算手続について定めた部分は、清算型手続の特別法にあたります。

意されています。民事再生法は自然人及び法人を対象とする再生型手続の一般法であるのに対し、会社更生法は株式会社のみを対象とする特別法にあたります。

比喩的にいえば、清算型手続は、債務者の経済活動に「終止符を打つ」手続きであるのに対し、再生型手続は、まだ幾分かの体力が残っている債務者の将来の活躍に期待して、債務者を「生き返らせる」ための手続きです。

基本的に、ここに登場した各手続きのいずれを選択するかは、債務者（申立人）の選択にかかっています。したがって、実務において債務者が倒産という事態に直面した場合には、それぞれの手続きのメリット・デメリットをよく理解し、その中から最も合理的な手続きを選択することが求められます。

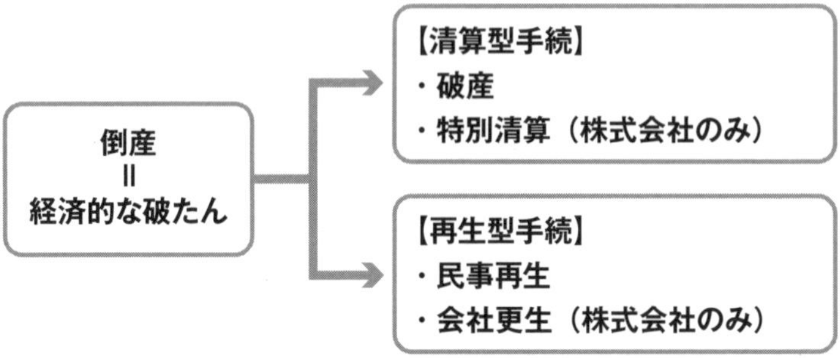

2 誰のための倒産法？——倒産法の２つの目的

次に、倒産法の目的について考えていきましょう。

倒産法の目的についてはさまざまな考え方がありますが、倒産を問題にする以上、倒産法は**「債務者が債権者に債務を返済することができず、**

経済的に破たんした」という問題を処理するためのルールであるといえます。したがって、倒産法における最も重要なプレーヤーは債権者と債務者です。

そこで以下では、「債権者のための倒産法」、「債務者のための倒産法」という2つの視点から、倒産法の目的を説明することにします。

債権者のための倒産法（債権者間の公平と総債権者の満足）

第1に、倒産法の最大の目的は、**債権者間の権利の公平な実現を図り、総債権者の満足を最大化する**点にあると考えられています。これは、倒産法が「債権者のための制度」であるということを意味しています。

つまり、個々の債権者の権利行使を制約し、特定の債権者による「早い者勝ち・一人勝ち」を防ぐことで債務者の財産を平等に分配することが倒産法の重要なテーマとなります。

債務者が経済的に破たんした場合、債権者たちは、少なくとも自分の債権だけは回収しようとあらゆる手段を講じようとします。

たとえば、債権者たちは、債務者の所に飛んで行って、情に訴えたり脅迫的な言動を使ったりして、強引に自己の債権の弁済を迫る可能性があります。また、債務者の財産（事業で使用していた工業機械など）を差し出させて、それをお金に換えようとする者も出てきます。

しかし、このような行為を許してしまっては、債権者の取り立てがいわば「早い者勝ち」となってしまいます。これでは、債権回収のレースに出遅れた債権者は、一切債権を回収することができませんね。そして、早い者勝ちのレースに敗れた債権者の経営も破たんし、倒産の連鎖が起きてしまうおそれがあります。

このような、特定の債権者の早い者勝ち・一人勝ちを防ぐために存在するのが、倒産法における各種の手続きなのです。

債務者のための倒産法（債務者の経済的再生）

倒産法の中には、危機に瀕した債務者に救いの手を差し伸べ、経済的な再生を手助けするための制度も存在します。この意味で、倒産法は**債務者の経済的再生**を目的とする制度であるといえます。

たとえば、破産法１条には「債務者について経済生活の再生の機会の確保」を図ることを目的とすることが明記され、個人の破産者には**破産免責**[24]による再スタートも用意されています。冒頭で紹介した『ナニワ金融道』の２つ目のシーンで、灰原は破産をした正子に「一から出直すことだけ考えていればいいんだよ」という声をかけていますが、このセリフは、倒産法が「債務者のための制度」であることを表しています。

また、民事再生法、会社更生法などの再生型手続においては、債務者の再生が主たる目的となっています。

以上のとおり、倒産手続は、債権者のための制度であると同時に、他方で債務者のための制度でもあります。倒産法について学ぶときには、この２つの視点を常に頭に入れておきましょう。

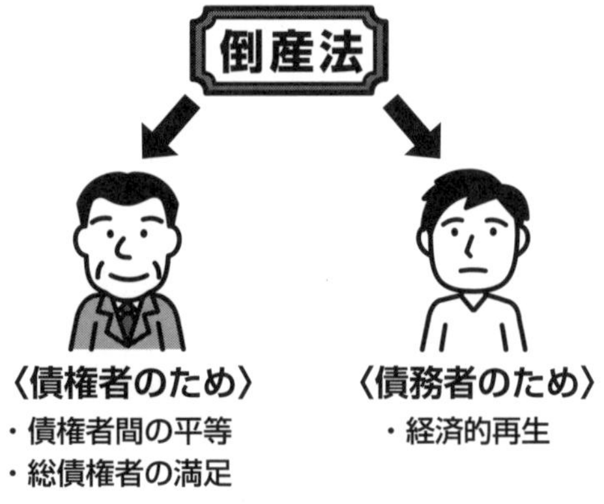

24 破産免責については、293ページで詳しく説明しています。

3 破産法——破産手続の流れ

破産手続の全体像

それではいよいよ、倒産法における個別の手続きについて勉強していきましょう。まずは、あらゆる自然人及び法人が利用することができ、我が国の倒産法の基本形ともいえる**破産法**から始めます。

破産法を理解するためには、破産手続の大まかな流れを頭に入れることが最も近道です。きわめて大ざっぱですが、破産手続は以下の3ステップに分けることができます[25]。用語の意味はまだわからなくてよいので、まずは次のチャートにざっと目を通してみてください。

ステップ1　破産手続の開始

・破産申立て（15条～29条）
・破産手続開始原因（15条・16条）
・破産手続開始決定（30条）

↓

ステップ2　「配当すべき財産」と「配当を受ける債権」の確定

①配当の基礎となる財産の確定

・破産財団の管理・占有（78条・79条・156条等）
・財産状況の調査（153条～159条）
・従前の法律関係の処理（52条～61条）
・否認権の行使（160条～176条）
・取戻権（62条～64条）、別除権（65条・66条）、相殺権（67条～73条）
・財産の換価（78条2項～4項）

②配当を受ける破産債権者の範囲・債権額の確定

・債権届出（111条～114条）
・破産債権者表の作成（115条）
・債権調査（116条）
・債権確定手続（124条～133条）

↓

ステップ3　破産手続の終結

・配当手続
・破産手続終結の決定（220条）
・破産廃止（216条～219条）
・破産以外の手続への移行

25　破産法の手続きは非常に複雑ですが、本章では、厳密さをやや犠牲にして、わかりやすさを重視した解説を行っていきます。

先ほど述べたとおり、破産手続は、破産者の財産を破産債権者に平等に分配する手続きです。なお**破産債権者**とは、破産債権を有する債権者のことをいいます。**破産債権**は「破産者に対し破産手続開始前の原因に基づいて生じた財産上の請求権……であって、財団債権に該当しないものをいう」と定義されていますが、少し難しいので、ここでは「破産前から破産者に対して有していた債権」だとイメージしておけばよいでしょう[26]。

平等な分配を行うためには、破産手続開始（ステップ1）の後、配当すべき破産者の財産がどれくらいかを確定させるとともに（ステップ2－①)、破産債権者が何人いて、それぞれの破産債権の額がいくらであるかも確定させる必要があります（ステップ2－②)。

以上の手続きを経て「配当すべき財産」と「配当を受ける債権」が確定したら、最後に破産債権者に対する配当を行う（ステップ3）というのが、基本的な流れになります。**配当**とは、破産者が有していた財産を換価して得た金銭を、破産債権者の債権額の割合に応じて分配する手続きのことです。

以下では、それぞれのステップについてより詳しく説明していきます。

ステップ1　破産手続の開始

●破産手続開始決定の要件（破産手続開始原因）

多額の債務があれば誰でも自由に破産手続を利用できるというわけではなく、**破産手続開始原因**という形で、法律により要件が定められています。

まず、破産手続は債権者又は債務者による破産申立てによってスタートするのが基本です（このうち、債務者により申立てられる破産手続は「自己破産」と呼ばれます)。

26　2条5号・6号

破産手続の申立てがなされると、裁判所は、以下で説明する破産手続開始原因にあたる事実がある場合には、**破産手続開始決定**を行います[27]。

法人・自然人共通の破産手続開始原因として、破産法は「支払不能」を掲げています[28]。**支払不能**とは、「債務者が、支払能力を欠くために、その債務のうち弁済期にあるものにつき、一般的かつ継続的に弁済することができない状態」[29]と定義されます。つまり、総債務と支払能力とを比較して、債務を弁済できない状態が続くと考えられる場合には、支払不能であると評価されるということです。

もっとも、支払不能の認定は、債務者の総債務と、財産や信用・収入に基づく支払能力とを総合的に判断する必要があるので、必ずしも容易ではありません。そこで破産法は、支払停止があれば支払不能が推定されることを定めています[30]。**支払停止**とは、債務者が一般的に弁済できない旨を外部に表示する債務者の行為のことをいいます。

たとえば、銀行取引停止処分の前提となる不渡手形を生じさせたり、債務を支払えない旨を債権者に通知する行為がこれにあたります。また、いわゆる「夜逃げ」も、黙示的な表示として支払停止にあたります。

さらに破産法は、債務者が法人である場合には、**債務超過**（「債務者が、その債務につき、その財産をもって完済することができない状態」[31]、すなわち、法人の債務額の総計が資産額の総計を超過している状態）も、支払不能と並ぶ破産手続開始原因の１つとして掲げています。

27　30条１項
28　15条１項
29　２条11号
30　15条２項
31　16条１項

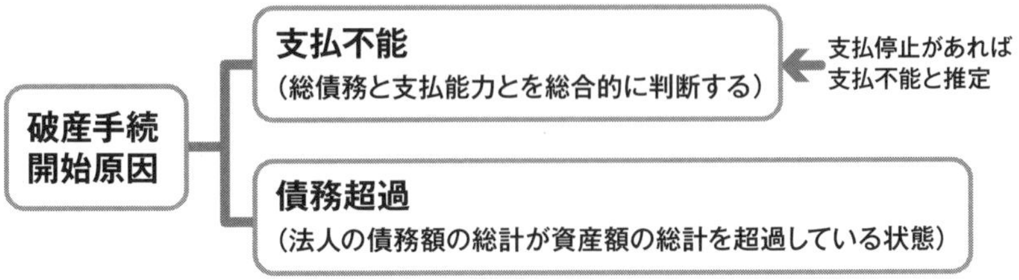

●破産手続開始決定の効果

破産手続の申立てがあり、破産手続開始原因にあたる事実があると認められる場合、裁判所は破産手続開始決定を行います。破産手続開始決定があると、破産手続の申立てをした人は**「破産者」**となります。破産者にはどんな試練が待ち受けているのでしょうか……？

破産手続開始決定の効果として特に重要なものは、以下の２つです。

１つ目は、破産者の**財産の管理処分権がはく奪され、破産管財人だけがそれを行使できる**ようになることです[32]（破産者が破産手続開始の時において有する一切の財産を**「破産財団」**といいます[33]）。つまり、破産手続開始決定により破産者は基本的に自分の財産を管理・処分することができなくなるということです。

他方で、裁判所と協力して破産手続を取り仕切るのが、破産管財人です[34]。**破産管財人**とは、破産手続において裁判所により選任され、破産者の財産を管理・処分する権利を有する者のことをいいます[35]。

破産管財人には、「配当の基礎となる財産」を最大限確保してこれをお金に換え、「配当を受ける破産債権者の範囲・債権額」も確定させた上で、破産債権者への公平・公正な配当を実現するという重要な任務が課せられています。

32 78条１項
33 ２条14号、34条１項
34 通常は、裁判所から選任された弁護士が破産管財人を務めます。
35 ２条12号

破産手続開始決定の２つ目の重要な効果は、**破産債権者の個別的権利行使が禁止され、破産手続（配当）によらなければ債権の弁済を受けることができなくなる**ということです[36]。そのため破産債権者は、破産手続開始決定があった後は、破産財団に属する財産に強制執行をかけることができなくなります[37]。

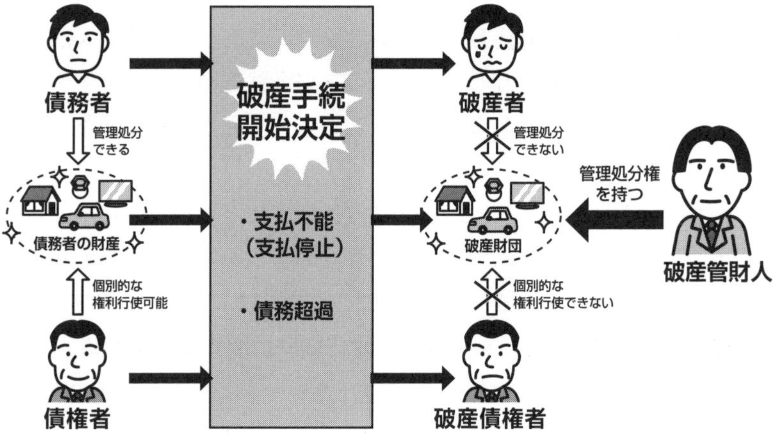

ステップ2-①　配当の基礎となる財産の確定

●破産管財人の仕事

ステップ2において、破産管財人は、次のステップで配当を行うために「配当すべき財産」と「配当を受ける債権」を確定するという役割を担います。

すなわち、破産管財人は、「配当の基礎となる財産」を確定し（ステップ2-①)、「配当を受ける破産債権者の範囲・債権額」を確定する(ステップ2-②) という２つの作業を、同時並行で行っていくわけです。

36　100条１項
37　42条１項・２項

ここではまず、ステップ2-①について説明します。

破産管財人は破産債権者に公平な満足を与えるため、破産財団に属する財産を把握し、それを整理・清算して配当の基礎となる財産を形成する必要があります。

そのために、破産管財人は、破産財団に属する一切の財産の価額を評価し、それに基づいて**財産目録**を作成します。また、破産管財人は、破産財団に属する財産を売却したりすることで金銭に換えていきます。物や権利を配当しやすい「お金」に換えることで、配当の基礎となる財産を作っていくわけです。

これらの作業を円滑に行うため、破産管財人には特別な権利がいくつも認められています。以下では、そのうちの2つを紹介しましょう。

●破産管財人の権利（1）――双方未履行債務に関する解除権等

破産手続開始の時点までに義務が履行されていない契約がある場合、原則として、破産管財人は、契約を解除するか、破産者の債務を履行して相手方の履行を請求するかを選択することができます[38]。

たとえば、AがBに自動車を売却する契約が締結された後に、双方の債務が履行されていない状態でAが破産した場合、Aの破産管財人は、この売買契約を解除するか、又はBに自動車を引き渡して代金の支払いを請求するかを選択することができます。

●破産管財人の権利（2）――否認権

先ほど説明したとおり、破産手続が開始されると破産財団に属する財産の管理処分権は破産管財人に専属することになりますが、破産手続開始前には、債務者は自由に財産を処分できるのが原則です。

しかし、財産状態が悪化した債務者は、少しでも資金を調達しようと

---

38 53条

して財産の不当な安売りをしたり、長年付き合いのある債権者のみに弁済を行ったりすることがよくあります。このような行為は、本来破産債権者への配当にあてられるべき財産を不当に減少させ、債権者間の公平を害する行為といえます。

そこで破産法は、破産管財人に対して、破産手続開始前にされた破産債権者を害する行為の効力を否定して、その行為によって出て行った財産を破産財団に回復する権利を与えました。これを、**否認権**と呼びます[39]。

たとえば、破産手続開始決定の直前に、債務者（破産者）が1000万円相当の土地を100万円で売り渡してしまったり、多くの債権者がいるにもかかわらず、1人の債権者だけに多額の弁済をしたような場合には、破産管財人は事後的に否認権を行使して、売買契約や弁済の効力を否定することができます。

ステップ2-②　配当を受ける破産債権者の範囲・債権額の確定

ステップ2-①は、配当すべき財産を形成するという作業でしたが、ステップ2-②は、その財産を誰にどれだけ分配するかを決める作業です。破産債権者が破産債権の弁済を受ける方法は、以下の通り、基本ルートと例外ルートの2つに分けることができます。

●基本ルート：配当による破産債権の弁済

先ほどお話ししたとおり、破産手続開始決定により破産債権者の個別的権利行使が禁止され、原則として破産手続（配当）によらなければ債権の弁済を受けることができなくなります。

このように、破産債権者は、**配当を受けることで債権を満足させる**のが基本です。そして、破産債権者に対する配当を実現するため、破産管財人は、配当を受ける破産債権者の範囲やその債権額を確定していく任

39　160条～176条

務を負っています。

具体的には、まず債権者は、裁判所の定める期間内に債権額などを届け出て、破産手続への参加を申し立てます[40]。この届出の後、**破産債権者表**という一覧表が作成され、届け出られた債権について、債権の存否や額などの点について調査が行われます。

届出債権の調査を経て破産債権が確定すると、これに基づきステップ3で説明する配当が行われます。

以上が、破産債権者が破産手続に従って債権回収を図るルートです。これは、破産法における債権回収の基本形ということができます。

●例外ルート：優先的な弁済を受けられる場合

破産債権の中には上記の基本ルートに乗らず、優先的な弁済を受けることができるものもあります。以下では、このような例外的なルートとして、別除権と相殺権について説明します。

破産財団に属する財産について抵当権などの担保権を有する者は、その財産について、破産手続（配当）によらずに優先弁済を受ける権利を有しています。この権利は、他の債権から特別に除外して弁済を受けられる権利という意味で、**別除権**と呼ばれています[41]。

たとえば、AがBに対して1000万円を貸し付けるにあたり、Bの所有する土地に抵当権が設定されたとします。その後、Bが破産した場合であっても、Aは別除権を有するため、その土地を競売にかけて優先的に弁済を受けることができます。この場合、Aは破産手続における配当によることなく、債権を回収できることになります。

40 111条1項
41 2条9号、65条

また、破産債権者が破産者に対して債務を負担する場合には、破産手続によらずに相殺をすることができ、この権利を**相殺権**といいます[42]。

破産債権者は破産手続によるわずかな配当しか得られないのが通常ですが、相殺権がある場合、破産債権と同額の債務を帳消しにすることができるため、完全な弁済を受けたのと同じ効果を得ることができます。

たとえば、AとBが、互いに相手方に対して1000万円の債務を負っている場合に、Bが破産したとします。この場合、AはBに対する相殺権を行使し、自らの1000万円の債務を消滅させることにより、Bに対する1000万円の支払いを免れ、実質的にBに対する債権の全額を回収することが可能になるのです。

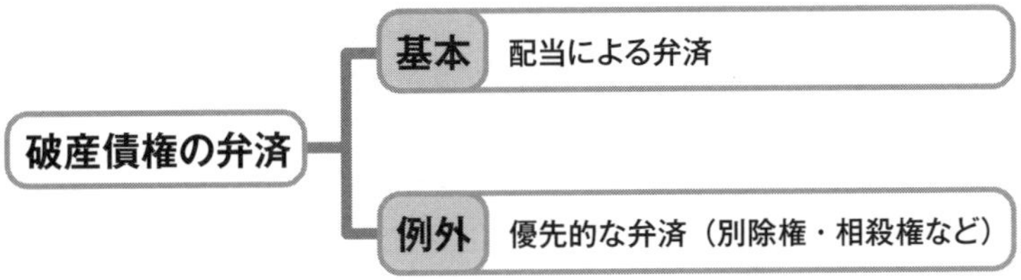

ステップ3　破産手続の終結

●配当による破産手続の終結

以上の手続きを経て、「配当の基礎となる財産」と「配当を受ける破産債権者の範囲・債権額」が確定すると、いよいよ配当（**最後配当**[43]）が待っています。

破産債権にはその種類によって順位（優劣関係）がつけられており、配当はその順位に従って行われます。同じ順位の破産債権の中ではそれぞれの債権額の割合に応じて配当がなされますが、上位の破産債権者が

42　67条
43　配当の基本形は、本文で解説する最後配当（すべての破産財団を換価し終えた上で行われる配当）です。配当には、最後配当の他に、中間配当（209条）・追加配当（215条）・簡易配当（204条）・同意配当（208条）といった種類があります。

全額の満足を得ないと、その次の順位の破産債権者に配当が行われることはありません[44]。

破産債権の順位は次の表のとおりですが、少し込み入った内容になるので、軽く見ておくだけでOKです。

たとえば、①優先的破産債権を持つ破産債権者AとBがおり、②一般の破産債権を持つCがいる場合、AとBの持つ破産債権全額の満足を得てもなお余りがない限り、Cが配当を受けることはできません。

①優先的破産債権 （雇用関係に基づき生じた債権、日用品供給に基づく債権など）	破産財団に属する財産について一般の先取特権（民法306条以下）などがある破産債権です。特定の財産についての担保権には別除権が認められますが、一般の先取特権は総財産を対象としているので、被担保債権が優先的破産債権とされるにとどまっています。
②一般の破産債権	①③④以外の破産債権は、すべてこの「一般の破産債権」にあたります。
③劣後的破産債権 （破産手続開始後に発生した金利など）	他の債権との公平から、一般破産債権より劣後的に取り扱うべきであると考えられる破産債権です 。
④約定劣後破産債権	破産債権者と破産者との間で、破産手続上の配当の順位が劣後的破産債権に後れる旨の合意がなされた債権です[45]。

●目的を達成しない場合の破産手続の終結

以上のように、破産手続が進行して配当が実施されれば、部分的にせよ破産債権の満足が得られ、破産手続はその目的を達成して終結することになります。

これに対し、破産手続がその目的を達成しないで終結せざるをえない場合もあります。すなわち、破産手続にかかる諸費用を賄うだけの破産財団すらなく、配当の見込みがまったくないような場合、破産手続は同

44 194条
45 99条2項

時廃止や異時廃止といった形で終結します。

同時廃止とは、破産手続開始決定と同時に破産手続廃止の決定がなされる場合をいいます[46]。個人の破産事件は同時廃止となるケースも多く、破産手続が始まると同時に終わってしまいます[47]。それでは、何のためにわざわざ破産をするのでしょうか？　ここでポイントとなるのが、**破産免責**という制度です。

法人が破産をする場合、破産により法人は消滅してしまうので、破産手続終了後にその法人がさらに債務を負い続けることはありません。これに対し、個人が破産者となる場合、破産手続によってその個人が「消滅」することはないため、破産者はいつまでも債務の弁済に苦しむことになりかねません。

そこで用意されているのが、裁判所の決定により、破産者は配当によって弁済されなかった残りの債務全額について責任を免れることができるという破産免責の制度です。

多額の債務を負っていた個人も、破産免責を利用することにより、一度それまでの債務を0にして、人生の再出発を図ることができます。したがって、個人の破産においては、破産免責の決定を得ることが主要な目的になります。冒頭で紹介した『ナニワ金融道』の正子のシーンが、まさにこれですね。

このように、破産免責は、債務者の経済的再生という倒産法の目的の1つを実現するための制度であり、倒産法が「債務者のための制度」であることを端的に表しているということができます。

なお、いったん破産手続が開始された後に十分な財産がないことが判明した場合にも破産手続は廃止され、これを**異時廃止**と呼んでいます[48]。

46　216条
47　同時廃止の場合、破産手続開始決定がされると同時に破産手続が終結するため、破産管財人は選任されず、配当なども行われません。
48　217条

4 その他の倒産処理手続

ロースクールで勉強の中心となるのは破産法ですが、実務的にはその他の倒産処理手続も重要です。そこで最後に、清算型手続である特別清算と、再生型手続である民事再生や会社更生の手続きについても、概要を簡単に説明しておきます。

特別清算

特別清算は会社法の規定を根拠とする清算型手続の1つであり、株式会社について清算手続が開始されていることが前提となります[49]。

株式会社の清算手続とは、会社が活動を終了して法人格を消滅させようとする場合に、株主総会における解散の決議の後に続く手続きです。株式会社は、清算手続の中で、既存の債権の回収や債務の弁済のほか、残余財産を構成員に分配したりした上で、消滅することになります。

通常の清算手続においては裁判所の監督を必要としませんが、会社に債務超過の疑いがある場合などには、適正な清算を行うため、裁判所の監督下で特別清算の手続きが行われます。特別清算においては、破産管財人のように裁判所から任命された者が清算業務を行うのではなく、原則として、取締役などの**清算人**が業務を遂行します。

民事再生

民事再生は、再生型手続の中でも、すべての自然人・法人が利用することができる点に特徴があります。民事再生法は、再生手続が開始される場合として、以下の2つを掲げています[50]。

---

49 会社法510条〜574条、879条〜902条
50 民事再生法21条1項

①債務者に破産手続開始の原因となる事実の生ずるおそれがあるとき
②債務者が事業の継続に著しい支障を来すことなく弁済期にある債務を弁済することができないとき

①は、いわば「破産の一歩手前」の状態を指しています。また、②は、①の事実よりも財産状態の悪化の程度が軽く、「破産の一歩手前」とまではいえないものの、弁済期にある債務を弁済するとそれ以降の事業の継続が困難になる状態を指しています。

①②いずれの事実も、近い将来債務者の事業や経済生活の破たんが予想される場合です。民事再生法は、このように、破産の「一歩」又は「数歩」手前の段階（債務者の経済的破たんが決定的になっていない段階）でも利用できる制度であるという点に特徴があります。

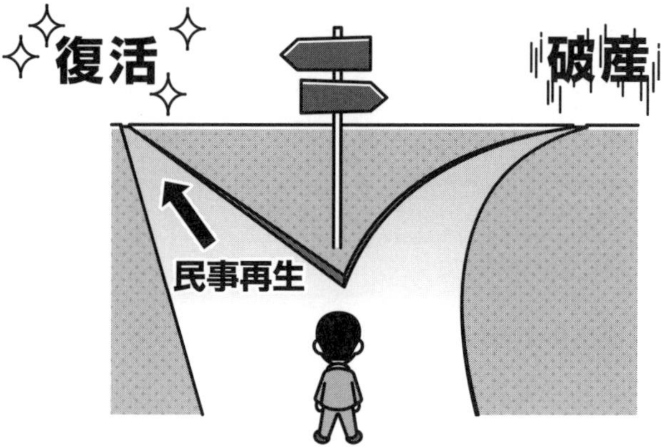

民事再生手続の申し立ての後、裁判所により上記①又は②の事実が認められ、再生手続開始決定がなされても、原則として債務者自身がそのまま財産の管理処分権を維持しながら、事業の再生・再建を目指すことができます。この点を指して、民事再生は**自力再建型**の手続きであるといわれ、同じ再生型手続でも、財産の管理処分権や業務遂行権が更生管

財人に専属する会社更生とは性格を異にします。

他方で、再生債権者は個別的な権利行使をすることが許されなくなり、弁済を受けるためには、再生手続に参加しなければなりません。

再生手続が開始されると、再生債務者は、再生計画案を作成しなければなりません。再生計画案の作成にあたっては、まず再生債務者の有するプラスの財産とマイナスの財産を確定させます。その上で、これを基礎として再生債務者の将来の収益の見込みを予想し、債権者に対する弁済資金の調達方法を検討します。

また、再生債権の減免や期限の猶予などの権利変更を含め、債権者に対して弁済すべき金額や、弁済の時期及び方法なども検討していきます。

再生計画案にはさまざまな事項が記載されますが、その中核をなすのは「再生債務者の権利を変更する条項」（権利変更条項）です。たとえば、「再生債権の元本の70%を免除し、残った30%を10年間で弁済する」という内容の一般的基準を定めた上で、これを各債権にあてはめ、「1000万円の債権であれば、700万円を免除し、残り300万円については、20XX年から10年間、毎年6月1日に30万円ずつ弁済する」という内容を定めることになります。

会社更生

会社更生は民事再生と同じく再生型の倒産手続ですが、以下のような違いがあります。

すなわち、民事再生は個人・法人を問わず誰でも利用できる自力再建型の手続きであるのに対し、会社更生は株式会社のみが利用でき、債務者（会社）の財産の管理処分権が更生管財人に専属する管理型の手続きです。更生管財人は更生計画を作成し、これに基づいて事業の再建を行っていくことになります。

更生管財人の仕事は多岐にわたり、そこで求められる知識・能力もさまざまです。そこで、更生管財人には、財産管理や更生計画の作成を担当する法律管財人（弁護士）と、事業経営を担当する事業管財人（経営者）とが選任されるのが一般的です。

第12章のポイント

▶ 倒産処理手続は、債務者の総財産をお金に換えて債権者に平等に分配する**清算型手続**と、債務者の事業や経済生活を立て直して事業を継続させる**再生型手続**とに大別される。

▶ 清算型手続としては**破産**や**特別清算**という手続きが、再生型手続としては**民事再生**や**会社更生**という手続きが用意されている。

▶ 倒産法は、債権者間の権利の公平な実現を図り、総債権者の満足を最大化することを目的とする**債権者のための制度**であると同時に、危機に瀕した債務者の経済的再生を目的とする**債務者のための制度**でもある。

▶ 破産手続は、以下の3ステップに分けることができる。

［ステップ1］ **破産手続の開始**

［ステップ2］ **「配当すべき財産」と「配当を受ける債権」の確定**

① 配当の基礎となる財産の確定

② 配当を受ける破産債権者の範囲・債権額の確定

［ステップ3］ **破産手続の終結**

▶ 裁判所は、支払不能や債務超過といった**破産手続開始原因**にあたる事実がある場合に**破産手続開始決定**を行う。これにより破産者の財産の管理処分権がはく奪され、**破産管財人**だけが財産の管理処分を行使できるようになる。また、破産債権者の**個別的権利行使が禁止**され、破産手続によらなければ債権の弁済を受けることができなくなる。

第2部

第13章

知的財産法

第 13 章の概観

- ▶ 第1節では、知的財産法の意義を説明した後、具体的なケースを参考にしながら知的財産法の種類（特許法・実用新案法・意匠法・商標法・著作権法）とそれぞれの特徴について解説します。
- ▶ 第2節〜第4節では、産業の発展を目的とすると同時に、創作活動の保護という趣旨も併せ持つ**特許法・実用新案法・意匠法**について説明します。特に特許法は司法試験でも出題されるため、詳しく解説しています。
- ▶ 第5節では、同じく産業の発展を目的としつつも、企業の信用やブランドの保護により市場の秩序維持を図ることを主な目的とする**商標法**について説明します。
- ▶ 第6節では、産業の発展ではなく、文化の発展を最大の目的とする**著作権法**を扱います。著作権法も、司法試験の出題範囲です。

突然ですが、皆さんは「フランク・ミュラー」と「フランク三浦」という２つの腕時計ブランドをご存じでしょうか。

フランク・ミュラーは、１個100万円以上する時計もざらにあるスイスの高級ブランドです。一方、フランク三浦の腕時計は4000円程度で、完全「非」防水をアピールし、説明書には、「ありとあらゆる水気や空気中の水分にすら耐えられません」、「外装に多少の傷、文字盤に埃、異物、指紋、まれにちぢれ毛などが混入しておりますがこれらはすべて許容範囲内とお考えください」などと書かれています（笑）

あるとき、「こんなふざけた時計はけしからん！」ということで、フランク・ミュラーとフランク三浦との間で裁判となりました。この裁判は、本家であるスイスの高級ブランドと、圧倒的なギャグ精神を貫く日本の中小企業がガチンコ勝負をしたということで、注目を集めました。

勝負の結果は後でお話ししますが、ここでは、この争いは商標権という知的財産権に関するものだったということを覚えておいてください。

知的財産法の分野にはさまざまな権利が登場しますが、どれも「ＡとＢは似ているか？」、もう少し俗っぽい言葉でいうと、「ＡはＢのパクリか？」という点がよく問題となります。本章では、この知的財産法の面白さを、一緒にのぞいていくことにしましょう。

1 知的財産法の意義と種類

知的財産権が問題となるケース

知的財産法では実にさまざまな権利が登場しますが、たとえば、以下のようなケースではどのような知的財産権が問題となるでしょうか？少し時間をとって、考えてみてください。

ケース1

A 社は画期的な新技術を用いて、新型炊飯器を開発した。炊飯器は発売当初はよく売れていたが、他社が次々と類似製品の販売を始めると、A 社の売れ行きは落ち込み始めた。

ケース2

小学生の B 君は、ハンガーに干した衣服が風で落ちてしまうのに困っているお母さんを助けようと、強い風が吹いても衣服が外れないハンガーを作った。B 君のお父さんは「これはすごい発明だ！」と考え、このハンガーを販売したいと考えている。

ケース3

イタリアのインテリアデザイナー C は、子どもの成長に応じて用途を変えることができるユニークなデザインの学習机を設計した。C はこれを日本で販売したいと考えているが、模倣品が出てこないか心配している。

ケース4

画家 D は、直筆でイラストを描いた色紙を友人の誕生日にプレゼントした。1ヶ月後、D は、そのイラストがプリントされたポストカードが無断でインターネット販売されているのを発見した。

知的財産法の意義

４つのケースを通して読んでみると、知的財産権がどんなものかをある程度イメージできたのではないでしょうか。これらのケースにおいて、A社、B君、デザイナーC、画家Dの利益を保護するのが、知的財産法です。

すごく大雑把ないい方をすると、知的財産法は「他人のアイデアや作品を勝手に真似たり利用したりしてはいけません！」ということを定めています。すなわち、知的財産法とは、**人間の知的成果物（＝知的財産）の保護と利用の促進**を目的とする法律の総称です。

知的成果物の中には、文芸・美術・学術の分野における著作物、発明や科学的発見、デザイン、ロゴマークやブランドなど商業上の表示など、さまざまなものが含まれます。

第２節以降で詳しくお話ししますが、あらゆる知的成果物は、一定の保護がなければ創作のインセンティブが削がれていき、産業や文化の発展が阻害されてしまいます。そこで知的財産法は、知的成果物に財産権としての価値を認めて保護を与え、知的財産の利用を促進し、**産業や文化といった文明の発展に寄与**することを最大の目的としています。

知的財産権の種類

知的成果物にはさまざまな種類がありますが、その種類に応じて、それぞれ法律が用意されています。４つのケースを参考にして、知的財産権の種類を紹介していきましょう。

まず、知的財産法の代表は、**産業的な創作活動を保護**する法律です。具体的には、特許法・実用新案法・意匠法などがこれにあたります。

特許法は、ケース１のような高度な発明を保護するものです。これに対し、ケース２のように、特許権を付与するほど高度とはいい難い「小発明」を保護するのが**実用新案法**です。また、ケース３に登場するようなデザインを保護するのが**意匠法**です。

なお、本章の冒頭で紹介した**商標法**は、ケース１〜３と同様に産業の発展に寄与するものですが、創作活動の保護というよりは、企業の信用・ブランドの保護による市場の秩序維持を目的とした法律です。

最後に、文化的な創作活動を保護するのが、ケース４に関連する**著作権法**です。著作権法は、思想や感情を文芸、学術、美術、又は音楽という手段で表現した「著作物」の権利に関する法律です。

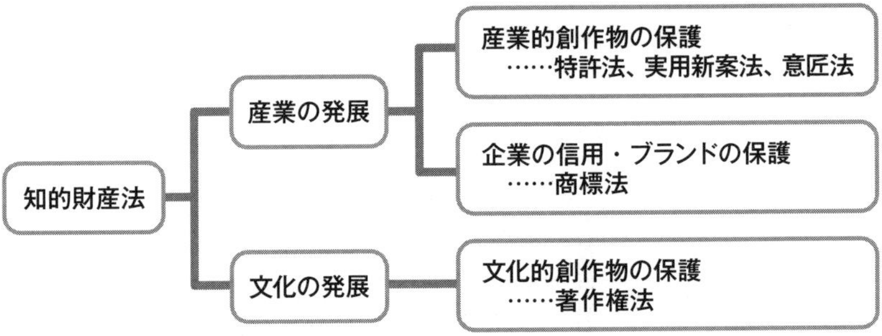

2 特許法

ここからは、各法律の中身を駆け足で見ていくことにします。トップバッターは、司法試験の出題範囲ともなっており、知的財産法の中でも花形といわれる特許法です！

特許法の概要

●特許法の目的

企業が膨大な時間と費用をかけて開発した技術が何ら保護されないと、ライバル企業がそれを真似できてしまい、開発に寄与した企業が十分な利益を得ることができません。これでは、企業が新しい技術を開発する意欲は薄れていってしまうため、産業発展のためには発明者の利益を保護する必要があります。

もっとも、技術の進歩のためには、先人たちの発明を改良したり、そこから新たな着想を得るということも大切ですので、発明を公開してその利用を促進するという側面も重要です。そのため、発明の内容を永久に秘密にして他人がそれをまったく利用できないとするのは、適切ではありません。

そこで特許法は、発明者に一定期間その発明について独占排他的な権利を与える一方、発明を公開して技術の進歩にも寄与する制度とすることで、産業の発展を図っています。

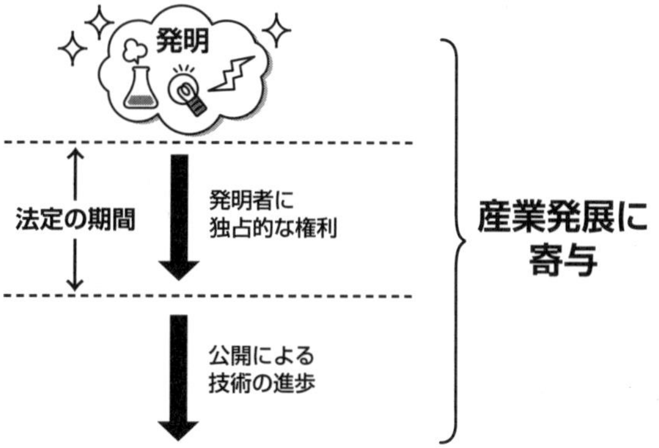

●特許を受けるための要件

ケース1で登場した新型炊飯器は特許権の対象となる可能性がありますが、特許法は特許を受けるための要件を以下のように定めています。

特許を受けるための要件

①特許法上の「発明」にあたること

②産業上利用しうること（産業上の利用可能性）

③新規性があること

④容易に考え出すことができないものであること（進歩性）

⑤先願と同一の発明でないこと

⑥公益に反しないこと

以下では、「発明」の要件とそれ以外の要件とに分けて、それぞれの意味を説明していきます。

「発明」の要件と種類

●「発明」の要件

特許を受けるためには、技術やアイデアが「発明」にあたる必要があります。ここでいう「発明」は日常用語とはやや異なる意味を持っているので、法律上の定義をしっかりとおさえておきましょう。

特許法２条１項は、特許を受けることができる**「発明」**とは、「自然法則を利用した技術的思想の創作のうち高度のものをいう」と定めています。この定義を分解すると、発明の要件は次のようになります。

「発明」の要件

(a) 自然法則を利用したものであること
(b) 技術的思想であること
(c) 創作であること
(d) 高度であること

これらの要件について、順に解説していきます。

(a) 自然法則を利用したものであること

この要件は、自然法則とは無関係の着想を特許の対象から除く意味を持っています。

自然法則とは、自然界において経験的に見出される科学的な法則のことです。たとえば、小説の書き方、商売の営業手法、新しいオセロゲームの遊び方など、自然法則とは関係のない人為的な取り決めは、発明にはあたりません。

(b) 技術的思想であること

技術的思想というためには、誰でも実施でき、繰り返し何度も行ったとしても同一の結果を得られることが必要です。そのため、「高くジャンプする方法」といったように、個人の熟練を要し、知識として第三者に伝達できない技能やコツなどは、この要件を満たしません。

(c) 創作であること

「創作」とは、新しいものを作り出すことをいいます。そのため、無人島で新種の植物を見つけた場合のように、単なる「発見」に過ぎないものは「発明」にはあたりません。「発明」といえるためには、「発見」にプラス α の人為的な介入が必要になるということです。

(d) 高度であること

発明は「高度」であることが必要とされており、この要件は、実用新案法上の「考案」と区別するために設けられています。この点は進歩性の要件のところで詳しく説明します。

●発明の種類

ここで、特許法上の「発明」の種類について説明しておきます。

特許法上、「発明」には「物の発明」と「方法の発明」とがあり、方法の発明には、「物を生産する方法の発明」と「その他の方法の発明」とがあります[51]。

たとえば、お札の枚数を正確に数える機械を発明した場合、その機械自体は「物の発明」にあたり、その機械の製造方法は、「物を生産する方法の発明」にあたります。また、「その他の方法の発明」の例としては、ある物質の化学変化の測定方法の発明などが挙げられます。

51　2条3項

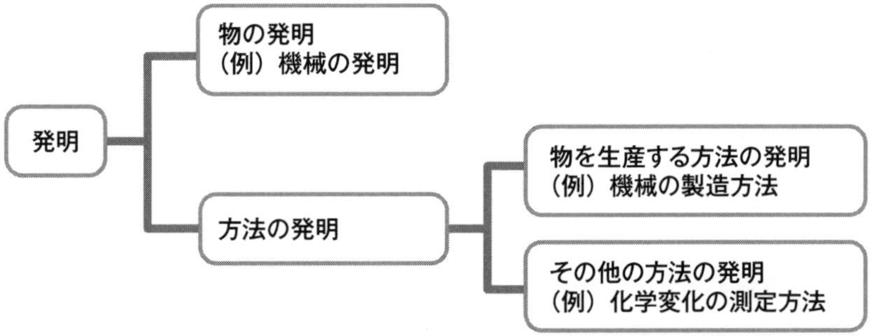

「発明」以外の要件（要件②～⑥）

次に、「発明」以外の要件②～⑥についても、チェックしておきましょう。

②産業上利用しうること（産業上の利用可能性）

特許制度の目的に照らすと、産業の発展とは無関係な技術は特許の保護を与える必要はないと考えられるため、特許を受けるためには**産業上の利用可能性**が必要とされています[52]。

もっとも、産業上の利用可能性がないとして特許が阻まれるのは極めて例外的な場合ですので、この要件は緩やかに認められていると考えておいて問題ありません。

③新規性があること

既に公開されている発明に特許という独占権を与えても、新たに産業の発展に寄与することはないため、**新規性**がない発明は特許を受けることができません。

たとえば、特許出願前に発明がテレビ番組で取り上げられていた場合

52　29条1項柱書

や、発明品を店舗で販売していた場合などには、新規性の要件を欠き特許の対象となりません。

④容易に考え出すことができないものであること（進歩性）

特許法29条2項は、その分野で通常の知識を有する者が容易に発明をすることができた場合には特許を受けられないことを定めており、これを**進歩性**の要件といいます。これまで発明されたものに少し手を加えた程度では産業の発展に資するとはいい難いため、特許の保護は受けられないということです。

たとえば、飲み物にホコリなどが入るのを防ぐ蓋をワンタッチで開閉できるボタンがついたカップを開発したとしても、これが梃子《てこ》の原理を使った単純な仕組みであった場合、進歩性が否定されます。

実際の訴訟では、特許権の有効性をめぐって進歩性の要件が争われることが非常に多いので、これが最も重要な要件といえるでしょう。なお、進歩性が否定され特許登録を受けられない場合であっても、「小発明」を保護する実用新案権の対象となる可能性はあります。

⑤先願と同一の発明でないこと

同一の発明について複数の出願がされた場合、先に発明した者に特許を付与するという先発明主義と、先に出願した者に特許を付与するという先願主義という2つの考え方がありますが、最初に発明したのが誰であるかを判断するのは容易ではないため、日本を含めほとんどの国は、**先願主義**を採用しています。

したがって、特許を受けるためには、先願と同一の発明でないということも要件となります[53]。

---

53 39条1項

⑥公益に反しないこと

当然のことですが、公序良俗に反するものや公衆衛生を害するおそれのあるものは、特許を受けることができません[54]。

たとえば、新しいアヘン吸引器を開発したとしても、それが公益に反すると判断される場合には、特許を受けることができません。

特許の登録手続

著作物を創作すれば当然に発生する著作権とは異なり、特許権は、特許庁に登録されてはじめて発生する権利です。以下では、この登録手続の概要を説明します。

まず、特許の**出願**がなされると、出願書類が特許法上の手続的・形式的な要件を備えているかの方式審査がなされます。そして、出願から3年以内に**出願審査請求**をすると、登録要件の具備についての実体審査が開始します。

実体審査の結果、特許取得の要件を満たしている場合には**特許査定**がなされます。その後、特許権の設定登録により特許権が成立し、原則として出願の日から**20年間**存続します[55]。

他方、特許取得の要件を満たしていないと判断された場合には**拒絶査定**がなされます。拒絶査定に不服がある場合、特許庁に対して**拒絶査定不服審判**を請求することができます[56]。これは、特許庁に対して「もう一度考え直してください！」とお願いするものです。

拒絶査定不服審判でも主張が認められなかった当事者は、東京高等裁判所に**審決取消訴訟**を提起することができます。今度は、裁判所という第三者の客観的な立場から、本当に拒絶査定が妥当なものかを判断してもらうということです。

54　32条
55　66条1項、67条1項
56　121条1項

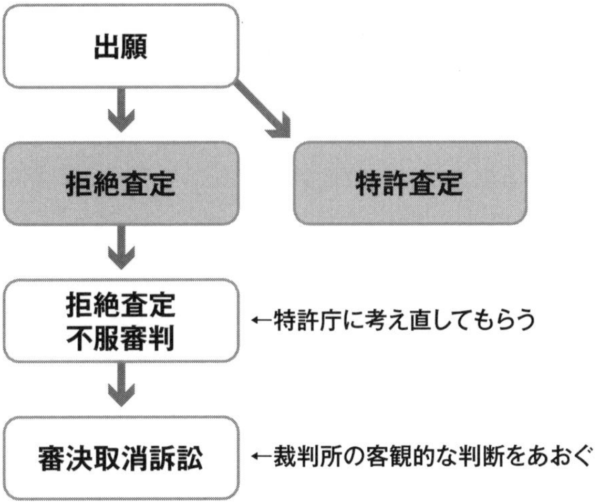

特許権の効力

特許法68条本文は、特許権の効力として「特許権者は、業として特許発明の実施をする権利を専有する」と定めています。このように、特許を受けた者は特許発明を独占的に実施することができ、これを他者が無断で行うと特許権侵害となります。

なお、ここでいう「実施」の具体的な中身は、先ほど紹介した発明の種類によって異なります。

まず、物の発明の場合、「その物の生産、使用、譲渡」などが実施にあたります。先ほどの例でいうと、お札の枚数を正確に数える機械（発明品）を自分で製造したり、それを使ってお札の枚数を数えたりする行為が、実施にあたります。

また、方法の発明の場合、「その方法の使用をする行為」が実施にあたります。「ある物質の化学変化の測定方法」の特許の例でいうと、特許を受けた測定方法を用いて物質の化学変化を測定する行為が実施にあたります。

物を生産する方法の発明の場合には、「その方法の使用をする行為」

及び「その方法により生産した物の使用、譲渡」などが、実施にあたります。

特許権侵害に対する救済手段

特許権侵害があった場合、特許権者は侵害者に対し、どのような手段を講ずることができるでしょうか。

特許権侵害に対する救済手段の大枠は次の図のとおりです。順に解説していきましょう。

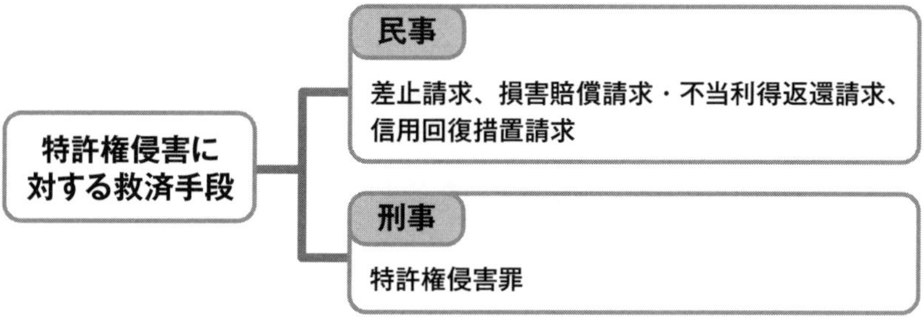

（1）差止請求

特許権者は、権利を侵害する者や侵害するおそれのある者に対して、特許権の侵害の停止又は予防を請求することができます。また、侵害行為を組成した物品の廃棄などを請求することもできます[57]。

このような差止請求は故意・過失にかかわらず認められますので、その特許権の存在をまったく知らず、たまたま同じ発明をして発明品を使用している人であっても、差止請求を免れることはできません。

（2）損害賠償請求・不当利得返還請求

特許権侵害により特許権者が損害を被った場合、民法の原則通り、不法行為に基づく損害賠償を請求することができます。そして、特許法に

57　100条1項・2項

は、過失の推定や損害額の推定など、特許権者が損害賠償請求をしやすくなるような特別な規定が置かれています[58]。

また、本来なら特許権者が得るはずの利益を特許権の侵害者が得ているような場合には、民法上の不当利得返還請求をすることもできます。

（3）信用回復措置請求

特許権者は、上記の損害賠償請求に代えて、又はそれとともに、謝罪広告の掲載などの信用回復措置請求をすることができます[59]。

（4）特許権侵害罪

以上の民事上の請求の他に、特許権を侵害した者は10年以下の懲役もしくは1000万円以下の罰金に処せられるなど、特許権侵害については刑事罰の規定も設けられています[60]。

3 実用新案法

実用新案は「ミニ・特許」

特許法上の発明にあたるほど技術的に高度ではないものの、台所用品や文房具などにちょっとした工夫を加えることで、より便利なものが生み出されることがあります。実用新案制度は、このような**小発明**（これを法律上、「考案」といいます）を保護することで、産業の発展に寄与することを目的としています。

実用新案として保護されるものの例としては、ケース2で登場した「強い風が吹いても衣服が外れないハンガー」の他、「左利きの人でも使

---

58 102条、103条
59 106条
60 196条以下

いやすいハサミの持ち手」や、「マッサージ効果のある突起のついた履物底」などが挙げられます。実用新案は「ミニ・特許」というイメージを持っておくとよいでしょう。

実用新案登録を受けるための要件は、①実用新案法上の「考案」にあたること、②産業上の利用可能性、③新規性、④進歩性、⑤先願であること、⑥公益に反しないこと、とまとめることができます。

実用新案と特許の要件はほぼ重なると考えてよいですが、要件①において、特許の対象が発明であったのに対し、実用新案の対象は考案とされている点は重要ですので、以下で説明します。

「考案」の要件

実用新案法は、「物品の形状、構造又は組合せに係る考案」の保護を目的としていますが、ここでいう**「考案」**は、「自然法則を利用した技術的思想の創作」と定義されています（2条1項)。特許法上の発明が「自然法則を利用した技術的思想の創作のうち高度のものをいう」とされていますので、2つの定義を比較すると、考案と発明には「高度」という要件の有無だけに違いがあるということがわかります。

以上の要件の違いから、考案は特許の対象となる発明ほど高度の創作を要求されない小発明のことをいうと説明されているのです。

登録手続の特徴

実用新案権も登録によって権利が発生しますが、特許権においては特許庁による実体審査が行われるのに対し、実用新案権は無審査で登録されるという違いがあります（無審査主義）。

そのため、実用新案の要件（新規性や進歩性など）を満たしていない実用新案が登録されてしまうことも少なくありません。これはちょっと驚きですね。

もっとも、要件を欠く実用新案について後に紛争が起きた場合には、無効審判の手続きにより、事後的に無効とされることがあります。

実用新案権の効力

実用新案法16条は、実用新案権の効力として、「実用新案権者は、業として登録実用新案の実施をする権利を専有する」と定めています。そのため、他人の実用新案に関係する物を無断で製造したり使用したりすると実用新案権の侵害となり、特許権侵害の場合と同様に、差止請求、損害賠償請求・不当利得返還請求、信用回復措置請求などの対象となります。

なお、特許権は出願から20年間という長期の保護を受けるのに対し、実用新案権は出願から10年間という簡易な保護のみ受けられます[61]。

61　15条

4 意匠法

意匠法の目的

意匠制度は、工業製品のデザインの創作を奨励することを目的としています。**意匠**という言葉は聞き慣れないかもしれませんが、デザインという意味です。

製品のデザインは、製品の機能と並んで消費者の需要を増大させるという機能がある反面、模倣されやすいという特徴があります。そこで意匠法は、新しいデザインに意匠権という保護を与えることで、その創作を奨励しようとしています。

ケース３に登場した学習机は、特別な機能はないので発明や考案とはいい難く、特許法や実用新案法の保護の対象にはなりません。このような場合に、登録意匠制度の利用を検討する必要が出てきます。

また、スマートフォン用のカバー、調理器具、文房具なども、意匠権の対象となる可能性があります。

意匠登録の要件

意匠登録を受けるための要件を列挙すると、次のようになります。

意匠登録の要件

①意匠法上の「意匠」にあたること
②工業上利用しうること（工業上の利用可能性）
③新しいこと（新規性）
④容易に考え出すことができないものであること（非容易創作性）
⑤先願であること
⑥公益に反しないこと

特許の要件とほぼ似通っているので詳しい説明は割愛しますが、要件①と②については少し補足をしておきましょう。

①意匠法上の「意匠」にあたること

２条１項は、意匠とは「物品……の形状、模様若しくは色彩又はこれらの結合であつて、視覚を通じて美感を起こさせるものをいう」と定義しています。この定義から、意匠であるといえるためには、次の３つの点が要件になることがわかります。

「意匠」の要件

(a) 物品にかかるものであること（物品性）
(b) 視覚を通じて美感を起こさせるものであること（視覚性及び美感性）
(c) 形状・模様・色彩又はこれらの結合であること（形態性）

(a)「物品」とは、流通性のある有体物たる動産のことをいいます。そのため、パソコンの文字フォントのような有体物ではないデザインや、不動産のデザインなどは物品にあたらず、意匠とはいえません。ただし、工業的に量産され、販売時に動産として取り扱われることのあるプレハブ住宅や電話ボックスなどは、物品にあたると解されています。

(b) 視覚性の要件は、視覚、すなわち肉眼で識別できることを意味しています。したがって、聴覚により美感を起こさせる音楽や、外部から肉眼で識別できない機械の内部構造などは、意匠にあたりません。

美感性の要件については、美術品に求められるような「美しさ」までは必要とされず、人に何らかの美感を感じさせるものであれば足りるとされています。

(c) 意匠は、形状・模様・色彩又はこれらの結合について認められるものですが、形状を持たない物品は存在しえないため、模様のみ、色彩のみの意匠は認められません。他方、模様や色彩はなく形状のみの意匠は当然認められます。

②工業上利用しうること（工業上の利用可能性）

工業上の利用可能性[62]という要件は、量産されるものであることを意味しています。したがって、一品物の絵画や彫刻は意匠となりませんが、大量生産されている子ども用の人形は意匠登録を受けることができます。

意匠登録の手続

意匠権は、特許庁で登録を受けることによって発生する権利です。意匠も特許と同様、審査主義が採用されており、特許庁に意匠登録出願をし審査を経た後、意匠登録が行われます。

意匠権は設定登録により成立し、原則として設定登録の日から20年間存続します[63]。

62　3条1項柱書
63　20条1項、21条1項

意匠権の効力

23条本文は、意匠権の効力として「意匠権者は、業として登録意匠及びこれに類似する意匠の実施をする権利を専有する」と定めています。

意匠権についても、特許権侵害の場合と同様に、差止請求、損害賠償請求・不当利得返還請求、信用回復措置請求などの請求をすることができ、刑事罰も存在します。

5 商標法

商標とは何か

●商標法の目的

商標法は、特許法・実用新案法・意匠法と同じく産業の発展への寄与を目的としていますが、これら３つの法律では創作活動の保護という側面が重要であったのに対し、商標法は、**企業の信用やブランドの保護**により市場の秩序維持を図るという側面が重要です。

皆さんが親友の誕生日に財布をプレゼントしようとする場合、価格や機能だけでなく、ブランドやメーカーを重視する人も多いのではないでしょうか？　私たちは普段、知らず知らずのうちに「シャネルのバッグなら良い品質に違いない」とか、「NIKE の商品はデザインが優れている」などと考え、商品やサービスを選んでいます。このように、商品やサービスを選ぶ際に基準とする企業名やブランド名、ロゴマークなどの標識のことを、**商標**と呼んでいます。

たとえば、シャネルのマークがついた粗悪品が大量に売り出されれば、本物のシャネルは顧客を奪われてしまい、企業としての信用も毀損されます。また、誤って粗悪品を購入した人は期待した品質を得ることができず、消費者の間にも混乱が生じてしまいますね。

このような事態を防ぐために、商標法は企業が自らのブランド名やロゴマークを登録すれば、他社による無断使用を差し止めたり、損害賠償を請求したりできることを定めています。

また、商標制度は、信用力やブランド力を有する企業を保護するためのものであると同時に、消費者が「ホンモノ」と「ニセモノ」を誤認混同することを防ぐという点で、消費者の利益保護にも資する制度であるといえます。

●商標の種類

商標法２条１項では、**商標**とは、「人の知覚によつて認識することができるもののうち、文字、図形、記号、立体的形状若しくは色彩又はこれらの結合、音」のことをいうとされています。

商標の種類としては、以下のように、文字からなる文字商標、記号からなる記号商標、図形からなる図形商標などがあります。

文字商標

WALKMAN
ウォークマン

（商標登録第 4128924 号）

記号商標

（商標登録第 4830589 号）

図形商標

（商標登録第 3308394 号）

ちょっと変わったところでいくと、立体的形状からなる立体商標も認められています。不二家のペコちゃん人形[64]やケンタッキー・フライドチキンのカーネル・サンダース人形[65]などは、立体商標の例として有名です。

さらに、平成27年の法改正で、色彩のみからなる商標や音商標もラインナップに加わったのも面白い点です。

色彩のみからなる商標としては、商品の包装紙や広告用の看板に使用される色彩などがあたります。この本は白黒印刷なのが残念ですが、たとえば、トンボ鉛筆の消しゴムで用いられている「青、白、黒」の色彩などが実際に登録されています[66]。

また、テレビCMやパソコンの起動音などで用いられる音声やメロディなどは、音商標にあたります。味の素のテレビCMの最後に流れる「あじのもと♪」というメロディ（音声）や、大正製薬のドリンク剤のCMで使われる「ファイトー！イッパーツ！」というかけ声も、音商標として登録されています[67]。

商標権の効力と類似性

●商標権の効力

商標権も特許権と同じく、特許庁で登録を受けることによって発生する権利です。商標権の存続期間は設定登録の日から**10年間**とされていますが、更新が認められているため、いったん取得すれば半永久的に存続させることができるのが特徴です[68]。

商標出願にあたっては、登録する商標をどの商品・役務に使用するか

---

64 商標登録第4157614号
65 商標登録第4153602号
66 商標登録第5930334号
67 商標登録第5805582号、第5804565号
68 19条

を指定しなければなりません。ここで指定された商品や役務を**指定商品・指定役務**と呼び、商標権の効力は、指定商品・指定役務及びそれに類似した商品・役務についてのみ及びます。

そのため、たとえば、自動車会社が自社のロゴマークについて指定商品を「自動車並びにその部品及び附属品」として商標登録を行った場合、商標権の効力はその指定商品についてのみ及ぶため、何者かがそのロゴマークを包装にプリントしたお菓子を売り出したとしても、商標権の侵害にはなりません[69]。

商標権者は、指定商品・役務について、登録商標を使用する権利を専有します[70]。また、商標権者には、**自己の登録商標と同一又は類似する商標を他社が使用することを禁止する権利**も認められています。商標権者は、自社のロゴマークや、それと類似したロゴマークを勝手に使って利益を上げようとする者に対し、「それはうちの商標だから勝手に使うな」と請求できるということです。

●商標の類似性

このように、商標権者は「登録商標と類似する商標」の使用も禁止できますが、2つの商標が類似しているか否かは、その商品・役務の出所につき、**消費者に誤認混同が生じるか**という観点から判断されます。つまり、その商標を見て消費者が勘違いをしてしまうと考えられる場合には、類似性が認められるということです。

商標に関する有名な紛争として、スポーツ用品メーカーのPUMA社をめぐる一連の事件があります。皆さんも、次ページのPUMAのロゴマーク（図1）を一度は目にしたことがあると思います。

それでは、図2や図3のマークは目にしたことがあるでしょうか？何やら、観光地の怪しげなおみやげ屋や、夏祭りの屋台などで売ってい

69　ただし、不正競争防止法など、他の法律に違反する可能性はあります。
70　25条

るTシャツにありそうですね（笑）

図1【PUMA】

図2【KUMA】

図3【SHI-SA】

実際の事件では、図2や図3のマークがPUMAの本家の商標と類似しているかが争われました。結論としては、KUMA（図2）は類似性が認められましたが、SHI-SA（図3）は類似性が否定されました。興味がある人は、ぜひ実際の事件にあたってみてください[71]。

フランク三浦事件の顛末

最後に、冒頭で紹介したフランク三浦事件についてお話ししておきましょう。実は、フランク三浦の時計を販売している会社は、以下のような商標を登録していました[72]。

フランク三浦

71 PUMAvs.KUMA（知財高判平成25年6月27日），PUMAvs.SHI-SA（知財高判平成22年7月12日）
72 商標登録第5517482号

なぜか「浦」の右上の「、」がなく、もはや「三浦」ですらなくなっています（笑）

これに対し、フランク・ミュラー側はフランク三浦の商標が自社の商標と類似しているため無効であると主張し、知財高裁で商標の類似性が争われました。

知財高裁は、①フランク三浦の商標は手書き風のカタカナと漢字で構成されているのに対し、フランク・ミュラーの商標はカタカナのみで構成されているため外観がまったく異なること、また、②フランク・ミュラーは外国の高級ブランドを想起させるものであるのに対し、「フランク三浦」は日本人の名前を想起させるため、２つの言葉の持つ意味・イメージは異なることなどを理由として、消費者の誤認混同は生じず、２つの商標は類似しないという判断を下しました。

つまり、日本のフランク三浦側が勝利したのです！　この裁判は最高裁まで争われ、フランク三浦側の勝訴で幕を閉じました。

6 著作権法

著作権法の意義

人類は昔から美術や芸術の分野で創作活動を行うことによって、文化を発展させてきました。ところが、誰かが自由に他人の創作物をコピーしたり、それを利用して利益を得たりすることができてしまうと、創作者の創作意欲が著しく減退し、文化の発展が阻害されてしまいます。

このような背景から、創作者に自らの創作物に対する独占的な権利を与え、他人がこれを勝手に利用することを禁止することで文化の発展を促そうとするのが著作権法です。第２節〜第５節で紹介してきた法律が産業の発展を主な目的としていたのに対し、著作権法は**文化の発展**を目的としている点が大きな違いといえます。

著作物とは

●新聞の中に著作物はあるか？

著作権は、著作権法に規定する著作物について発生します。では、具体的にはどのようなものが著作物にあたるでしょうか？

まずは、次の新聞の紙面を見てください。

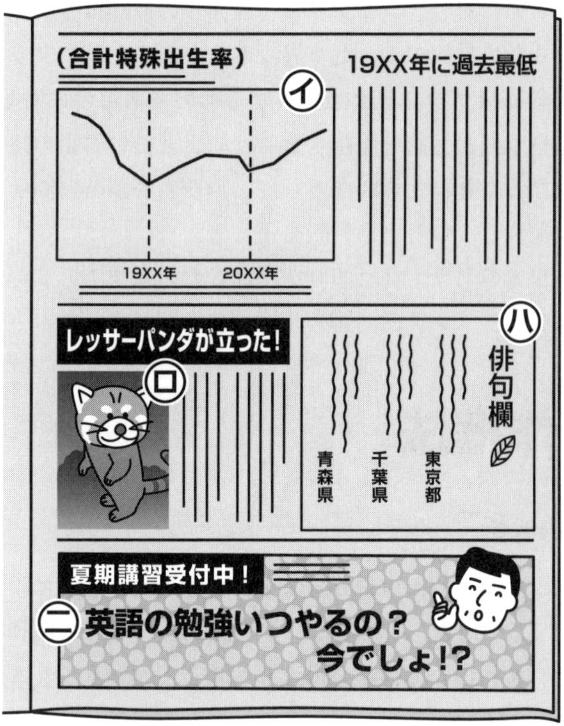

この紙面には、㋑合計特殊出生率のグラフ、㋺レッサーパンダが立っている写真、㋩投稿された俳句、㋥広告のキャッチフレーズなどがありますね。著作権法の定義に照らして、これらがそれぞれ著作物にあたるかを一緒に考えていきましょう。

●著作物の要件とカテゴリー

著作権法2条1項1号は、**著作物**を「思想又は感情を創作的に表現したものであつて、文芸、学術、美術又は音楽の範囲に属するものをいう」と定義しています。この定義から、著作物の要件としては以下の3つを挙げることができます。

著作物の要件

① 思想又は感情の表現であること
② 表現に創作性があること
③ 文芸、学術、美術又は音楽の範囲に属するものであること

「①思想又は感情の表現であること」という要件は、人の精神的活動の表現のみが著作物になりうることを意味しています。単なるデータや過去の客観的事実の記載は「思想又は感情の表現」ではないため、著作物にあたらないことになります。

「②表現に創作性があること」とは、創作者の何らかの個性があらわれていることを意味しています。したがって、他人の作品の模倣や盗作は創作性の要件を満たさず、著作物にあたりません。

他方で、ここでいう「創作性」は高度のものである必要はないため、たとえば幼児が描いた絵でも、著作物にあたります。

「③文芸、学術、美術又は音楽の範囲に属するものであること」という要件は、著作物がここに書かれた4つの分野に限定されるという趣旨ではなく、産業発展を目的とする特許権などの保護の対象となる技術の範囲に属するものは著作物から除くという意味を持つに過ぎないと考えられています。

また、著作権法10条1項は、著作物の例示として次の9つのカテゴ

リーを挙げていますので、こちらもチェックしておきましょう。

著作物のカテゴリー

・小説、脚本、論文、講演その他の言語の著作物
・音楽の著作物
・舞踊又は無言劇の著作物
・絵画、版画、彫刻その他の美術の著作物
・建築の著作物
・地図又は学術的な性質を有する図面、図表、模型その他の図形の著作物
・映画の著作物
・写真の著作物
・プログラムの著作物

カテゴリーの中に「絵画」というものがありますね。したがって、303ページのケース4で画家Dが描いたイラストは、文句なく著作物にあたります。

●あてはめ

さて、以上を前提に、先ほどの新聞紙面をもう一度見てみましょう。

㋑合計特殊出生率の表は、人の精神的活動の表現とはいえず要件①を満たさないため、著作物にあたりません。

㋺レッサーパンダの写真及び㋩俳句は、まさに思想又は感情の表現であり、表現に創作性があると考えられるため、著作物にあたります。

㊁広告のキャッチフレーズは議論が分かれるところですが、一般に、キャッチフレーズやスローガンといった短い文句については、ありふれた表現として創作性（要件②）が否定されることが多いといえます[73]。

---

73 東京高判平成13年10月30日

したがって、このキャッチフレーズも著作物にはあたらないと判断されることになるでしょう。

著作権の内容

特許庁に登録されてはじめて権利が発生する特許権などとは異なり、著作権は著作物を創作すると当然に発生し、創作者の死後50年間経過するまで存続するものとされています[74]。

そして、広義の著作権は、**著作者人格権**と**著作財産権**（狭義の著作権）の2つに分けられます。前者は著作者が自らの著作物について有する人格的な利益を対象とする権利、後者は著作者の財産的利益を確保するための権利のことをいいます。

著作権（広義）
- 著作者人格権……著作者の人格的な利益を対象とする権利
- 著作財産権（狭義の著作権）……著作者の財産的利益を確保するための権利

●著作者人格権

著作者人格権は創作と同時に著作者に原始的に帰属しますが、誰かに譲渡することはできない一身専属的な権利です。具体的な内容は、以下のとおりです。

著作者人格権
- 公表権
  著作物を公表するか否かや、公表する場合の方法・時期・条件などを決定する権利（18条）
- 氏名表示権

74　51条

著作物に氏名を付すか否かや、氏名を付す場合にどのような氏名を付すかなどを決定する権利（19条）

・同一性保持権

著作物の内容や題名の同一性を保持し、著作者の意に反して改変を受けない権利（20条）

これらの3つの権利については、誰にも譲り渡すことができない固有の権利として、著作者だけに認められています。

●著作財産権

著作財産権（狭義の著作権）は、著作者の財産的利益を確保するための権利です。著作権法は、複製権、上映権、翻案権……というように、著作物の具体的な利用行為を権利として列挙し、著作者がそれらの権利を専有することを規定しています。

まずは、著作権法が列挙している権利がどのようなものか、ざっくりと目を通してみてください。

著作財産権

・複製権

著作物を、印刷・録音・録画などの方法によって有形的に再製する権利

・上演権・演奏権

音楽などの著作物を公衆に向けて上演したり演奏したりする権利

・上映権

映画などの著作物を公に上映する権利

・公衆送信権

著作物を公衆送信（テレビやラジオで放送したり、ファイルをインターネット上にアップしたりすること）する権利

・口述権

朗読・演説などの方法で著作物を口述する権利
・展示権
美術の著作物などを原作品により公に展示する権利
・頒布権
映画を収録したビデオやDVDをレンタルしたり販売したりする権利
・譲渡権・貸与権
（映画以外の）著作物の原作品や複製物を譲渡・貸与する権利
・翻案権
著作物を翻案（翻訳・編曲・変形・映画化など）する権利
・二次的著作物（著作物を翻案することにより創作した著作物）を利用する権利

ここでは、これらの権利の中でも特に重要な、**複製権**について少し詳しく説明することにしましょう。

「複製」とは、著作物を有形的に再製することをいいます。ここでいう「再製」とはまったく同一のコピーを作る場合のほか、多少の修正や増減があっても、実質的に原作品と同一と評価できるものを作る場合も含まれます。

そして、ある著作物について複製権が侵害されたといえるためには、①その著作物に依拠して**（依拠）**、②これと同一又は類似性のある作品を作り出すこと**（類似性）**が要件となるとされています。

①依拠の要件が満たされる典型は、既存の著作物を参照しながらそれを模倣して作品を作り出すような場合です。他方で、既存の作品をまったく参考にすることなく著作物を創作した結果、たまたま類似したものができた場合には、依拠の要件を満たさず複製権の侵害にはあたりません。

②類似性の要件については、２つの作品が類似しているかを客観的に判断するのは難しいことが多いですが、実際の訴訟では、さまざまな根拠付けをして当事者同士が「似ている！」「似ていない！」という意見をぶつけあうことになります。

以上は複製権の侵害の話でしたが、上映権、展示権、公衆送信権など、その他の権利については、他人の著作物を無権原で利用した場合には著作権侵害を構成することになります。

著作権の制限 —— 著作物の自由利用が認められる場合

●著作権の制限の趣旨と概要

著作権法は上述のような数々の権利を著作権者に認めているため、他人の著作物を利用しようとする者は、原則として著作権者から許諾を得なくてはなりません。

しかし、常に著作権者の許諾を必要とすると、社会における著作物の円滑な利用が妨げられてしまいます。また、著作物は多かれ少なかれ過去の文化的遺産の上に成り立っていることに鑑みると、一定の場合には著作権者の権利に何らかの制限を設け、著作物の自由利用を認めたほうが文化発展に寄与する度合いが大きくなるといえます。

このような趣旨から、著作権法は、著作権者の許諾を得ることなく著作物を自由利用できる場合を定めています[75]。その主なものを確認しておきましょう。

著作物の自由利用が認められる場合

・私的使用のための複製（30条）

・図書館等における複製等（31条）

・引用（32条）

75 30条～47条の2

・教科用図書等への掲載（33 条）
・試験問題としての複製等（36 条）
・営利を目的としない上演等（38 条）
・時事問題に関する論説の転載等（39 条）
・裁判手続等における複製（42 条）

著作物の自由利用が認められる場合の中でも「私的使用のための複製」と「引用」は特に重要ですので、以下で簡単に解説しておきます。

●私的使用のための複製

私的使用のための複製は、私たちの日常生活にも重要な意味を持つ規定です。30 条は、誰でも、個人的に又は家庭内において使用することを目的とするときは、原則として著作物を自由に複製（コピー）することができることを定めています。

これは、私的な複製まで禁止すると過度に私人の行動の自由を制限することになり、そのような行為まで権利侵害として責任追及をすることは現実的ではないという趣旨です。そのため、たとえば好きな詩を詩集からコピーして自分のノートに貼ったり、テレビ番組を録画して見たりする行為は、私的使用にあたるため著作権侵害とはなりません。

●著作物の引用

「公表された著作物は、引用して利用することができる」ことを定める 32 条も重要な規定です。**引用**とは、報道、批評、研究などの目的で、自己の著作物中に他人の著作物の一部を取り込んで利用することをいいます。たとえば、自分の主張を根拠付けるために、自ら書いた論説文の中に他人の研究論文の一部を引用するような行為は、著作権侵害になりません。

適法な引用と認められる基準として、判例は、明瞭区別性と主従関係という２つを挙げています。

明瞭区別性とは、引用部分と自己の著作物とが明瞭に区別されているという意味です。どこまでが自分の文章でどこからが引用なのかが不明確な場合には、明瞭区別性の要件を満たさないことになります。

主従関係については、適法な引用とされるためには、自己の著作物が「主」であり、引用する他人の著作物が「従」という関係にある必要があるとされています。主従の比較においては、分量だけではなく引用目的や内容などさまざまな事情を考慮して判断されます。

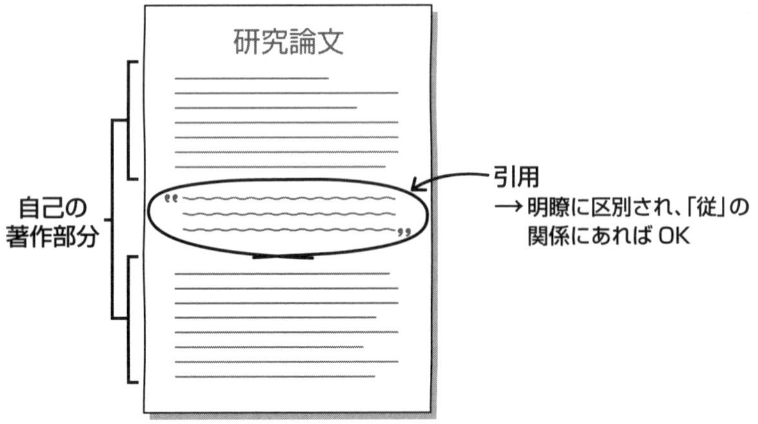

第 13 章のポイント

▶ 知的財産法は、産業及び文化における知的成果物に財産権としての価値を認め、一定の保護を与えることにより、文明の発展に寄与することを目的としている。

▶ 知的財産法のうち、特許法・実用新案法・意匠法は、**産業の発展**を目的とすると同時に、**創作活動の保護**という趣旨も併せ持つ。商標法については**企業の信用やブランドの保護**により市場の秩序維持を図るという側面が重要である。他方で、著作権法は**文化の発展**を目的としている。

▶ 特許を受けるためには、特許法上の**発明**にあたること、産業上利用しうること、新規性があること、容易に考え出すことができないものであること（**進歩性**）などの要件を満たす必要がある。

▶ 実用新案法における**考案**は「自然法則を利用した技術的思想の創作」と定義され、特許発明ほど高度の創作性を要求されない「小発明」（ミニ・特許）のことをいう。

▶ 意匠制度は、工業製品のデザインの創作を奨励することを目的としている。意匠法上の**意匠**の要件としては、物品性、視覚性及び美感性、形態性が挙げられる。

▶ 企業名やブランド名、商品に付されたロゴマークなどの標識のことを**商標**という。商標制度は、消費者の誤認混同を防ぐという点で、消費者の利益保護にも資するものである。

▶ 著作権法の対象となる著作物は、①思想又は感情の表現であること、②表現に創作性があること、③文芸、学術、美術又は音楽の範囲に属するものであること、という要件を満たす必要があり、広義の著作権は、一身専属的な**著作者人格権**と、譲渡可能な**著作財産権**とに分けることができる。なお、**私的使用のための複製**や**引用**など、一定の場合には著作権が制限され、著作物の自由利用が認められる。

第14章

要件事実と主張・立証責任

第 14 章の概観

▶ 要件事実の本題に入る前に、第１節では「民事訴訟の勝敗は何によって決まるのか」について学びます。ここでは**訴訟物**という概念がカギとなります。

▶ 第２節では、**要件事実**と**主張・立証責任**という考え方の基礎について解説していきます。これらの理解がロースクールや司法修習における議論の土台となりますので、しっかりおさえておきましょう。

▶ 第３節では、第１節・第２節で学んだ内容を踏まえて、実際の訴訟においてどのように攻撃防御が繰り広げられるのかを見ていきます。ここがわかれば、裁判所で交わされている法律家同士の会話にもついていくことができるでしょう。

勝訴と敗訴という言葉があるとおり、民事訴訟は基本的に原告・被告の勝ち負けがはっきりとつけられる形で決着します。ある意味で、訴訟は原告と被告の「戦い」であり、裁判所は当事者の勝敗を判断するレフェリーの役割を担っています。

原告も被告も、自らの言い分を裁判所に認めてもらうため、自らに有利な事実を用いて相手を攻撃し、逆に相手から痛いところを突かれたら、それに対する反論という形で防御を行います（余談ですが、民事訴訟法では実際に「攻撃」や「防御」という言葉が使われており、これらはれっきとした法律用語です[76]）。

実際の裁判では、原告と被告が攻撃防御を繰り返し、最終的に裁判所が判決を下すわけですが、その攻防がどのように繰り広げられるのかを学ぶのが要件事実です。要件事実は司法修習や訴訟実務でも毎日のように使われる概念ですが、法学部で勉強することはほとんどありません。ロースクールの勉強の中でも最大の山場といっても過言ではありませんので、ここでしっかり身につけておきましょう。

1 訴訟の勝敗はどう決まるか？

自動車売買に関する事例

要件事実について学ぶために、まずは、自動車の売買代金100万円の支払いを求めて、XがYに対して訴訟を提起したというケース（以下ではこれを「本ケース」と呼びます）を考えてみましょう。本ケースにおいて、XとYは、それぞれ次のような主張を行っているようです。

76　たとえば、以下のような条文があります。
民事訴訟法156条（攻撃防御方法の提出時期）「攻撃又は防御の方法は、訴訟の進行状況に応じ適切な時期に提出しなければならない。」

Xの言い分

私は、2017年12月19日、Yに中古の自動車Aを100万円で売り、これをYに引き渡しました。以前からYは私の持っているこの自動車を譲ってくれとしつこく頼んで来ていたので、私はついに根負けし、自動車AをYに売ったのでした。しかし、Yはいつまでたっても自動車代金100万円を払おうとしないため、やむをえず、100万円の支払いを求めて訴訟を提起しました。

Yの言い分

Xのいっていることはデタラメであり、私がXに100万円を支払う義務などありません。そもそもXは昔から金遣いが荒く、10年前には借金とりに追われて私に泣きついてきたので、仕方なく30万円を工面してやったことがあったほどでした。Xはこれまで多くの人に嘘をつき、家族や友人からも愛想を尽かされています。

勝敗は「訴訟物の存否」で決まる

さて、ここで皆さんに質問です。裁判所はどのようにして、原告と被告の勝ち負けを判断するのでしょうか？

真実を話す人が勝訴で、嘘をついている人が敗訴でしょうか？　又は、法的な保護に値する人が勝訴となり、保護に値しない人が敗訴となるのでしょうか？

このような答えも間違いではないのですが、少し不正確です。先に結論をいってしまうと、民事訴訟においては、原告が設定した**訴訟物が存在する**と認められる場合には**原告が勝訴**し、このように認められない場合には被告が勝訴となります。

訴訟物とは「訴訟の審判対象となる実体法上の権利又は法律関係」のことを指し、これについては114ページで説明しましたね。そこでもお話ししたとおり、民事訴訟における裁判所の役割は、訴訟物である権利又は法律関係の存否を判断することにあります。

本ケースでいうと、Xは「売買契約に基づく代金支払請求権[77]」を訴訟物として設定することになります。したがって、Xがこの訴訟物の存在の立証に成功すればXが勝訴し、それができなければYが勝訴することになります。

原告は訴訟物の存在について主張・立証責任を負っているため、被告としては、訴訟物は存在しないということを積極的に立証する必要まではなく、**訴訟物が存在するかわからない（真偽不明）**に持ち込めば、訴訟に勝つことができます。

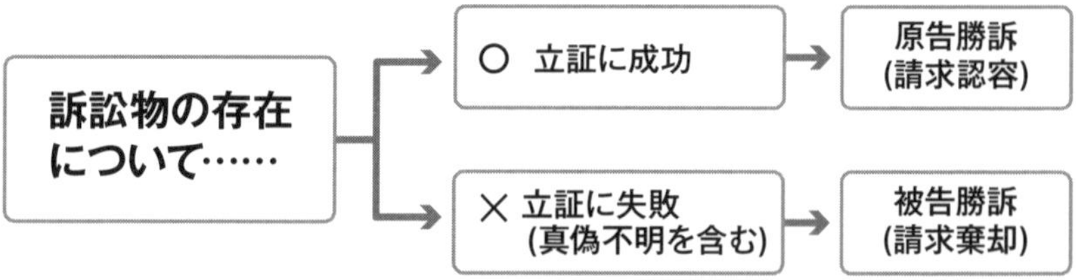

訴訟物の存否を判断する流れ

では、裁判官は訴訟物の存否をどのように判断するのでしょうか。ここでは大まかなイメージを持っておけば十分ですが、訴訟物の存否を判断するためのステップは、以下の３つに分けることができます。

①法律上の主張のステップ
②事実上の主張のステップ
③立証のステップ

77 本ケースの訴訟物を詳しく述べると、「2017年12月19日にXY間で締結された中古自動車Aの売買契約に基づく、XのYに対する代金100万円の支払請求権」ということになります。もっとも、ロースクールでの勉強ではある程度訴訟物を簡略化して記載することのほうが多いため、本書でもこれにならうことにします。

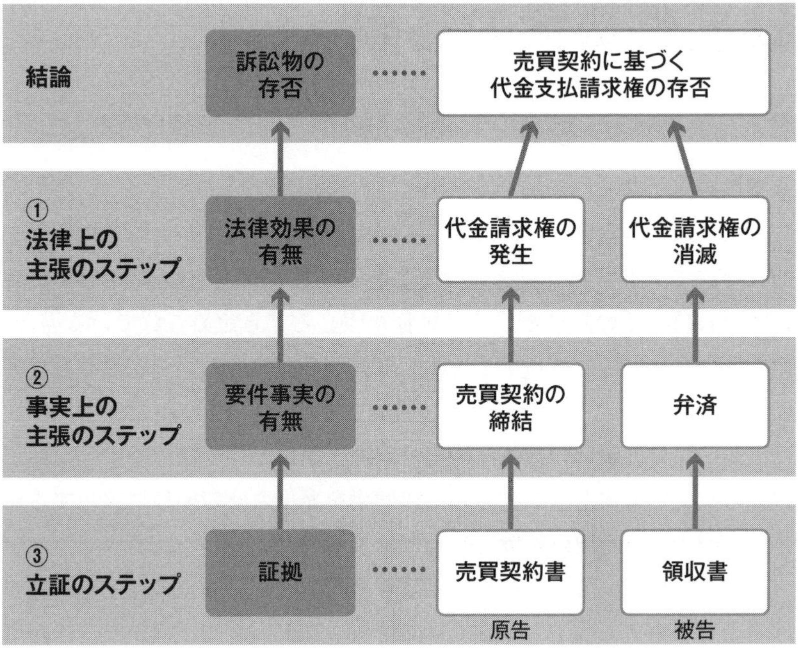

①法律上の主張のステップは、法律効果の有無を判断する段階です。すなわち、訴訟物となる権利（この事例でいえば「売買契約に基づく代金支払請求権」）が発生したか、そして現在その権利が消滅していないかなどが問題となります。

②事実上の主張のステップは、法律効果を発生させる要件に該当する具体的事実（第２節で勉強する「要件事実」）の有無を判断する段階です。たとえば、「売買契約の締結」や「代金の弁済」といった事実の有無が問題となります。

③立証のステップは、②の事実を裏付ける証拠について検討する段階です。当事者は、自己の主張を裏付けるため、自動車売買に関する契約書や、代金弁済の領収書などといった証拠を提出することになります。

2 要件事実の基礎

要件事実の意義と役割

●要件事実とは

民事訴訟は訴訟物の存否によって勝敗が決まりますが、訴訟物は観念的な存在であり、目に見えません。そこで、法律などで「要件Aが満たされれば、その効果として権利Bが生じる」と定められている場合、裁判所は、要件Aに該当する具体的事実が存在するという認識を通じて、権利Bが発生したと判断することになります。

実体法には、**権利の発生・障害・消滅・阻止**という法律効果の要件が定められていますが、これらの法律効果を発生させる要件に該当する具体的事実のことを**要件事実**と呼んでいます[78]。

本ケースにおいて、売買契約に基づく代金支払請求権の発生を基礎づける要件事実としては、「XはYに対し、2017年12月19日、自動車Aを代金100万円で売った」という具体的な事実を挙げることができます。

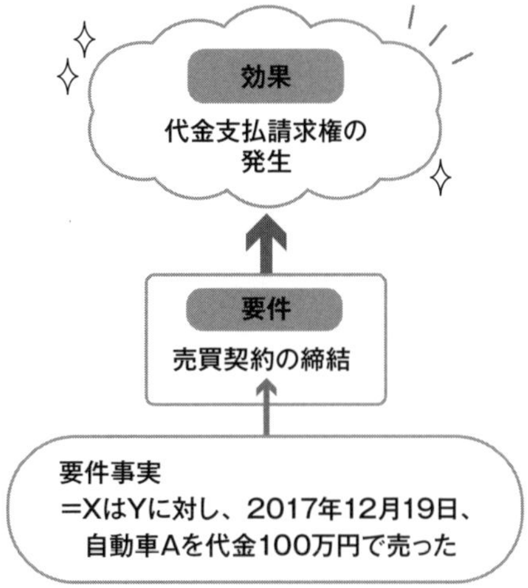

78 ここでいう「要件事実」は、115ページで説明した「主要事実」とほぼ同じ意味と理解しておいてください。

●要件事実の役割――効率的な訴訟運営

要件事実は、無駄な立証活動や事実認定をなくすことにより、**効率的な訴訟運営**を可能にするという役割を担っています。すなわち、裁判所は要件事実の有無を判断すれば判決をすることができ、原告と被告は、要件事実についてさえきちんと立証活動を行えば、自らに有利な判決を得ることができます。

他方で、要件事実にあたらない事実（単なる周辺事情）は勝敗に関係がないため、原告・被告による立証は不要で、裁判所もこれを事実認定の対象から外すことができるわけです。

本ケースのYは、「Xは昔から金遣いが荒く、10年前には借金とりに追われて私に泣きついてきたので、仕方なく30万円を工面してやったことがあったほどでした。Xはこれまで多くの人に嘘をつき、家族や友人からも愛想を尽かされています」と主張していますが、後ほど説明するとおり、これらの事情は要件事実には含まれません。

そのため裁判所は、このような単なる周辺事情の真偽を判断することなく、判決をすることができるのです。

要件事実の基本ルール

ここで、要件事実を勉強する際に、必ずおさえておくべきルールを1つ紹介します。それは、**ある権利の発生要件に該当する事実の存在が認められた場合、権利の発生の障害となる事実、権利を消滅させる事実、権利の行使を阻止する事実が認められない限り、現在もその権利が存在し、行使できるものとして扱われる**ということです。

本ケースでは、仮に、XがYに自動車を100万円で売る契約が締結され、Xはすぐに自動車を引き渡した事実が認められたとします。

この場合には100万円の代金支払請求権が発生することは間違いありませんが、実体法上の権利は時間の経過とともに日々刻々と変化していきます。そのため、売買契約から１年後に訴訟があった場合、その時点で権利がまだ存在しているかどうかは定かではありません。

しかしその場合でも、訴訟上は、以下で説明する、①権利の発生の障害となる事実、②権利を消滅させる事実、③権利の行使を阻止する事実が認められない限り、現在もＸのＹに対する代金支払請求権が存在し、行使できるものと扱われるのです。

以下では、これら①〜③について、簡単に解説します。

①権利の発生の障害となる事実

過去の一時点において権利の発生要件に該当する事実があっても、その発生障害要件に該当する事実があれば権利が発生しないことになり、現在も権利が存在しないものと扱われます。

たとえば、ＸがＹに自動車を100万円で売る契約が締結された場合であっても、この売買契約に関して虚偽表示[79]が認められる場合、権利の発生障害要件に該当する事実にあたるため、自動車の代金支払請求権はそもそも発生しなかったことになります。

②権利を消滅させる事実

過去の一時点において権利が発生しても、後にその消滅要件に該当する事実があると、その時点で権利は消滅し、現在も存在しないものと扱われます。

たとえＹに対する100万円の代金支払請求権が発生した場合であっても、１ヶ月後にＹが売買代金を支払えば、この権利は消滅するということです。

③権利の行使を阻止する事実

過去の一時点において権利が発生し、現在もその権利が存在している

79　民法94条１項（虚偽表示）「相手方と通じてした虚偽の意思表示は、無効とする。」

と扱われる場合であっても、その権利が阻止される場合があります。

たとえば、売買契約の売主・買主には、それぞれ、相手方が債務の履行を提供するまでは、自己の債務の履行を拒むことができるという「同時履行の抗弁権」が認められています[80]。

そのため、Xが自らの債務の履行を提供しない（Yに自動車を引き渡そうとしない）場合には、YはXに対し、「あなたが自動車を引き渡してくれない限り、100 万円は支払いません」と反論することができます。

このように、権利が存在していても、その権利の行使阻止要件に該当する事実がある場合には、権利を行使することはできません。

以上の①〜③の事実についてまとめると、以下のようなイメージとなります。

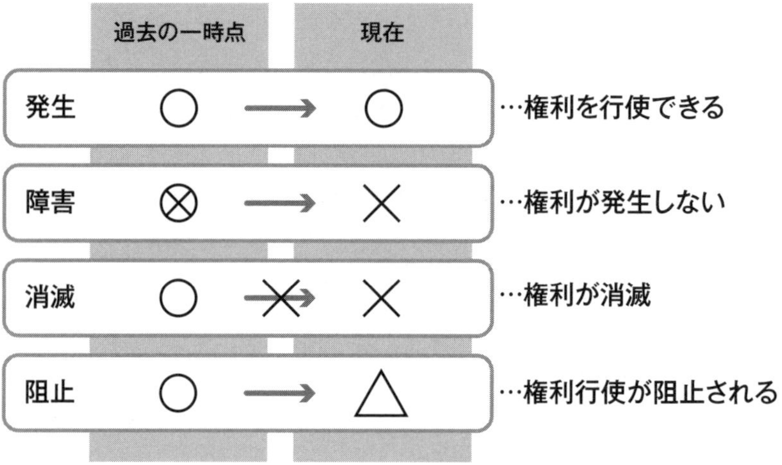

80　民法 533 条（同時履行の抗弁）「双務契約の当事者の一方は、相手方がその債務の履行（債務の履行に代わる損害賠償の債務の履行を含む。）を提供するまでは、自己の債務の履行を拒むことができる。ただし、相手方の債務が弁済期にないときは、この限りでない。」

主張・立証責任とその分配

●立証責任とは

117ページで主張責任という言葉について勉強しましたが、ここではこれと似た「立証責任」という言葉について、説明しておきましょう。

まず、ある要件事実の存在が争われるときは、証拠によってこれを立証しなければならず、立証に成功しなかった場合は、その法律効果の発生は認められません。そして、ここでいう「立証に成功しなかった場合」には、裁判所が「その事実が存在したかどうかわからない」（**真偽不明**）と考えた場合も含まれます。

たとえば、Xが「XY間の自動車Aについての売買契約」の立証を試みたものの、裁判所が「売買契約が締結されたかどうかわからない」と考えた場合、Xが主張する法律効果（売買契約に基づく代金支払請求権）の発生は認められないということです。

このようなルールとすることで、裁判において「原告と被告の言い分のどちらが正しいかわからず判決できない」という事態を防いでいるということができます。

このように、訴訟上、ある要件事実の存在が真偽不明に終わったためにその法律効果の発生要件が認められないという一方当事者の受ける訴訟上の不利益を、**立証責任**と呼んでいます。

●主張・立証責任の分配

以上の説明で、主張責任や立証責任（両者をまとめて**主張・立証責任**と呼びます）は訴訟の勝敗と直結するものであるということがわかっていただけたかと思います。

そのため、それぞれの法律効果について、原告と被告のどちらが主張・立証責任を負うかが訴訟の勝敗を分ける重要なポイントとなりますが、一般的には、**その法律効果の発生によって利益を受ける当事者に主張・立証責任がある**と考えられています。

今回の訴訟でいうと、「自動車の売買契約の締結」という事実により利益を受けるのはXですので、その事実についてはXに主張・立証責任があります。他方で、仮に「売買契約においてYに錯誤があった」という事実や、「YはXに売買代金100万円を支払った」という事実の有無が争点になる場合、その事実によって利益を受けるのはYですので、これらの事実についてはYに主張・立証責任があるということです。

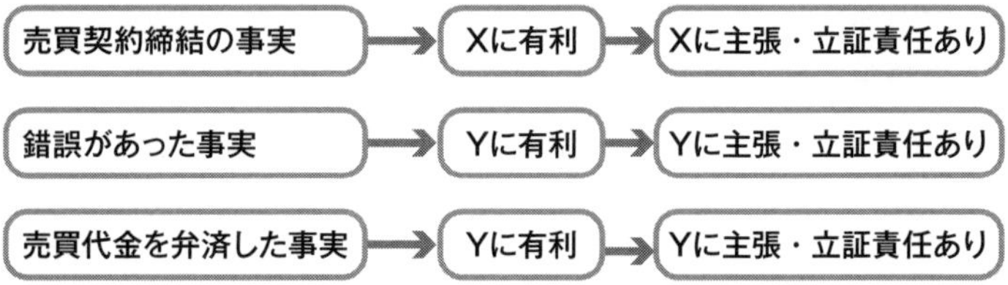

民事訴訟の各当事者は、自らに主張・立証責任がある事実について、証拠を提出して立証活動を行っていくことになります。

3 民事訴訟における攻撃と防御

ここからは、実際の民事訴訟において、原告と被告による攻撃防御がどのように展開されていくのかを学んでいきましょう！

X の先制攻撃

●「請求の趣旨」と「請求原因」

民事訴訟は、原告が裁判所に**訴状**を提出することから始まります。訴状においては、原告の主張の結論となる部分である**請求の趣旨**と、訴訟物である権利又は法律関係を発生させるために必要な法律要件に該当する事実である**請求原因**についての記載が特に重要になります。

本ケースにおいては、請求の趣旨として「被告は、原告に対して、100 万円を支払え」と記載されることが考えられます。この部分は、原告が勝訴した場合の判決の主文に対応しています。

一方で、請求原因において、X は「売買契約に基づく代金支払請求権」が存在することを基礎づける事実を主張することになります。そして、売買代金債権の発生に必要な要件は「売買契約の締結」だけです。

したがって、X が Y に売買契約に基づき代金の支払いを請求する場合、X は請求原因として、「自動車 A についての XY 間の売買契約の締結」という要件に該当する事実を主張します。具体的には、「X は Y に対し、2017 年 12 月 19 日、自動車 A を代金 100 万円で売った」という事実が、請求原因として記載されます。

訴状で特に重要な箇所

- 請求の趣旨……原告の主張の結論
- 請求原因……訴訟物である権利又は法律関係を発生させるために必要な法律要件に該当する事実

●請求原因として主張・立証する必要がないこと

以上のように、請求原因としては、「XはYに対し、2017年12月19日、自動車Aを代金100万円で売った」という事実が主張・立証されれば十分です。したがって、たとえば以下のような事実について、Xは主張・立証責任を負いません。

・「代金の支払期限の合意」及び「支払期限の到来」

Xは、代金の支払期限の合意や、その期限の到来にあたる事実を主張・立証する必要はありません。つまり、Xは「自動車AをYに100万円で売った」事実さえ主張・立証すれば十分であり、「履行期限は2017年12月25日と合意され、その期限は既に到来したこと」などについて主張・立証する必要はないということです。

なお、「代金の支払期限の合意」は、Yが主張・立証責任を負う事項であるとされています。そのため、Yが「たしかにXとの間で売買契約を締結したが、その際、代金の支払期限は2018年3月19日と合意され、まだその期限は到来していない」と反論をする場合には、Yの方から、売買契約には代金の支払期限に関する合意があったことを主張・立証する必要があります。

・売買代金の不払い

また、Xは「Yが代金をまだ支払っていないこと」まで主張・立証をする必要はありません。立証とは、証拠を提出して証明することをいいますが、「Yが代金を支払っていないことの証拠を出せ」といわれても、

「ないこと」の証明は難しいですよね。

したがって、Yによる売買代金の未払いについてXは主張・立証責任を負っておらず、Yが「私は既に売買代金を支払った」と反論したい場合には、Yによる売買代金の弁済の事実について、Yが主張・立証責任を負うものとされています。

Yの防御と反論──認否と抗弁

●Yによる3つの反論

次に、Xの主張に対するYの反論について考えてみましょう。本ケースの場合、たとえば、Yの反論として次の3つが考えられます。

【反論1】
Xは自動車Aを私に売ったといっているが、それは大嘘だ。自動車Aは、Xが「お世話になったお礼です」といって私にくれたものである。私がXから自動車Aを買う契約を結んだことなどない。

【反論2】
たしかに私は、Xから自動車Aを100万円で買ったが、1ヶ月後に代金100万円を支払った。それにもかかわらず、Xが再度100万円の支払いを求めてくるのはおかしい。

【反論3】
私は自動車Aが1980年に製造されたW社の限定モデルだと思い込み、Xからこれを購入したが、実際には自動車Aは1981年のモデルだった。私は勘違いで売買契約を結んでしまったのだから、こんな契約は取り消す。

これらの反論は、法的にはどのように整理されるのでしょうか。以下、確認していきましょう。

●認否――相手方の主張に対する応答

Yの反論について考えるにあたり、まず皆さんには、相手方が主張する事実に対する応答である「認否」という言葉を覚えていただきたいと思います。認否には、**①認める（自白）**、**②否認**、**③不知（知らない）**、**④沈黙**という4つの種類があるので、それぞれの意味をおさえておきましょう。

①認める（自白）

【反論2】と【反論3】において、Yは、Xから自動車Aを代金100万円で買った事実それ自体は認めていますね。したがって、Xの主張している自動車Aの売買契約締結の事実について、【反論2】と【反論3】における認否はいずれも**「認める」**ということになります。

相手が主張した事実を当事者がそのまま認めると、それは当事者間で争いのない事実（自白された事実）として扱われます。118ページで説明したとおり、裁判所は、当事者間に争いのない事実はそのまま判決の基礎としなければならず、この事実に反する事実を認定することは許されません（自白の裁判所拘束力）。したがって、このような事実については、そもそも証拠によって認定する必要がなくなります。

②否認

【反論1】で、Yは、「XY間で自動車の売買契約を締結した事実は存在しない」と反論しています。このように、相手の主張する事実の存在を否定することを**否認**といいます。

請求原因については原告が主張・立証責任を負っているため、請求原因の事実が否認されると、原告は、証拠を提出してこの事実の存在を立証しなければなりません。民事訴訟においては、一方の当事者が否認し、原告と被告の間でその存在について争いのある事実が、証拠調べの主な対象となります。

③不知（知らない）、④沈黙

不知は、相手が主張する事実の存否を知らないという意味ですが、不知とされた事実については争ったものと推定されるため[81]、結果的には、否認された事実と同様、証拠調べによる立証が必要となります。

また、相手の主張に対して①〜③の認否を行わない場合を**沈黙**といい、この場合は原則として自白したものとみなされます[82]。

認否の４種類

①認める（自白）　→「争いのない事実」として裁判の基礎となる
②否認　→　証拠を提出して立証する必要がある
③不知（知らない）　→　争ったものと推定される
④沈黙　→　原則として自白したものとみなされる

ここで注意が必要なのは、一方の当事者が主張する要件事実の１つ１つについて、以上で説明したような認否が必要になるということです。

たとえば、所有権に基づく土地明渡請求の要件事実は、（１）原告が土地を所有していること、（２）被告がその土地を占有していること、の２つですが、この場合、被告としては、（１）の事実について、認める・否認・不知・沈黙のいずれかの認否を行うとともに、（２）の事実についても認否を行うことが必要となります。

【所有権に基づく土地明渡請求】

請求原因

(1) 原告が土地を所有していること
(2) 被告がその土地を占有していること

←

認否

(1) について、認める／否認／不知／沈黙のいずれか
(2) について、認める／否認／不知／沈黙のいずれか

81　民事訴訟法159条２項
82　これを「擬制自白」と呼びます（民事訴訟法159条１項）。

●抗弁――相手方の主張に対する反撃

次に、相手方の主張に対する反撃にあたる、「抗弁」という言葉についても説明します。

抗弁とは、請求原因と両立し、かつ、請求原因が存在することによる権利（法律効果）の発生をさまたげ、これを消滅させ、又は権利の行使を阻止する法律要件に該当する事実の主張のことをいいます。

本ケースでいうと、Yは【反論2】では弁済の主張をしており、【反論3】では錯誤による取消しを主張しています[83]。これらの主張は、いずれもYによる抗弁となります。

抗弁について理解を深めるために、先ほど説明した否認と比較してみましょう。

否認は「そもそも原告の主張する事実は存在しない」という反論であり、「請求原因の事実と両立しない」という点に特徴があります。Xが「XとYは売買契約を締結した」と主張し、Yが「売買契約は締結していない」と反論する場合、2人の言い分の両方が真実であるということはありえないため、両者は非両立の関係にあります。これが否認です。請求原因が否認されると、原告（X）はこの事実を立証する必要があります。

これに対し、【反論2】の弁済の主張も【反論3】の錯誤の主張も、請求原因である「XとYは売買契約を締結した」という事実と両立するものです。このような反論を抗弁と呼び、抗弁を基礎づける事実については、被告（Y）が主張・立証責任を負うことになります。

●否認（請求原因と両立しない）

83　【反論3】は、民法95条1項2号に基づく錯誤の主張と考えられます。
民法95条1項（錯誤）「意思表示は、次に掲げる錯誤に基づくものであって、その錯誤が法律行為の目的及び取引上の社会通念に照らして重要なものであるときは、取り消すことができる。
①意思表示に対応する意思を欠く錯誤
②表意者が法律行為の基礎とした事情についてのその認識が真実に反する錯誤」

→請求原因について原告に主張・立証責任がある

● 抗弁（請求原因と両立する）

→抗弁の事実について被告に主張・立証責任がある

Xの再反論──否認・再抗弁

次に、Yの主張する抗弁に対して、Xはさらにどのような反論ができるかについても説明をしておきます。例として、Yが「錯誤を理由に売買契約を取り消す」という抗弁を提出した場合を考えてみましょう。

Xが再反論をする場合、選択肢としては「Yの抗弁となる事実を否認する」という方法と、「再抗弁を提出する」という方法の2つが存在します。

否認は、先ほど説明したことと同じです。錯誤とは「思い違い」のことですので、Xとしては、「Yの主張するような錯誤（思い違い）は存在しなかった」と反論することになります。この場合、錯誤の抗弁に関する主張・立証責任はYが負っていますので、Xとしては「錯誤がなかったこと」まで立証する必要はなく、Yが「錯誤があったこと」を立証する必要があります。

再抗弁も、基本的な考え方は抗弁の場合と同様です。抗弁を基礎づける事実と両立し、抗弁から生じる法律効果を妨げる主張を、**再抗弁**と呼びます。

本ケースでいえば、民法95条3項により、Yに重過失が認められる場合には原則として意思表示を取り消すことはできません[84]。したがって、Yの重過失を基礎づける事情が再抗弁にあたります。ここでは紙幅

84 民法95条3項（錯誤）「錯誤が表意者の重大な過失によるものであった場合には、次に掲げる場合を除き、第1項の規定による意思表示の取消しをすることができない。
①相手方が表意者に錯誤があることを知り、又は重大な過失によって知らなかったとき。
②相手方が表意者と同一の錯誤に陥っていたとき。」

の関係上、再抗弁までしか言及しませんが、法律構成によっては、さらなる反論として再々抗弁が登場することもあります。

攻撃防御構造の整理

ここまで、民事訴訟の実務で使われる重要な考え方について学んできましたが、内容としてはなかなか難しかったと思います。

そこで最後に、Yによる【反論1】～【反論3】それぞれについて、XとYの攻撃防御の構造を、図を使って整理してみましょう。ロースクールや司法修習で複雑な事案を扱う場合も、以下のような図を使って当事者の主張を整理することがよくあります[85]。

●【反論1】の場合

反論1ではYから抗弁は提出されていませんので、裁判では、Yが否認した事実（XY間の売買契約締結の事実）の有無が主要な争点となり、Xがこの事実を立証できるかにより勝敗が決まります。

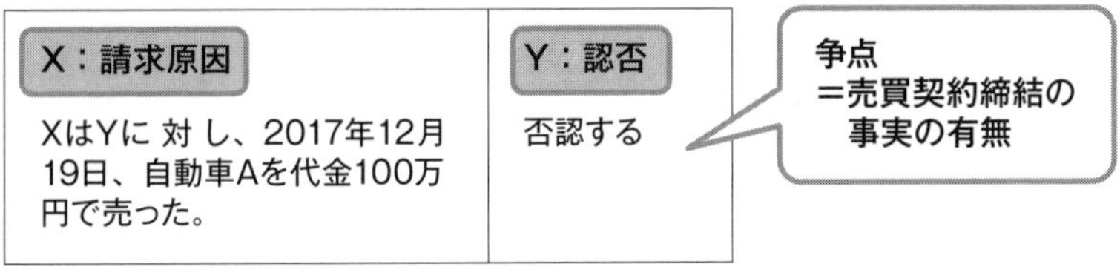

●【反論2】の場合

反論2では、YはXの請求原因となる事実自体は認めていますが、弁済の抗弁を提出しています。これに対し、Xが「Yから100万円を弁済された覚えはない」と主張する場合、Xはこの事実を否認したことになりますので、以下のように整理することができます。

85　ロースクールでは、訴訟における攻撃防御の構造や相互関係を把握するために、「ブロック・ダイアグラム」と呼ばれる図を用いることがあります。本文中の図は、このブロック・ダイアグラムを少しアレンジしたものです。

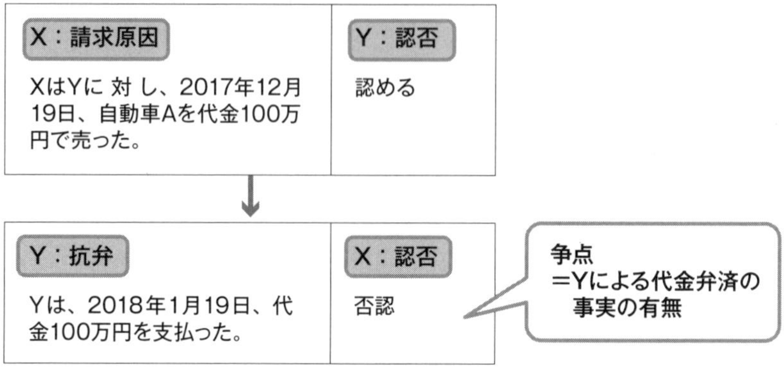

●【反論３】の場合

反論３では、ＹはＸの請求原因となる事実自体は認めていますが、錯誤による取消しの抗弁を提出しています。この場合に、Ｘが「Ｙに錯誤はなかった」と主張すると、Ｘは抗弁の事実を否認したことになります。また、Ｘが「仮に錯誤があったとしても、Ｙには重過失が認められるので、Ｙは意思表示を取り消せない」と主張する場合には、Ｘは再抗弁として、Ｙの重過失を根拠付ける事情を主張・立証する必要があります。

これに対して、Ｙが「そのような事情は存在しない」と反論する場合には、ＹはＸが主張する事実を否認することになります。以上のような攻防が展開された場合には、両者の主張は次ページの図のように整理することができます。

この場合、実際の訴訟では、「Ｙに錯誤があったか」、また、「錯誤があった場合に、Ｙには重過失が認められるか」といった点が争点になり、これらの点について、立証活動が行われます。

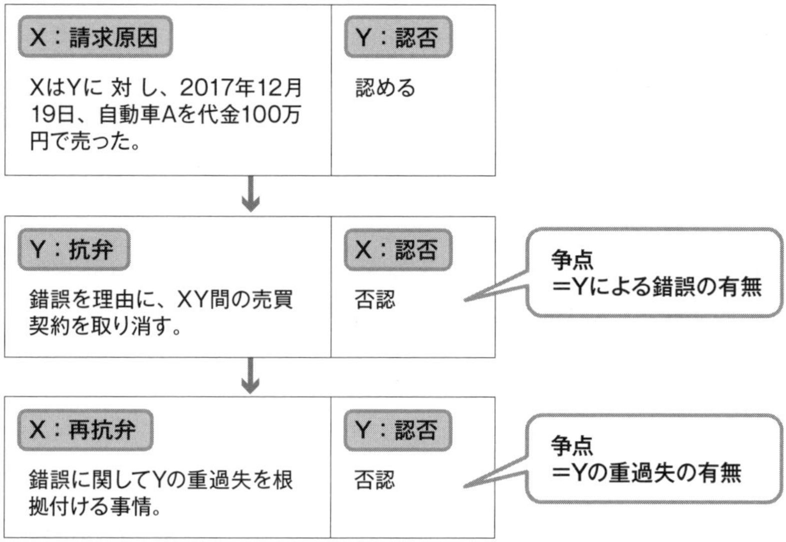

◇　　　◇

繰り返しになりますが、要件事実の勉強は、司法修習や訴訟実務の土台となるものですので、非常に重要です。

本章では要件事実の基礎的な知識と考え方はカバーできているので、あとは、たとえば「不動産の明渡請求訴訟」や「金銭消費貸借契約に基づく貸金返還請求訴訟」など、典型的な訴訟類型においてどのような要件事実が必要となり、主張・立証責任はどのように分配されるのかというパターンを頭に入れておきましょう。

これらの典型的なパターンを頭の中で整理できていれば、試験でどんなに複雑な問題が出ても、自分が知っているパターンとの共通点や相違点を意識しながら自分なりに要件事実を分析することができます。この力が身につけば、司法修習も決して怖くありません！

第14章のポイント

- ▶ 民事訴訟においては、原告が主張する**訴訟物**が存在すると認められる場合には原告が勝訴し、これが存在しない場合には被告が勝訴する。

- ▶ 権利の発生・障害・消滅・阻止という法律効果を発生させる要件に該当する具体的事実のことを**要件事実**という。

- ▶ ある要件事実の存在が**真偽不明**に終わったためにその法律効果の発生要件が認められないという一方の当事者の受ける訴訟上の不利益を、**立証責任**という。

- ▶ 訴状においては、原告の主張の結論となる部分である**請求の趣旨**と、訴訟物である権利又は法律関係を発生させるために必要な法律要件に該当する事実である**請求原因**についての記載が特に重要である。

- ▶ 認否には、①**認める（自白）**、②**否認**、③**不知（知らない）**、④**沈黙**という4つの種類がある。

- ▶ **否認**は相手の主張する事実の存在を否定するものであり、請求原因の事実と両立しない。**抗弁**とは、請求原因と両立し、かつ、請求原因が存在することによる権利（法律効果）の発生を障害し、これを消滅させ、又は権利の行使を阻止する法律要件に該当する事実の主張のことをいう。

第2部

第15章

判例の重み

第 15 章の概観

- ▶ 第 1 節では、法令と判例の違いや、最高裁判所の**判例**と下級裁判所の**裁判例**の違いなどにも触れつつ、プロの法律家にとって判例が持つ重要性について説明します。
- ▶ 第 2 節では、実際の民事訴訟において弁護士が判例をどのように「武器」として利用するのかを見ていきましょう。
- ▶ 最後の第 3 節は、法曹界では必ずビッグニュースとなる**判例変更**についてです。旧刑法 200 条の尊属殺人に関連するものなど、立法に影響を与えるほど大きなインパクトを持った判例変更の具体例も紹介します。

法律の勉強をしている皆さんなら、殺人罪について定めた刑法199条を見たことがあるかと思います。では、その1つ隣の200条はどうでしょうか？

実は、六法を開いて刑法200条を見てみても、そこには「削除」と書かれているだけです。かつて、ここには尊属殺人という犯罪に関する規定が置かれていましたが、ある悲しい理由から条文自体が抹消されました。その理由は、この章で勉強する判例と大きく関わっているので、詳しくは後ほどお話しすることにします。

さて、ロースクールでは判例が非常に重視され、判例を正確に読み解く力が求められます。これは、後ほど紹介する「判例は実務を支配する」という言葉のとおり、実務は判例によって動いているからです。

この章では、なぜ実務において判例が重要な意味を持つのか、また、法律家は判例をどのように使うのかということを学んでいきます。

1 判例の重要性

法令と判例の違い

第1章では、法律家には条文・判例・学説という3つの武器があることを説明しました。ここで、法律家にとっての法令（条文）と判例の位置づけの違いを確認しておくことにしましょう。

まず、裁判の基準となる「法」は、成文法と不文法とに分けられますが、判例法主義（判例を重視する立場）に立つイギリスなどの国と違い、日本は**成文法主義**（成文法を重視する立場）を採用しています。成文法主義の下では、条文の形で定められた法令は裁判官に対して絶対的な拘束力を持ち、裁判官は法令に従って裁判を行う必要がある一方で、判例はこのような絶対的な拘束力を持つものではありません。

つまり、裁判官は必ず判例に従わなければならないというわけではなく、判例と異なる判断をすることができます。また、法令に反する裁判は違法なものとなりますが、裁判官が判例に反する裁判をしたとしても、それが直ちに違法となるわけではありません。

このように、判例の拘束力は法令が持つ拘束力より弱いものであることから、判例は**事実上の拘束力**を持つに過ぎないものであるといわれています。

判例は実務を支配する

判例は事実上の拘束力を持つに過ぎないものですが、裁判実務や弁護士の日々の仕事においては、判例は法令と同じくらい重要な意味を持っています。その理由は、以下の通りです。

全国では数多くの裁判官が日々裁判を行っていますが、1つの論点について過去の判断と異なる判断がなされたり、各地の裁判官がまちまちの判断をしたりすると不公平が生じてしまいます。そのため、各裁判官はいつでもできるだけ同じ判断基準を持っていることが、公平かつ理想的な姿であるといえます。

そこで、それぞれの裁判官は判例を基準として自らの裁判を行おうとすることで、判断基準の統一が図られているのです。

このような理由から、法律家が法的な主張を行おうとする場合、判例の立場を踏まえた議論が不可欠になります。この点に着目して、**「判例は実務を支配する」**といわれるほどです。

そのため、法律家にとって、判例は法令に次いで強力な武器となります。依頼者から相談を受けた弁護士は、事案に関連する判例がないかをまずリサーチし、それがある場合には、判例の立場を踏まえた主張を組み立てていくことになります。

判例と裁判例の違い

全国の裁判所が下した判断のうち、**事実上の拘束力を持つ「判例」は、最高裁判所による判断に限られる**という点には注意が必要です。

日本の裁判所にはいくつかの種類がありますが、簡易裁判所・家庭裁判所・地方裁判所・高等裁判所はまとめて**下級裁判所**と呼ばれ、**最高裁判所**とは区別されています。

最高裁判所は全国にある裁判所の頂点に位置し、日本の裁判所の判断を統一する機能を担っています。そのため、実務においては最高裁判所の判断が最も重視され、最高裁判所の判断にのみ、法令に準じた事実上の拘束力が認められています（拘束力のある最高裁判所の判例と区別するために、拘束力のない下級裁判所の判断を**「裁判例」**と呼ぶことがあります[86]）。

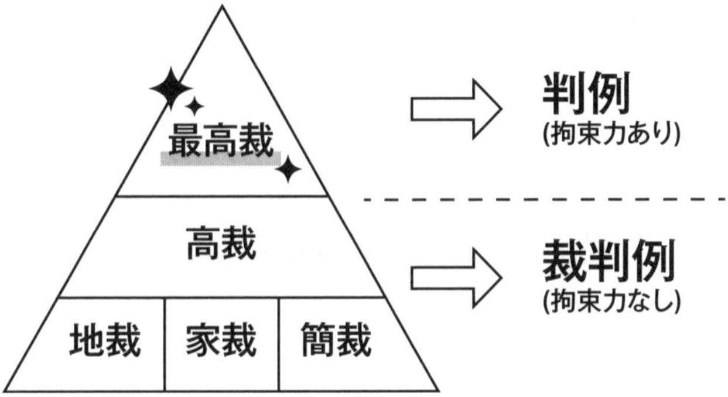

2 判例を味方につける

実務において判例は重要な意味を持つため、弁護士が判例を味方につけることができれば、交渉や訴訟を有利に進めることができます。ここでは、実際の訴訟において弁護士がどのように判例を武器として使っていくのか、具体的なケースに即して見ていくことにしましょう。

パートナーシップ関係の破棄による慰謝料請求

●事案の紹介

弁護士にはさまざまな依頼が舞い込んでくるため、事案によって、依頼者に有利な判例があるときもあれば、不利な判例があるときもあります。いずれにしても、ある論点に関する判例が存在する場合、弁護士はそれを踏まえた主張を行う必要があります。

具体例として、まずは次の**「永遠《とわ》の愛」破局事件**という架空の事案を読んでみてください。以下ではこれを「本ケース」と呼びます。

「永遠の愛」破局事件

- X（女性）とY（男性）は、約15年前に交際を始め、徒歩5分ほどの距離にある2つのアパートに別々に暮らしていた。交際中、2人は自己の生計で独立した生活を営んでおり、共有する財産はなかった。2人は頻繁に互いの家を行き来し、早く結婚したいと願っていたが、Yの両親が猛反対し、正式な結婚ができずにいた。
- このような関係が約10年間継続した頃、2人の間に子が生まれた。Xの家でその子を養育することとしたが、Yも養育費を負担し、子の面倒をよく見ていた。その頃2人は、「私たちは永遠《とわ》

86　下級裁判所の判断には事実上の拘束力すら認められていませんが、これも公式な裁判であることに変わりはないため、先例として一定の意味を持っています。そのため、法的な主張において、下級裁判所の判断が引用されたり参考にされたりすることが多々あります。

に愛し合うことを誓います。私たちは、他の人と交際したり結婚したりすることは絶対にありません」と書かれた書面を作成し、互いに署名した。

- 上記の書面を作成してから約1年後、YはZ（女性）と交際をはじめ、間もなくZとの結婚を決めた。その後、YはXに、Zと結婚するためXとの関係を解消する旨を伝えた。
- Xは、一方的に関係を破棄したYに対して慰謝料を請求したいと考え、A弁護士に頼んで訴訟を提起した。これに対し、YはB弁護士に訴訟の対応を依頼した。訴訟においては、XとYの間に内縁関係があったといえない場合であっても、Xによる不法行為に基づく慰謝料請求が認められるかが争点となった。

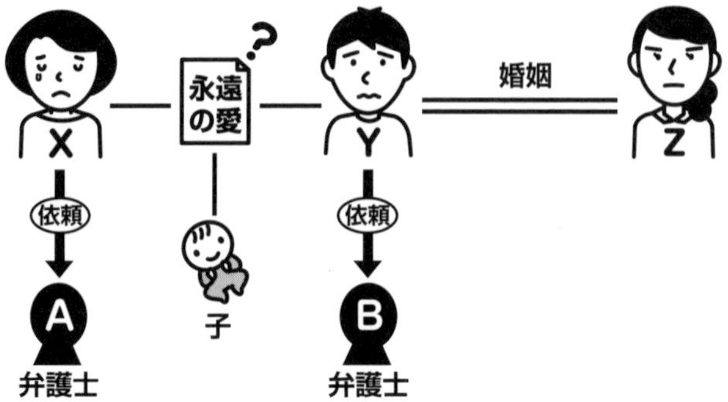

●問題の所在

XとYの修羅場が容易に想像できる事件ですね（笑） 本件において、仮にXとYが結婚していたとすると、YがZと交際したり性的関係を持つことにより精神的苦痛を受けたとして、XはYに対して慰謝料を請求できます。

また、確立した判例法理により、**内縁**（実質的には夫婦関係にありながら、届出がないため法律婚とは認められない男女関係）も法律上の「婚姻に準ずる関係」であるとして保護の必要性が認められているため、

Ｙが内縁関係を不当に破棄したといえる場合には、ＸはＹに対して慰謝料を請求できます[87]。

もっとも、一般的に、内縁関係が認められるためには夫婦同様の共同生活と認められるような関係が必要となるところ、本ケースにおいては、ＸとＹはそれぞれ独立した生活を営んでおり同居も共有財産も存在しないため、内縁関係があったとはいえません。

このように、婚姻又は内縁関係にないものの親密な男女関係にある状態を、**パートナーシップ関係**と呼ぶことがあります。この訴訟では、一方的にＸとのパートナーシップ関係を解消したＹに対して、Ｘが慰謝料を請求できるかが問題となります。

ここでは、Ａ弁護士及びＢ弁護士のそれぞれの立場に立って、本ケースに関連する判例・裁判例を武器として利用し、どのような主張をすることができるかを検討してみることにしましょう。

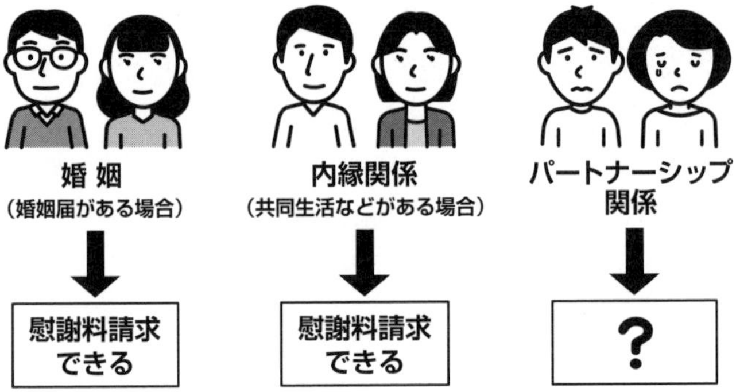

87　最判昭和33年4月11日

原告（A弁護士）の主張

まず、X（原告）から依頼を受けたA弁護士としては、どのような主張をすることができるでしょうか。

A弁護士は必死に判例を調査しましたが、残念ながら、パートナーシップ関係の一方的な解消により慰謝料請求が認められた判例を見つけることはできませんでした。もっとも、調査の中で大阪地方裁判所による以下の裁判例を見つけました。

裁判例の概要（大阪地判平成３年８月29日）

国家公務員であったC（男性）とD（女性）は、別々のマンションに居住していたが、互いに相手のマンションに行き来し、夫婦としての宿泊旅行もするなどしており、約16年間、パートナーとして安定した関係を継続していた。

Cの死亡後、Dが国家公務員退職手当法11条1項の「届出をしていないが、職員の死亡当時事実上婚姻関係と同様の事情にあった者」にあたるかが争われた裁判において、裁判所は「CとDは事実上の夫婦と認めるのが相当である」と判示してこれを肯定し、Cの死亡退職手当の受給権がDにあることを認めた。

A弁護士の立場からすると、この裁判例を、同居をしていない男女であっても長年にわたりパートナーとしての関係を継続していれば、「事実上の夫婦」と認められる可能性があることを判示したものと理解することができます。これはA弁護士にとって有利な裁判例です。

もっとも、この裁判例はあくまで地方裁判所の判決であり、「判例」ではありません。また、この判示は行政法規の要件についての判断に過ぎず、この理論をそのまま「パートナーシップ関係の破棄による慰謝料請求のケース」にあてはめて考えることは難しいといえます。

そのため、この裁判例それ自体は、A弁護士にとっての強い武器になるとはいい難いと思われます。

被告（B弁護士）の主張

次に、Y（被告）から依頼を受けたB弁護士としては、どのような主張をすることができるでしょうか。B弁護士が調査した結果、男性がパートナーシップ関係を一方的に解消した場合に女性からの慰謝料請求が認められなかった判例を見つけました。

この判例の事案は、以下のようなものでした。

事案の概要（最判平成 16 年 11 月 18 日）

E（女性）とF（男性）は、昭和 60 年 11 月に知り合い、その1ヶ月後に婚約したが、翌年3月に婚約を解消した。婚約解消に際して、2人は、「お互いにとって大切な人であることにはかわりはないため、スープの冷めないぐらいの近距離に住み、特別の他人として、親交を深めることに決めました」と記した連名の書状を、知人に送付した。その後も、EとFは約 16 年間交際を続け、2人の子供をもうけ、仕事の面で相互に協力をしたり、一緒に旅行をすることもあった。なお、子の養育はFのみが行い、Eは一切かかわらなかった。

平成 12 年頃、Fは勤務先で知り合った女性と交際を始め、翌年にはその女性との結婚を決意した。FはEに、他の女性と結婚する旨を告げ、Eとの関係を一方的に解消した。

この事案において、EはFに対して慰謝料を請求しましたが、最高裁判所は以下のように判示し、Eの請求を斥《しりぞ》けました。まず、この判例の結論部分をチェックしましょう。

判旨1（最判平成 16 年 11 月 18 日）

「EとFとの間の上記関係については、婚姻及びこれに準ずるものと同様の存続の保障を認める余地がないことはもとより、上記関係の存続に関し、FがEに対して何らかの法的な義務を負うものと解することはでき……ない。そうすると、Fが長年続いたEとの上記関係を前記のような方法で突然かつ一方的に解消し、他の女性と婚姻するに至ったことについてEが不満を抱くことは理解し得ないではないが、Fの上記行為をもって、慰謝料請求権の発生を肯認し得る不法行為と評価することはできないものというべきである。」

要するに、最高裁判所は判旨1において、EとFは婚姻関係や内縁関係にあったわけではない以上、FはEとの関係を存続させる義務を負うものではないため、FがEとの関係を一方的に解消し、他の女性と結婚したとしても、それによって慰謝料請求権が発生するものではないと判断したわけです。

この判断は最高裁判所による判例であり、事案も本ケースに類似しているため、B弁護士にとって強力な武器になります。B弁護士は訴訟において、「判例によれば、最高裁判所は婚姻関係や内縁関係に至らないパートナーシップ関係の解消については慰謝料請求が認められないという立場である以上、本ケースにおいてもXの慰謝料請求は認められない」と主張することが考えられます。

原告（A弁護士）の反論

判例・裁判例を見る限り、本ケースはY(被告)のほうが有利な事案といえそうです。A弁護士としては、なかなか苦しい展開です。

とはいえ、依頼者に不利な判例がある場合でも、弁護士は決してあきらめてはいけません。A弁護士の立場に立って、判例を丁寧に分析してどのような反論をすることができるかを考えてみましょう。

●「判例はパートナーシップ関係の一般論を示したものではない」という反論

まず、A弁護士は、この判例はあくまで当該事案におけるEとFの関係を論じたものであり、パートナーシップ関係の一般論を示したものではないと反論することが考えられます。つまり、最高裁判所は「パートナーシップ関係を一方的に解消しても慰謝料請求は認められない」とは一言もいっておらず、あくまで「本件におけるEの慰謝料請求は認められない」と判示したに過ぎないということです。

判旨1をもう一度眺めてみると、たしかに、パートナーシップ関係一般については何も述べられていないことがわかります。むしろ、判旨1の冒頭には「EとFとの間の上記関係については」という限定がついており、他のパートナーシップ関係については慰謝料請求権が発生する可能性があることを示唆しているともいえそうです。

このように考えると、この判例を根拠に、「最高裁判所はパートナーシップ関係の解消については慰謝料請求を認めない立場である」と一般化して理解することはできません。したがって、A弁護士としては、この判例があるからといって、直ちに本件においてXの慰謝料請求が認められないという結論を導くことはできないと主張することが考えられます。

●「判例と本件ケースの事実関係は大きく異なる」という反論

さらに、A弁護士としては、「判例の事実関係と本ケースの事実関係は大きく異なるため、判例の考え方を本ケースに適用するのは妥当ではない」と反論していくことが考えられます。

実は、この判例の結論部分（判旨1）の前には、このような反論の根拠となる判示が存在します。次の判旨2にA弁護士の反論のヒントが隠れていないか、探してみましょう。

判旨２（最判平成16年11月18日）

「①ＦとＥとの関係は…約16年間にわたるもので…あったこと、しかしながら、②上記の期間中、両者は…共同生活をしたことは全くなく、それぞれが自己の生計を維持管理しており、共有する財産もなかったこと、③Ｅは…２人の子供の養育には一切かかわりを持っていないこと…、④ＦとＥ…が婚約を解消して以降、両者の間に民法所定の婚姻をする旨の意思の合致が存したことはなく、かえって、両者は意図的に婚姻を回避していること、⑤ＦとＥとの間において…、その一方が相手方に無断で相手方以外の者と婚姻をするなどして上記の関係から離脱してはならない旨の関係存続に関する合意がされた形跡はないことが明らかである。」

最高裁判所は、判旨２の②～⑤の事情を根拠に、判旨１において、Ｅの慰謝料請求は認められないという判断を下しました。

②～⑤の事情を見てみると、判例におけるＥとＦの関係は、本ケースにおけるＸとＹの関係とだいぶ異なっているようです。両者の違いを明らかにするために、重要なポイントを次ページの表にまとめてみました。

表にしてみると、判例と本ケースの事案の違いが際立ってきますね。

判例におけるＥとＦは、ある意味で「割り切った関係」のようですので、Ｆが独断で第三者と結婚をすることが不法行為になると断じることは難しいように思われます。

他方で、本ケースのＸとＹは、Ｙの家庭の事情により結婚こそできていないものの、２人は永遠の愛を誓い、他人と交際したり結婚したりしないことを約束する書面まで作成しています。また、子の養育も２人で協力して行っています。

このような状況でＹが一方的にＸとの関係を解消することで、内縁の不当破棄の事例と同様に、Ｙによる不法行為が成立すると考えることは、あながち無理な話ではないようにも考えられます。

以上を踏まえ、A弁護士は、特に判例が指摘する③〜⑤の点について、判例と本ケースの事実関係は大きく異なるため、判例の考え方を本ケースに適用するのは妥当ではないと反論していくことになるでしょう。

判例（最判平成16年11月18日）		本ケース	評価
②	EとFは共同生活をしたことがなく、それぞれ自己の生計を維持管理し、共有財産はなかった。	XとYは別々に暮らし、それぞれが自己の生計で独立した生活を営み、共有財産はなかった。	ほぼ一致
③	Eは、子の養育に一切かかわっていない。	Xの家で子を養育し、Yは子の養育費を負担していた。	異なる
④	EとFの間に婚姻をする意思の合致が存したことはなく、かえって、両者は意図的に婚姻を回避していた。	XとYは早く結婚したいと願っていたが、Yの両親が猛反対し、正式な結婚ができずにいた。また、2人が「意図的に婚姻を回避」したような事実はない。	異なる
⑤	EとFの間には、一方が相手方に無断で相手方以外の者と婚姻をするなどして2人の関係から離脱してはならない旨の合意がされた形跡はない。	XとYは、書面で「私たちは他の人と交際したり結婚したりすることはない」旨を約束した。	異なる

↓

【判例の結論】
Eの慰謝料請求は認められなかった

↓

【本ケースの結論】
？？？

原告と被告の主張のまとめ

以上のとおり、実際の裁判では、原告と被告の双方が自らの主張に有利に働く判例・裁判例を持ち出し、議論を重ねていくことになります。裁判所としては、以上の議論を踏まえ、本ケースの具体的な事実関係を認定した上で、XとYの関係を内縁関係に準じたものとして考えるべきかについて検討します。

ここまで見てきた原告（A弁護士）と被告（B弁護士）の主張は、以下のように整理することができます。最後に、皆さんがどちらかの弁護士だったら更にどのような主張を加えるか、また皆さんが裁判官であればどちらの主張が合理的と判断するか、考えてみてください。

原告（A弁護士）の主張

大阪地判平成3年8月29日が判示しているとおり、同居をしていない男女であっても長年にわたりパートナーとしての関係を継続していれば「事実上の夫婦」と認められるから、YによるXとの関係の一方的な破棄も、不法行為を構成する。

↓

被告（B弁護士）の主張

判例によれば、最高裁判所は婚姻関係や内縁関係に至らないパートナーシップ関係の解消については慰謝料請求が認められないという立場である以上、本ケースにおいてもXの慰謝料請求は認められない。

↓

原告（A弁護士）の反論

・被告の挙げる判例は、パートナーシップ関係の一般論を示したものではない。
・被告の挙げる判例の前提となった事実関係と本ケースの事実関係は大きく異なるため、判例の考え方を本件に適用するのは妥当ではない。

3 判例に挑む——判例変更

判例変更とは

先ほど「判例は実務を支配する」というお話をしましたが、それは「判例はいつも正しい」ということを意味するわけではありません。最高裁判所の判断といえども、ときには論理的な説得力を欠いていたり、社会の実情と合致していない場合もあります。また、時の経過に伴い合理性が失われてしまった判例もあります。

そのため弁護士としては、依頼者の権利や社会正義を実現するために、判例に「挑む」ことが必要になる場合があります。

この章の冒頭でお話ししたとおり、最高裁判所が過去の判例と異なる判断をすることも認められており、これを**判例変更**と呼んでいます。

判例変更がなされると、変更された判例は拘束力を失い、変更後の判例がそれにかわって新たに事実上の拘束力を持つことになります。

そのため、自らの主張に対して不利な判例がある場合であっても、弁護士がその判例の判断には合理性がないと考える場合には、「判例は変更されるべきである」と主張することができるわけです。

最高裁判所による判例変更は、それだけで新聞の一面に載るほど、極めて例外的なケースです。とはいえ、日本の司法の長い歴史の中には、重要な規定に関する判例変更が行われ、実務にも大きな影響を与えた事例が存在します。

ここでは、特におさえておきたい3つの判例変更について、その概要を紹介することにします。

尊属殺人罪に関する判例変更

まず、この章の冒頭でも少し触れた、旧刑法の規定に関する重要な判例変更を紹介します。

かつての刑法200条は、**尊属殺人罪**として、直系尊属（父母や祖父母など）を殺害した者は死刑か無期懲役に処することを定めていましたが[88]、法定刑が死刑か無期懲役だけというのはあまりに重過ぎるということで、この規定が憲法に違反しないかがかねて議論されていました。もっとも、最判昭和25年10月25日は、刑法200条は憲法に違反しないと判断し、それ以後、この見解が確立した判例とされてきました。

ところがその後、この規定に関連する非常にショッキングな事件が起こります。事案の概要は以下のとおりです。

事案の概要（最判昭和48年4月4日）

栃木県に住む女性Xは、14歳の時から10年以上の間、実父から性的暴行を受けて夫婦同様の生活を強いられ、5人の子まででき るという悲惨な境遇にあった。ある時、Xは職場で知り合った男性と結婚しようと考え、そのことを実父に伝えたところ、実父は激怒し、Xを監禁した上、脅迫虐待を続けた。たまりかねたXは実父を絞殺し、直ちに自首した。

Xは尊属殺人罪で起訴されましたが、裁判所は、「刑法200条は、尊属殺の法定刑を死刑または無期懲役刑のみに限つている点において、その立法目的達成のため必要な限度を遥かに超え、普通殺に関する刑法199条の法定刑に比し著しく不合理な差別的取扱いをするものと認められ、憲法14条1項に違反して無効である」と判示し、刑法200条を合憲としていた従来の判例を変更しました。

その後、刑法200条は、刑法改正に伴い削除されました。刑法200条にある「削除」という文字の裏には、こんな悲しい物語が隠されていたのです。

---

88 旧刑法200条 「自己又ハ配偶者ノ直系尊属ヲ殺シタル者ハ死刑又ハ無期懲役ニ処ス。」

有責配偶者からの離婚請求に関する判例変更

次に、有責配偶者からの離婚請求が認められるかという論点についての判例変更を紹介します。**有責配偶者**とは、不倫など自ら離婚の原因を作って婚姻関係を破たんさせた者をいいます。

たとえば、夫の不倫が原因で関係が破たんし、長期間別居している夫婦がいたとします。この場合、民法770条1項5号の「婚姻を継続し難い重大な事由」があるとして、妻のほうから裁判で離婚を請求することができます。問題は、この場合に有責配偶者である夫のほうからも離婚を請求することができるかどうかです。

最判昭和27年2月19日は、夫が婚姻外の女性と情交関係を結び、その女性を妊娠させた上に、「婚姻を継続し難い重大な事由」があるとして妻に対して離婚請求をした事案について、「もしかかる請求が是認されるならば、被上告人（＝妻：作者註）は全く俗にいう踏んだり蹴たりである」と判示し、夫からの離婚請求を認めませんでした[89]。これ以降、最高裁判所は、「有責配偶者からの離婚請求は認めない」という態度を30年以上の間堅持することになります。

もっとも、この判例の後、有責性が夫婦双方にある場合にはその比較をして、より有責性の小さい当事者からの請求は認めたり[90]、婚姻が破たんした後不貞行為が生じた場合には有責配偶者とはいえないと判断したりして[91]、離婚請求の間口は徐々に広げられていきました。

そしてついに、最判昭和62年9月2日は、夫婦の別居が長期間に及び夫婦の間に幼い子がいない場合には、有責配偶者からの離婚請求が認められる場合があるとして、従来の判例を変更しました。この判例のように、たとえ有責配偶者からの請求であっても、婚姻が破たんしてし

89　いわゆる「踏んだり蹴ったり判決」。この判例は、法律的に重要な意味を持つというだけでなく、「踏んだり蹴たり」という印象的なキャッチフレーズが用いられたことから、非常に有名になりました。
90　最判昭和30年11月24日
91　最判昭和46年5月21日

まった以上離婚を認めてよいとする立場を積極的破綻主義といい、現在の判例の立場となっています。

非嫡出子の法定相続分に関する判例変更

最近注目を集めた判例変更として、第２章で紹介した**非嫡出子の法定相続分**に関する判例があります。民法900条４号にはかつて、「嫡出でない子の相続分は、嫡出である子の相続分の２分の１と……する」という規定がありました。この規定の合憲性はかねて裁判で争われており、最決平成７年７月５日が合憲という判断を下すと、その後も最高裁判所は、何度も同様の判断を続けていました。

もっとも、この判例においては、複数の裁判官がこの規定は憲法違反であるという反対意見を述べており、その後も多くの下級裁判所がこの規定は憲法違反であるという判断をするなど、いよいよ判例が変更されるのではないかという期待が高まっていきました。

そして、第２章で説明したとおり、最決平成25年９月４日はこの規定が憲法14条１項に違反し無効であると判示し、従来の判例を変更したのです。

第 15 章のポイント

- ▶ **成文法主義**をとる日本においては、法令は裁判官に対して絶対的な拘束力を持つが、判例は事実上の拘束力を持つに過ぎない。
- ▶ 実務において、判例は学説とは比べ物にならないほど強い力を持っており、**「判例は実務を支配する」**といわれている。
- ▶ **事実上の拘束力**を持つのは最高裁判所による判断に限られ、下級裁判所の判断は、先例として一定の意味を持つに過ぎない。
- ▶ 最高裁判所が従来の判例と異なる判断をすることがあり、これを**判例変更**と呼ぶ。

司法試験の問題を見てみよう！

ロースクールを３月に卒業すると、その年の５月にはいよいよ司法試験が待っています。

このコラムでは、平成27年度の試験で実際に出題された刑法の問題を用いて、日本で最難関の国家試験の１つといわれる司法試験の中身をのぞいてみることにしましょう。

まずは一度、問題文に目を通してみてください。

実際の問題では甲・乙・丙という３人の罪責が問われていますが、ここでは丙に注目し、①どのような犯罪が成立する可能性があるか、②犯罪の成否を検討するにあたり何が論点となるか、③犯罪の成否を検討するために注目すべき事実はどれか……といった点を、考えてみましょう(丙が登場するのは問題文の中の「６」と「７」だけなので、そこを重点的に読んでもらえればOKです)。

平成27年司法試験 論文式試験【刑事系科目第１問】

1　甲（53歳、男性、身長170センチメートル、体重75キログラム）は、医薬品の研究開発・製造・販売等を目的とするA株式会社（以下「A社」という。）の社員である。

A社には、新薬開発部、財務部を始めとする部があり、各部においてその業務上の情報等を管理している。各部は、A社の本社ビルにおいて、互いに他の部から独立した部屋で業務を行っている。

2　某年12月1日、甲がA社の新薬開発部の部長になって2年が経過した。甲は、部長として、新薬開発部が使用する部屋に設置された部長席において執務し、同部の業務全般を統括し、A社の新薬開発チームが作成した新薬の製造方法が記載された書類（以下「新薬の書類」という。）を管理するなどの業務に従事していた。新薬の書類は、部長席の後方にある、暗証番号によって開閉する金庫に入れて保管されていた。

3　甲は、同日、甲の大学時代の後輩であり、A社とライバル関係にある製薬会社の営業部長乙（50歳、男性）から食事に誘われ、その席で、乙に、「これはまだ秘密の話だが、最近、A社は新薬の開発に成功した。私は、新薬開発部の部長だから、新薬の書類を自分で保管しているのだよ。」と言った。すると、乙は、甲に、「是非、その書類を持ち出して私に下さい。私は、その書類を我が社の商品開発に活用したい。成功すれば、私は将来、我が社の経営陣に加わることができる。その書類と交換に、私のポケットマネーから300万円を甲先輩に払いますし、甲先輩を海外の支社長として我が社に迎え入れます。」と言った。

甲は、部長職に就いたものの、A社における自己の人事評価は今ひとつで、そのうち早期退職を促されるかもしれないと感じていたため、できることならば300万円を手に入れるとともに乙の勤務する会社に転職もしたいと思った。そこで、甲は、乙に、「分かった。具体的な日にちは言えないが、新薬の書類を年内に渡そう。また連絡する。」と言った。

4　甲は、その後、同月3日付けで財務部経理課に所属が変わり、同日、新薬開発部の後任の部長に引継ぎを行って部長席の後方にある金庫の暗証番号を伝えた。

甲は、もし自己の所属が変わったことを乙に告げれば、乙は同月1日の話をなかったことにすると言うかもしれない、そうなれば300万円が手に入らず転職もできないと思い、自己の所属が変わったことを乙に告げず、毎月15日午前中にA社の本社ビルにある会議室で開催される新薬開発部の部内会議のため同部の部屋に誰もいなくなった隙に新薬の書類を手に入れ、これを乙に渡すこととした。

5　甲は、同月15日、出勤して有給休暇取得の手続を済ませ、同日午前10時30分、新薬開発部の部内会議が始まって同部の部屋に誰もいなくなったことを確認した後、A3サイズの書類が入る大きさで、持ち手が付いた甲所有のかばん（時価約2万円相当。以下「甲のかばん」という。）を持って同部の部屋に入った。そして、甲は、部長席の後方にある金庫に暗証番号を入力して金庫を開け、新薬の書類（A3サイズのもの）10枚を取り出して甲のかばんに入れ、これを持って新薬開発部の部屋を出て、そのままA社の本社ビルを出た。

甲は、甲のかばんを持ってA社の本社ビルの最寄り駅であるB駅に向かいながら、乙に、電話で、「実は、先日、私は新薬開発部から財務部に所属が変わったのだが、今日、新薬の書類を持ち出すことに成功した。これから会って渡したい。」と言ったところ、乙は、甲に、「所属が変わったことは知りませんでした。遠くて申し訳ありませんが、私の自宅で会いましょう。そこで300万円と交換しましょう。」と言った。

6　甲が向かっているB駅は、通勤・通学客を中心に多数の乗客が利用する駅で、駅前のロータリーから改札口に向かって右に自動券売機があり、左に待合室がある。待合室は四方がガラス張りだが、自動券売機に向かって立つと待合室は見えない。待合室は、B駅の始発時刻から終電時刻までの間は開放されて誰でも利用でき、出入口が1か所ある。自動券売機と待合室の出入口とは直線距離で20メートル離れている。

7　甲は、B駅に着き、待合室の出入口を入ってすぐ近くにあるベンチに座り、しばらく休んだ。そして、甲は、同日午前11時15分、自動券売機で切符を買うため、甲のかばんから財布を取り出して手に持ち、新薬の書類のみが入った甲のかばんを同ベンチに置いたまま待合室を出て、自動券売機に向かった。

待合室の奥にあるベンチに座って甲の様子を見ていた丙（70歳、男性）は、ホームレスの生活をしていたが、真冬の生活は辛かったので、甲のかばんを持って交番へ行き、他人のかばんを勝手に持ってきた旨警察官に申し出れば、逮捕されて留置施設で寒さをしのぐことができるだろうと考え、同日午前11時16分、ベンチに置かれた甲のかばんを抱え、待合室を出た。この時、甲は、自動券売機に向かって立ち、切符を買おうとしていた。丙は、甲のかばんを持って直ちにロータリーの先にある交番（待合室出入口から50メートルの距離）に行き、警察官に、「駅の待合室からかばんを盗んできました。」と言って、甲のかばんを渡した。

甲がB駅の待合室に入ってから丙が甲のかばんを持って待合室を出るまでの間、待合室を利用した者は、甲と丙のみであった。

8　甲は、同日午前11時17分、切符の購入を済ませて待合室に戻る途中で、甲のかばんと同じブランド、色、大きさのかばんを持って改札口を通過するC（35歳、男性、身長175センチメートル、体重65キログラム）を見たことから、甲のかばんのことが心配になって待合室のベンチを見たところ、甲のかばんが無くなっていたので、Cが甲のかばんを盗んだものと思い込んだ。

甲は、Cからかばんを取り返そうと考え、即座に、「待て、待て。」と言ってCを追い掛けた。

甲は、同日午前11時18分、改札口を通過してホームに向かう通路でCに追い付き、Cに、「私のかばんを盗んだな。返してくれ。」と言った。しかし、Cは、自己の所有するかばんを持っていたので、甲を無視してホームに向かおうとした。甲は、Cに、「待て。」と言ったが、Cが全く取り合わなかったので、「盗んだかばんを返せと言っているだろう。」と言ってCが持っていたC所有のかばんの持ち手を手でつかんで引っ張ってその

> かばんを取り上げ、これを持ってホームに行き、出発間際の電車に飛び乗った。
> Cは、甲からかばんを引っ張られた弾みで通路に手を付き、手の平を擦りむいて、加療1週間を要する傷害を負った。

いかがでしたか？　司法試験は、問題文を読むだけでも一苦労ですね。丙の罪責について、考えることができたでしょうか。

ところで皆さんは、毎年の司法試験の後に、その年の試験問題に関する解説が公表されることをご存じですか？　これには「出題趣旨」と「採点実感」という2つの種類があります[92]。

出題趣旨は、各科目の問題について、その問題で論じるべき論点や、問題文の中で注目すべき事実などについての解説です。他方、**採点実感**には、その年の受験生の解答を踏まえ、多くの受験生が間違った箇所や、得点に大きな差が出た論点などについての解説があります。

このように、過去問の出題趣旨や採点実感には、司法試験で高得点を得るためのヒントが随所にちりばめられています。そのため、これらは受験生が熟読玩味しなければならない最良の教材の1つといえます。

以下では、平成27年度の出題趣旨及び採点実感に基づいて、丙の罪責について簡単に解説を行っていくことにします。

92　出題趣旨や採点実感の資料は、法務局のホームページから取得することができます。

丙の罪責の検討
——占有の成否

問題文を読んでみると、丙は駅待合室に放置された甲のかばん（以下では「本件かばん」といいます）を持ち去っていますので、窃盗罪の成否が問題となりそうです。もっとも、丙が本件かばんを持ち去った時、甲は待合室の外にいましたので、待合室内にあった本件かばんに甲の占有が及んでいたかを検討する必要があります。甲の占有が肯定される場合には**窃盗罪**の成否が問題となり、これが否定された場合には**占有離脱物横領罪**[93]の成否が問題となります。

では、甲の占有の有無を論じる場合、皆さんならどのように論述するでしょうか。占有の要件は、一般的に**占有の事実**（財物に対する事実上の支配）と**占有の意思**（財物を支配する意思）であるとされていますので、これを念頭において考えてみてください。

なお、司法試験においては、結論それ自体よりも、説得力のある理由づけ(論理的な筋の良さや、充実した事実のあてはめ)ができているかによって、答案の評価が大きく変わってきます。この問題においても、結論としては占有を肯定しても否定してもよいと思われますが、その理由をどう論述できるかがポイントになります。

自分の答案をイメージできたら、次に、ロースクール1年生のAくんが作成した解答を見てみましょう。Aくんは占有を否定したようですが、その理由づけはどのようなものでしょうか？

Aくんの解答

93 刑法254条（遺失物等横領）「遺失物、漂流物その他占有を離れた他人の物を横領した者は、1年以下の懲役又は10万円以下の罰金若しくは科料に処する。」

本件かばんにつき、甲の占有が認められるか。
まず、甲は本件かばんをベンチに置き忘れてから一度もバッグのことを思い出しておらず、そもそも本件かばんがベンチの上にあることを認識していなかった。したがって、甲には占有の意思がなかったと考えられる。
また、丙が本件かばんを持ち去った時、甲は待合室の外にある自動券売機の前におり、しかも自動券売機に向かって立っていたため、そこから待合室は見えない状況であった。さらに、自動券売機と待合室の出入口とは直線距離で20メートルも離れている。したがって、甲について占有の事実も認めがたい。
以上より、甲の占有は認められない。

皆さんが司法試験の採点をするなら、Aくんの解答は100点満点中何点をあげることができるでしょうか？

残念ながら、おそらくAくんの解答には、あまり良い点数をつけることはできないと思われます。なぜなら、この解答は、法的議論の原則に則らずに論述されており、また、占有が認められない根拠が説得力のある形で示されていないからです。

では、具体的にはAくんの解答はどこがまずかったのでしょうか？Aくんの解答の問題点を、1つ1つチェックしていきましょう。

問題点1　「主観面→客観面」という順序で論述している

法的な議論は、**まず客観面について議論し、その後に主観面を論じる**のが鉄則です。Aくんの解答は、「まず、甲は……本件かばんがベンチの上にあることを認識していなかった。」という一文から始まり、客観面の検討に入る前に、いきなり主観面を論じてしまっています。

論文式試験における解答は、受験生の思考過程をそのまま文章に落とし込むものです。客観面について論じることなく主観面を先に論じてしまうと、リーガルマインドの基礎が身についていないのではないかと疑われてしまうので、気をつけましょう。

●解答の指針

同じ内容を論じる場合であっても、必ず「客観面→主観面」という順序で議論をするように心がけましょう。順番を入れ替えるだけで、法律家の文章にぐっと近づきます。

問題点２　法的三段論法を使った議論ができていない

第１部の第９章で説明した**法的三段論法**を思い出してみてください。法的な議論は、**大前提→小前提→結論**という三段論法に則って行われるのが大原則です。しかし、Ａくんの解答は、問題を提起した後にいきなり小前提（具体的事実）についての記述に入ってしまっており、大前提（法的ルール）の部分がすっぽりと抜けています。

本問においては、大前提として、占有が認められるための要件を解答で示す必要があります[94]。

●解答の指針

解答において、まずは占有の要件は「占有の事実」と「占有の意思」であることを明示し、「『占有の事実』とは、財物に対する事実上の支配をいい、『占有の意思』とは、財物を支配する意思をいう」として、要件を具体的に定義する必要があります。

法的三段論法という言葉を知っていても、いざ試験の答案になると大前提の部分を抜かしてしまう人が多くいます。逆にいうと、愚直に「法的ルール→具体的事実」という議論のスタイルを守って解答するだけで、他の多くの受験生と差をつけることができます。

94　平成27年の出題の趣旨には、「問題文には、甲の占有に関する事実が挙げられているが、これらの事実を単に羅列するのではなく、占有の要件（占有の事実及び占有の意思）に即して、必要かつ十分な事実を整理して論ずることが求められる」という記載があります。また、採点実感には、「丙の罪責の検討に当たっては、窃盗罪の成否が問題となるところ、まず、甲のかばんに対する占有の帰属について、占有の要件を指摘した上で、問題文の中に丙が甲のかばんを持ち出した際の占有関係に関する事実をその要件に則して拾い出すことが求められ」るという記載があります。

問題点３　「あてはめ」が事実の羅列に終わっている

Ａくんの解答は、具体的事実をあてはめる部分にも問題があります。

まず、Ａくんの解答は、問題文から占有の有無に関連する事実を抜き出し、それを羅列するだけで終わってしまっています。これでは、結論に至る理由を論じたことにはなりません。

たとえば、Ａくんは、①丙が本件かばんを持ち去った時、甲は待合室の外にある自動券売機の前にいたという事実や、②自動券売機と待合室の出入口とは直線距離で20メートル離れているという事実を抜き出していますが、なぜそれらの事実が占有を否定する理由になるのかについての説明が一切なく、説得力のある論述になっていません。

●解答の指針

皆さんにぜひ覚えておいてもらいたいことは、具体的事実をあてはめるときに最も重要なことは、特定の要件との関係で、**抜き出した事実を評価する**点だということです[95]。

すなわち、まずは抜き出した事実が、どの要件に関連する事実なのかを明らかにする必要があります。先ほどの①、②の事実は、占有の要件のうち、「占有の事実」を否定する要素として用いることができそうですね。

次に、それらの事実が、なぜその要件を肯定又は否定する要素となりうるのかを説明する必要があります。これが、「事実を評価する」ということです。

たとえば①、②の事実についていえば、以下のように論じることができます（下線部が、「事実の評価」の部分です）。

> 丙が本件かばんを持ち去った時、甲は待合室の外にある自動券売機の前にいた。すなわち、甲はその時、もはや本件かばんがあっ

95　平成27年の採点実感には、「事実を単に羅列するのではなく、その事実が占有の要件との関係でどのような意味を持つのかを意識している答案が評価されることとなる」という記載があります。

> た部屋の中にはいなかった。また、自動券売機と待合室の出入口とは直線距離で20メートル離れており、場所的に接着していたとはいい難い。以上の事実に照らすと、本件かばんに対して甲の事実上の支配力は及んでいなかったと考えられる。

このように事実の評価を明らかにすれば、他の事実関係も考慮した上で、「よって、本件において占有の事実は認められない。」と論じることができるでしょう。

問題点４　自らの結論に有利な事実のみ「つまみ食い」している

実は、Ａくんの解答にはもう１つ大きな問題点があります。それは、自分がとる結論に有利な事実のみを抜き出し、不利な事実についてまったく触れていない点です。このような解答は、事実の「つまみ食い」といわれてしまいます。

法律家にはバランス感覚が求められるため、どのような結論をとるにせよ、その結論にとって不利な事実にも配慮することで、自説の説得力が高まることを覚えておきましょう。

●解答の指針

本件でいうと、たとえば「待合室はガラス張りである」という事実は、占有の事実を肯定する方向に働く事情です。なぜなら、甲は待合室の外にいても待合室の中を見ることができるため、本件かばんに対して事実上の支配力を及ぼすことができると考えうるためです。その他にも、占有の事実を肯定する方向に働く事実（Ａくんのとる結論に不利な事実）は問題文中にいくつかありますので、皆さんも探してみてください。

そして、不利な事実についても言及した場合には、「そのような事実があっても、なお自らの結論のほうが正しい」と考える理由を的確に述べることができれば、高い評価を得ることができます。先ほどの例でいえば、「たしかに、待合室はガラス張りであったため、甲は待合室の外にいても待合室の中を見ることができたとはいえる。しかし、実際に丙が本件かばんを持ち去った時、甲は自動券売機に向かって立っていたため、そこから待合室は見えなかった。したがって、結局、本件かばんに対して甲の事実上の支配力は及んでいなかったと考えられる」といった論じ方をすることができます。

丙の罪責の検討——その他の検討事項

一般に、窃盗罪においても占有離脱物横領罪においても、故意とは別の主観的構成要件要素として、**不法領得の意思**が必要とされています。

そして、本件には、丙が本件かばんを持ち去ったのはこれを交番に持ち込んで逮捕してもらうためであったという特殊な事情があるため、丙に不法領得の意思があったかについての検討も必要となります。

いわゆる刑務所志願の場合に不法領得の意思が認められるかという点については、裁判例でも判断が分かれているため、答案では肯定しても否定してもよいでしょう。

なお、丙について不法領得の意思を否定した場合、ただちに「丙については何らの犯罪も成立しない」ということになるのではなく、**器物損壊罪**[96]の成否を論ずる必要があります。また、丙に窃盗罪又は器物損壊罪が成立するとした場合、丙はその事実を直ちに交番の警察官に申告していることから、**自首**[97]の成否も問題となり得ます。

96 刑法 261 条（器物損壊等）「前三条に規定するもののほか、他人の物を損壊し、又は傷害した者は、3年以下の懲役又は 30 万円以下の罰金若しくは科料に処する。」

97 刑法 42 条1項（自首等）「罪を犯した者が捜査機関に発覚する前に自首したときは、その刑を減軽することができる。」

◇　◇

今回の検討で、丙の罪責についてだけでも、いろいろと考えるべき問題があることをおわかりいただけたでしょうか。また、この問題では甲と乙の罪責についても検討すべき論点は山ほどあり、刑法総論・刑法各論の両方につき、十分な理解が求められます。

しかも、刑事系科目では、刑法と刑事訴訟法の問題を合わせて４時間で解答しなくてはなりません。ということは、単純に考えて刑法に費やせるのは２時間ということになります。このように、司法試験はいわば「時間との戦い」なのです。

もっとも、先ほど検討した窃盗罪における占有や、不法領得の意思についての問題は、刑法各論の超メジャー論点の１つです。このように、司法試験では、一般的な教科書で学ぶ非常に基本的な論点に関する出題が大半であるといえます。

そのため、司法試験の問題に解答するためには、特別な知識や超人的な能力が求められるわけではありません。それぞれの科目の基本的な論点について学説・判例の知識や、法的議論の原則的なルールをしっかりと身につけていくことが、司法試験合格のために最も着実な道のりであるということができます。

第3部

司法修習で学ぶ「法律実務」

司法試験に合格すると、いよいよ司法修習のステージで実務の世界に飛び込んでいくことになります。司法修習では、たくさんの法理論を知っていることよりも、「実務はどう動いているか」「法律家は実務においてどのように考えるか」を具体的にイメージできることのほうがはるかに重要です。

そこで、第３部では実際に裁判官・検察官・弁護士のところに持ち込まれた紛争の処理を通じて、法曹三者がそれぞれ何を考えて案件に取り組むのかを学んでいきます。皆さんにはぜひ、**裁判官・検察官・弁護士に固有の思考法**を理解してもらいたいと思います。

まず、第16章では民事裁判官になりきってみましょう。この章では、**民事訴訟の事実認定**の手法や、証拠の中でも最も重要な意味を持つ**書証**

について解説をします。

第17章では、刑事裁判官や検察官になりきったつもりで、**刑事訴訟の事実認定**について学びます。刑事訴訟と民事訴訟の違いや、争いのある事実について検察官と弁護人との間でどのような主張・立証が行われるのかについても解説をしていきます。

第18章は、依頼者の満足を最大化することが求められる**弁護士の業務**についてです。この章では、弁護士が依頼者から法律相談を受けた際に、どのようにして紛争を解決に導くのかを学んでいきます。

司法修習に関する第3部は、間違いなく本書のクライマックスです。法律のプロが実際の事件を処理していく手法に、ぜひ注目してみてください。

第16章

民事訴訟の事実認定

第 16 章の概観

▶ 訴訟においては事実認定をしなければ判決をすることはできませんが、実は、裁判所は当事者のあらゆる主張について事実認定を行うわけではありません。そこで第1節では、民事訴訟における**事実認定の対象**について説明します。

▶ 第2節では、裁判官が事実認定を行う際の思考法を、3つのステップに分けて説明します。ポイントは、**当事者が主張するストーリーと「動かしがたい事実」の比較**です。少し気が早いですが、二回試験に合格するためには、この思考法を確実に身につけておく必要があります。

▶ 最後の第3節では、民事訴訟における証拠についての基礎的な知識と考え方を紹介します。民事訴訟においては特に**書証**が重要になるので、**文書の証拠力**や**二段の推定**について、詳しく解説します。

この章では、民事事件を担当する裁判官になったつもりで、民事訴訟における事実認定の手法を学んでいきます。

実際の訴訟では原告・被告の双方から膨大な量の証拠が提出されますが、裁判官は、その証拠を読み解き、根拠を示して適切な事実認定を行わなくてはなりません。そして、裁判官の認定した事実が、ときには原告や被告の一生を左右することにもなります。そのため、「被告の話し方は自信がなさそうだから、きっと嘘をいっているのだろう」というような主観的・非論理的な理由で事実認定をすることは許されません。

これまで、裁判所はより公平で公正な民事訴訟のあり方を模索し、事実認定の方法についても、日々試行錯誤を繰り返してきました。したがって、この章で勉強する事実認定の手法は、いわば日本の司法を支えてきた裁判官たちの叡智の結晶であるということができます。

皆さんもぜひ、民事裁判官の「匠の技」を習得してください。

1 事実認定の対象

民事訴訟では当事者がどうにかして自分に有利な判決をもらおうとして、さまざまな事実を主張します。それらの中には法的に重要でないものも交じっているため、裁判所は本当に重要な主張だけを取捨選択した上で、事実認定を行う必要があります。

そこでまずは、そもそも裁判所はどのような事柄について事実認定を行う必要があるのかというお話をしたいと思います。これが**事実認定の対象**の問題です。

まず、例として次のケースを見てください。

ケース

2018年のある日、Xが兄のYに対して民事訴訟を提起した。

その内容は、「2014 年 8 月 20 日、X は Y に対し、弁済期を 2017 年 8 月 20 日、利息を年利 10％として、150 万円を貸し付けた。しかし、Y は 2015 年 8 月 20 日に、1 年分の利息として 15 万円を返済したが、その後一切返済をしていない。よって、X は Y に対し、元本 150 万円及び利息等の支払いを求める」というものだった。

一般に、裁判所が行う事実認定の対象は、**争いのある主要事実**であるといわれています[1]。なぜなら、民事訴訟の目的は訴訟物の存否を判断することにあり、その判断のためには主要事実についての事実認定が不可欠となるためです[2]。なお、本ケースで問題となる消費貸借契約終了に基づく貸金返還請求の要件事実は、以下のとおりです。

消費貸借契約終了に基づく貸金返還請求の要件事実

①金銭の返還合意

②金銭の交付

③弁済期の合意

④弁済期の到来

たとえば、本ケースにおいて、Y が「X から金を借りた覚えはない」と主張する場合、そもそも消費貸借契約の成立自体に争いがあるため、その主要事実である「X が Y との間で 150 万円の返還の合意をしたこと」や「X が Y に 150 万円を交付したこと」などが、事実認定の対象となります。

---

1 「主要事実」の意味については第５章（115 ページ）で勉強しましたね。ここでは、主要事実＝要件事実と理解しておきましょう。

2 主要事実のうち、争いのないもの（自白された事実）については、裁判所は判決の基礎としなければならないため、事実認定の対象とはなりません（弁論主義の第２テーゼ。118 ページ参照）。なお、主要事実の事実認定を行うために間接事実や補助事実が検討の対象になることもありますが、民事訴訟の究極的な立証命題は主要事実であることを強調するため、事実認定の対象は「争いのある主要事実」であると定義されています。

他方で、この訴訟において、Yが、「Xから150万円を借りたことは認めるが、その後に全額返済した」と主張し、Xが全額返済の事実を否認する場合、消費貸借契約の成立自体については争いがなく、「貸金全額の返済」という主要事実（抗弁事実）について争いがありますので、これが事実認定の対象となります。

このように、裁判所は、原告の主張する訴訟物の存否の判断という、訴訟の目的に必要最小限の範囲で事実認定を行います。そのため、訴訟物の存否とは関係しない事実については、事実認定を行う必要はありません[3]。

2 民事裁判官の思考法 ——「動かしがたい事実」とは

事実認定を行う対象を明確にできたので、いよいよ次に、証拠に基づく事実認定の話に入ります。

ここでは、**当事者が主張するストーリーと「動かしがたい事実」を比較する**という、事実認定の最も基本となる手法を紹介しましょう。これは司法修習で徹底的に叩き込まれる考え方で、次の3つのステップに分けることができます。

事実認定の手法
ステップ１　当事者が主張するストーリーの把握
ステップ２　動かしがたい事実の抽出
ステップ３　ストーリーと動かしがたい事実の整合性の確認

3　たとえば、この訴訟においてＸが「Ｙは昔から平気で約束を破る人間で、５年前には、婚約者との結婚式の１ヶ月前になって、突然婚約を破棄したことがあった」という事実を主張し、Ｙがこれを否認しても、この事実は訴訟物とは関係がありませんので、事実認定を行う必要はありません。

以下では、それぞれのステップについて、具体的に説明していきます。

ステップ1　当事者が主張するストーリーの把握

まず、**当事者が主張するストーリー**とは何でしょうか。

裁判所は争いのある主要事実について事実認定を行いますが、その対象は、「20XX年●月●日、AとBが○○契約を締結した事実」といったように、時間軸における一点に存在する「ある事実」の有無に絞り込まれます。

もっとも、現実の社会に起きる事実は一連の時間的な背景事情の中で存在するものですので、実際の訴訟においては、背景事情を一切考慮せず事実認定の対象となる1つの事実の有無だけを判断することは極めて困難です。

そこで裁判官は、当事者双方から主張される物語性を持った主張や供述（ストーリー）を具体的に把握し、それに基づき事実認定を行っていくことになります。

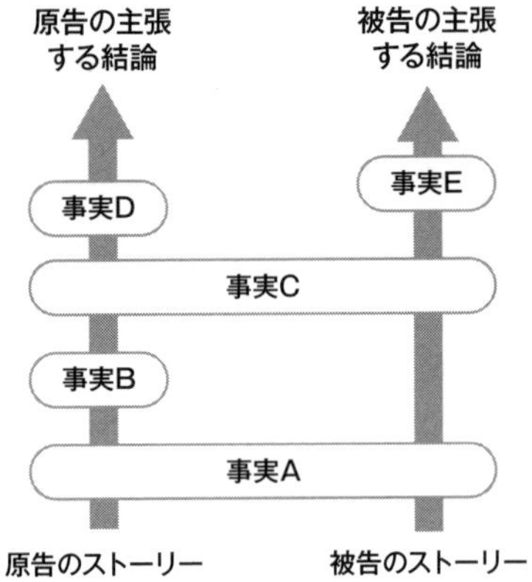

本ケースにおいては、XとYの双方から、次のようなストーリーが提示された場合を考えてみましょう。

Xのストーリー

「2014年8月20日、兄のYが私の自宅を訪れ、『台風で壊れた自宅を修繕するので、150万円を貸してほしい』としつこく頼んできた。私はしぶしぶ承諾し、自宅の金庫に保管していた現金150万円を手渡した。Yは急いでいる様子だったし、実の兄ということもあり、契約書などを作ってほしいとは言い出せなかった。Yは翌年8月20日に1年分の利息として15万円を返してくれたが、その後は一切返済をしてくれない。」

Yのストーリー

「2014年8月20日にXの家を訪れ、自宅が台風で壊れたという話をしたことは事実だが、150万円をXから受け取ったことなどあるわけがない。台風で壊れた自宅の修繕はたしかに行ったが、その代金は自分で支払った。2015年8月20日にXの銀行口座に15万円を振り込んだかどうかは覚えていないが、Xには日頃お世話になっているので、そのお礼として振り込んだのかもしれない。」

どちらも何となくありそうな、でもどこか怪しいポイントもある話ですね。Yはそもそも、「2014年8月20日にXがYに150万円を交付した事実」すら存在しないとして、XがYに150万円を貸し付けたことを全面的に争っています[4]。

このように当事者のストーリーを把握することができたら、以降のステップで、どちらのストーリーが真実に近いものかを、検討していくことになります。

4 厳密に考えると、本件では、消費貸借契約終了に基づく貸金返還請求の要件事実にあたる複数の事実が事実認定の対象となります。本章では便宜的に、これらの事実をまとめて「XがYに弁済期を2017年8月20日として150万円を貸し付けたこと」と呼び、この事実の有無について論じることとします。

ステップ2　動かしがたい事実の抽出

●「動かしがたい事実」とは

民事訴訟においては、原告と被告の主張をそれぞれ眺めているだけでは、適切な事実認定を行うことはできません。いずれのストーリーが真実に近いかは、これから説明する「動かしがたい事実」との比較によって、次第に明らかになっていきます。

ここでいう**動かしがたい事実**とは、後ほど挙げるような理由から「訴訟において確実に認定してよい事実」の総称です。動かしがたい事実と整合するストーリーは真実である可能性が高く、反対に、動かしがたい事実と矛盾するストーリーは、真実とは認め難いということができます。

●何が「動かしがたい事実」になるか

動かしがたい事実の代表例は、当事者間で**争いのない事実**や、当事者双方の**証言などが一致している事実**です。上記のXとYのストーリーを比較してみると、本件においては、たとえば次の①〜④については、動かしがたい事実と認められます。

動かしがたい事実

①YはXの兄である事実
②2014年8月20日にYがXの家を訪れ、台風で自宅が壊れたと話した事実
③2014年8月頃、Yが台風で壊れた自宅の修繕を行った事実
④Xが主張する金銭消費貸借契約の契約書などは存在しない事実

また、通常、**類型的に信用性が高い文書**に記載された事実も動かしがたい事実として認められています。

たとえば、公文書、領収証、病院のカルテ、銀行の預金通帳などといった文書については、それが偽造されたものでない限り、類型的に信用性が高い文書と考えられています。そのため、これらの文書に記載さ

れた事実は、動かしがたい事実として認めることができます。

本件では、Xが次の２つの文書を証拠として提出したとしましょう。

Xが提出した証拠

・Xの銀行口座の預金通帳（2015年8月20日にYから15万円振り込まれたことが記載されている）

・工務店がYに発行した領収証の写し（Yの自宅の修繕費として、工務店が148万4000円を受領したことが記載されている）

他方、Yからは、次の文書が証拠として提出されました。

Yが提出した証拠

・Y名義の定期預金の預金証書（2014年10月に、Yが1000万円を定期預金として預金したことが記載されている）

これらの預金通帳・預金証書や領収証は、類型的に信用性が高い文書といえます。したがって、そこに記載された次の⑤～⑦の事実も、特段の事情がない限り、動かしがたい事実になるといってよいでしょう。

動かしがたい事実（続き）

⑤ 2015年8月20日、YがXの銀行口座に15万円を振り込んだ事実

⑥ Yは、自宅の修繕費として、工務店に148万4000円を支払った事実

⑦ 2014年10月頃、Yは定期預金として1000万円を預金した事実

以上の検討により、①～⑦の動かしがたい事実を抽出することができました。

ステップ3　ストーリーと動かしがたい事実の整合性の確認

●整合性の確認とは

当事者の主張するストーリーを把握し、その事案における動かしがたい事実をピックアップすることができたら、各ストーリーを動かしがたい事実と比較し、整合性を確認していきます。これは、動かしがたい事実と辻褄が合う部分についてはプラスの評価をする一方で、不自然な点にはツッコミを入れていく作業だといってよいでしょう。

ここからは、以下の4つの観点から、XとYのストーリーがそれぞれ動かしがたい事実と整合しているかを検討していきましょう。まずは、先ほど紹介したXとYの主張するストーリー（402ページ）と、本件における動かしがたい事実①〜⑦を改めて確認してください。

確認ができたら、それぞれの観点ごとに、XとYのストーリーのうち、どちらのほうが信用できるかを考えていきましょう。

●観点(1)　契約書や借用書が存在しないこと

本件において必ず注目しなければならないのは、Xが主張する消費貸借契約について、契約書や借用書が存在しないという事実です（④[5]）。通常、150万円というまとまったお金を他人に貸し付ける場合には、返済を確かなものとするため、契約書や借用書などを作成するものと考えられます。

しかも、観点(2)でも述べるとおり、Xは現金150万円を手渡したと主張していますが、この方法では銀行振込と違って自動的にそのことが記録されるわけでもないため、お金を渡す側は、少なくとも、相手が150万円を受け取った旨を記載した書面（借用書や受領書など）の作成を求めるのが普通ですが、そのような事実もないようです。このように、本件では契約書などの書面が一切存在しないため、150万円を貸し付け

5　本文中の①〜⑦の番号は、上記の動かしがたい事実の番号を示しています。

たというXのストーリーは不自然といわざるをえません。

もっとも、Xによれば、Yは台風で壊れた自宅の修繕のためにお金を借りたのであり、その緊急性や、兄に対する言い出しにくさから、契約書を作らなかったとのことです。この主張は、動かしがたい事実①〜③と一応の整合性があるといえるため、Xの説明は、動かしがたい事実と明らかに矛盾するとまではいえません。

●観点 (2)　貸付行為の方法の不自然さ

Xによれば、XはYに150万円を貸し付けるために、自宅の金庫に保管していた現金150万円を手渡したとのことですが、そのことを裏付ける証拠が一切提出されていません。

そこで、Xの職業や経済状況に照らして、Xの自宅の金庫に、自由に処分できるお金として150万円が保管してある可能性がどれほどあるのかを検討する必要があります。また、仮にそれだけの金銭が自宅にあったとしても、Yに150万円を貸し付ける方法として「現金150万円を手渡す」という方法を選択したというストーリーは、不自然さが残るように思われます。

●観点 (3)　借入れの動機・必要性

次に、Y側の事情に目を転じてみましょう。Xは「Yは自宅の修繕費用として150万円を借りた」と主張し、Yは「自宅は修繕したが、代金は自分で支払った」と主張しているため、Yが150万円を借り入れる動機や必要性があったのかを検討する必要がありそうです。

この点については、2014年8月頃、Yが台風で壊れた自宅の修繕を行ったことについては争いがありません（③）。しかも、その修繕費が148万4000円であったことにも注目する必要があります（⑥）。なぜなら、この修繕費とXがYに貸したと主張する金額（150万円）はほぼ一致しているため、Xの主張は、金額の点で動かしがたい事実と整合するといえるからです。

もっとも、この点についてはYに有利な事実も存在します。「2014 年 10 月頃、Yは定期預金として 1000 万円を預金した事実」も、動かしがたい事実として認められています（⑦）。この事実から、当時、Yはある程度の資力を有しており、150 万円程度の出費であれば、借金をしなくても自腹で賄うことができたと推認することが可能です。そうすると、そもそも、YにはXから 150 万円を借りる動機や必要性がなかったのではないかと考えられます。

●観点 (4)　15 万円の振込みの評価

このあたりまで来ると、XとYのどちらを信じてよいのかわからなくなってきたのではないでしょうか？　裁判官もなかなか大変ですね、もう少し頑張りましょう。

さて、本件でもう 1 つ見逃すことができないのは、「2015 年 8 月 20 日、YがXの銀行口座に 15 万円を振り込んだ事実」です（⑤）。この振込みについて、Xは、「Yが 1 年分の利息として弁済をした」という主張をしています。

たしかに、「Yは自宅の修繕費として年利 10%で 150 万円をXに借り、実際に 148 万 4000 円を工務店に支払った。そのちょうど 1 年後に、Yは 1 年分の利息 15 万円をXに支払った」というXのストーリーは筋が通っていて、動かしがたい事実と整合すると考えられます。

一方で、Yは、2015 年 8 月 20 日にXの銀行口座に 15 万円を振り込んだ理由について、「Xには日頃お世話になっているので、そのお礼として振り込んだのかもしれない」という説明しかしていません。この話は特に裏付けもなく、いかにもとってつけたもののように思われ、合理的な説明とはいい難いですね。

このような検討から、YがXの銀行口座に 15 万円を振り込んだ事実は、Xのストーリーと整合する事実であると評価することができます。

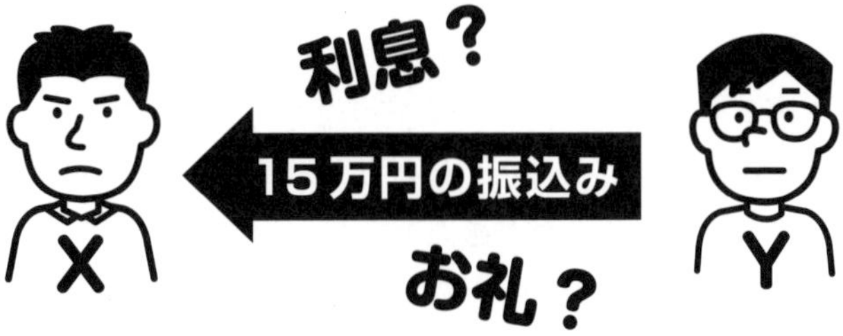

事実の総合評価

本件ではＸとＹの双方にとってそれぞれ有利／不利な事情がありますが、ここまでの検討事項をまとめると、次のように整理できます。

Ｘに有利な事情

- Ｙは自宅の修繕費として148万4000円を支払ったこと
- 本件の貸付けは、兄であるＹとの関係や緊急性の点など、契約書などを作らなかったとしても不自然とはいえない事情があること
- ＹがＸの家を訪れて台風で自宅が壊れた話をした日からちょうど1年後、ＹがＸの銀行口座に15万円を振り込んだこと

Ｙに有利な事情

- 契約書や借用書などが存在しないこと
- Ｘの主張する貸付け行為の方法には不自然な点があること
- Ｙは定期預金として1000万円を預金しており、当時、ある程度の資力を有していたこと

裁判官は、「それぞれの動かしがたい事実は、当事者双方のストーリーを裏付ける方向に働くか、もしくはそれらに疑問を生じさせる方向に働くか」ということを1つ1つ検討した後、事実を総合的に評価して結論を出さなくてはなりません。

皆さんもぜひ、ここまで出てきた事情をもとに「XがYに150万円を貸し付けた事実」が認められるか、考えてみてください。もちろん絶対的な正解があるわけではありませんが、裁判官はこのようなギリギリの判断を毎日のように行っているのです。

3 証拠についての基礎知識

民事訴訟の事実認定は、当事者から提出された証拠に基づいて行われます。そのため、裁判官が1つの証拠をどのように評価するかにより、訴訟の結論が180度変わってくることも珍しくありません。

そこで本章の最後に、民事訴訟の事実認定にとって欠かすことのできない証拠について、基礎的な事項を解説することにします。

勝負は書証で決まる!?

●書証と人証の違い

裁判官がある事実についての心証を形成するために、当事者から提出された証拠を取り調べてその内容を把握することを**証拠調べ**といいます。そして、民事訴訟においては、書証（文書の証拠調べ）と人証（当事者本人や証人などの証拠調べ）が証拠調べの中心となります[6]。

書証は、裁判官が文書に記載された内容を読み取って証拠資料とする証拠調べであり、**人証**は、証人などに対して尋問を行い、そこで話された内容を証拠資料とするものだと覚えておきましょう。書証と人証を比較してみると、それぞれ次のような特徴を持っています。

書証の特徴としては、**文書の記載内容は固定されている**ため、偽造や

6 「証拠」というと、刑事ドラマなどでよく見かける、血の付いた刃物などをイメージする人も多いと思いますが、民事訴訟において、このような物証（検証物）が証拠となることは少ないといってよいでしょう。民事訴訟では証拠調べの大半は書証であり、それを補完する形で人証も利用されるというイメージです。

改ざんの疑いがない限り、記載された内容の信用性を認めてよい場合が多いという点が挙げられます。もっとも、書証に記載されている情報は、断片的・部分的であることが通常なので、1つの書証だけを見て事案の全体像をつかむことは困難です。

他方で、人証には、当事者本人や証人から時系列に沿って話を聞くことで、事件の全体像を把握することができるというメリットがあります。そのため、人証は、**事実関係の大まかな流れや当事者の主張するストーリーを把握する**のに役立ちます。

その反面、人証は、質問の仕方や誰が質問するかによって答えが変わってしまうという不安定さがあります。また、過去の記憶が薄れてしまったり、意図的に虚偽の供述がされる可能性もあるため、人証により得られた情報の信用性については、慎重な検討が必要になります。

	☺ 人証	書証
メリット	全体像が把握できる。	記載内容が固定されており安定的。
デメリット	信用性について慎重な検討が必要。	断片的・部分的な情報しか読み取れない。

以上のとおり、書証と人証にはそれぞれメリット・デメリットがあるため、裁判官としては、両者をうまく利用しながら真実の解明に励むことになります。

●裁判の勝敗を分けるもの

先ほど「書証と人証が証拠調べの中心となる」と説明しましたが、裁判官が人証の信用性を適切に判断することは極めて難しいため、民事訴訟で人証をメインに事実認定がされることはほとんどなく、書証から動かしがたい事実を固め、それを基礎として事実認定を行うというのが基本です。

したがって、実際の民事訴訟においては、**勝敗の９割は書証によって決まる**といってよいでしょう。ほとんどの場合、自らの主張を裏付ける文書を証拠として提出できるかが勝負の分かれ目となります。

以下では、民事訴訟の事実認定において特に中心的役割を果たす書証について、詳しく解説していきます。

書証の基礎知識（1）　文書の証拠力

●文書の証拠力

文書の証拠力とは、文書の記載内容が立証しようとする事実の証明に役立つか、また、役立つ場合にその程度はどのくらいかという問題です。ここではケースを使って説明していきます。

ケース

A が B に対して、中古自動車の売買代金 100 万円の支払いを求めて訴訟を提起した。B は、A から自動車を買ったことは認めるが、代金 100 万円は A に弁済したと主張している。

B は、「A が B から自動車の売買代金として 100 万円を受領した」旨の記載がある領収証を証拠として提出した。

●文書の形式的証拠力

文書の証拠力は、形式的証拠力と実質的証拠力という、２つの側面に分けて考えられています。

文書の**形式的証拠力**とは、立証を行う者が主張する作成者の意思に基づいてその文書が作成されたことをいいます。文書の形式的証拠力が認められることを、**「文書が真正に成立した」**と表現することもあります。

本ケースでは、Bはこの領収証の作成者はAであると主張することになります。実際にAが領収証を発行し、この領収証が「Aの意思に基づいて作成された」といえれば、文書は真正に成立したことになり、形式的証拠力が認められます。

他方で、Bがこの領収証を偽造して裁判所に提出したような場合には、これは「Aの意思に基づいて作成された」といえず、形式的証拠力は否定されます。

形式的証拠力が否定されると、次の実質的証拠力の検討に入るまでもなく、文書の証拠力が否定されます。その意味で、形式的証拠力は、文書の証拠力が認められるための前提という意味を持っています。

●文書の実質的証拠力

形式的証拠力が認められると、次に実質的証拠力の検討に入ります。**実質的証拠力**とは、立証しようとする事実の証明に文書の記載内容が役立つ度合いのことをいいます。

一般に、契約書や手形、領収証などといった文書は、それに記載された事実が存在するのが通常であると考えられるため、信用性が高く、証明に役立つ度合いも大きいといわれています。そのため、これらの文書については、形式的証拠力が認められれば、特段の事情がない限りその記載内容に従った事実認定をする必要があります。

本ケースでも、領収証について形式的証拠力が認められる場合、特段の事情のない限り、AがBから自動車の売買代金100万円を受領した事実、すなわち、Bによる弁済の事実を認定することになります。

他方で、私的な日記や手紙、訴訟のために作成された当事者の陳述書などは、作成者の主観が入りこんだり、当事者が自己に有利な虚偽の事実を記載したりしている可能性もあるため、形式的証拠力が認められても、その記載内容をそのまま信用することはできません。そのため、文書の作成目的、作成時期、作成経緯、記載の体裁などの諸事情を踏まえ、記載内容が真実であるかを慎重に検討していく必要があります。

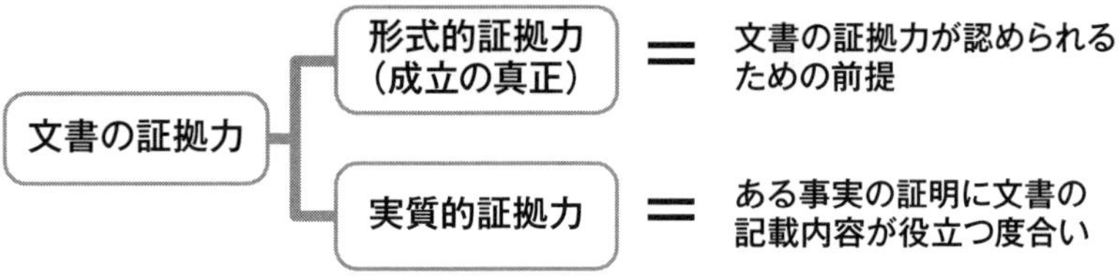

書証の基礎知識（2）「文書の成立の真正」に関する推定

●民事訴訟法 228 条4項の推定

文書の成立の真正が認められない（形式的証拠力が否定される）と、実質的証拠力を検討するまでもなく、文書の証拠力が否定されます。ところが、相手方が「その文書は偽造されたものだ！」などと主張してきた場合に、文書の成立の真正を立証するのは容易ではありません。

そこで、民事訴訟法 228 条4項は、文書の成立の真正についての立証の負担を軽減するために、「私文書は、本人又はその代理人の署名又は押印があるときは、真正に成立したものと推定する」と定めています[7]。

つまり、契約書などに本人の署名又は押印があれば、その文書の成立の真正が推定されるということです。この推定規定は、本人が文書に署名や押印をしている場合には、その文書全体がその人の意思に基づいて

7 「署名」とは自筆で氏名を手書きすることをいい、「押印」とは印鑑を押すことをいいます。パソコンなどを利用して氏名を用紙に印字することを「記名」といいますが、実務では、契約書の作成の際に、本人の署名に代えて、契約者の「記名押印」（契約書に記名し、その横に押印をすること）が用いられることもよくあります。

作成されているのが通常であるという経験則を基礎としています。

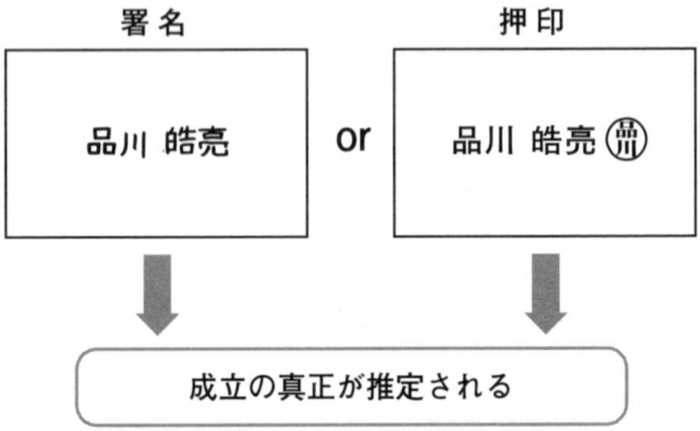

では、228条4項が定める推定は、どのような場合に破られるのでしょうか？　本ケースにおいてBが提出した領収証に、Aの記名押印がある場合を例にとって考えてみましょう。

この場合、他に何か特別な事情がなければ、228条4項により、この領収証が真正に成立したこと（Aの意思に基づいて作成されたこと）が推定されます。

もっとも、たとえば、Aが領収証に記名押印をした後に、Bが**文書の記載内容を改ざん**した事実がある場合には、もはや文書の記載内容がAの意思に基づくものとはいえないことは明らかですので、228条4項の推定が破られます。

たとえば、AはBに対し、「AがBから貸金の返済として100万円を受領した」旨の記載がある領収証を渡したところ、Bがこれを「AがBから自動車の売買代金として100万円を受領した」旨の記載に改ざんした場合がこれにあたります。この場合には推定が破られ、文書の成立の真正は否定されます。

A が B に交付した領収証

領収証

B 様　　　　　20××年△月×日

¥　1,000,000

但し、貸金の返済　　　　　として

上記正に領収しました。

A ㊞

B が改ざんした領収証

領収証

B 様　　　　　20××年△月×日

¥　1,000,000

但し、自動車の売買代金　として

上記正に領収しました。

A ㊞

また、Aが白紙に記名押印をした後に、Bが勝手に領収証の内容を記載したような場合も、同様に228条4項の推定が破られます。

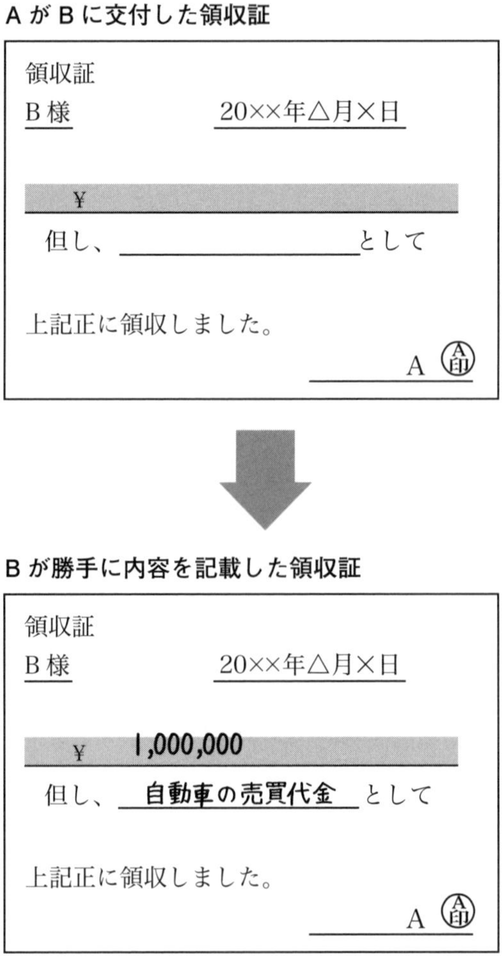

●二段の推定

この章の最後に、民事訴訟法228条4項に関連する「二段の推定」と呼ばれる重要な理論について解説します。

先ほど説明した228条4項の趣旨からすれば、そこでいう「本人又はその代理人の署名又は押印があるとき」とは、単に文書上に署名や印影（押印の跡）が存在することではなく、その人の意思に基づく署名又は押印がされていることを意味することになります[8]。

つまり、たとえ文書上に署名や印影が存在したとしても、それが本人の意思に基づくものでない場合には、228条4項は適用されないということです[9]。

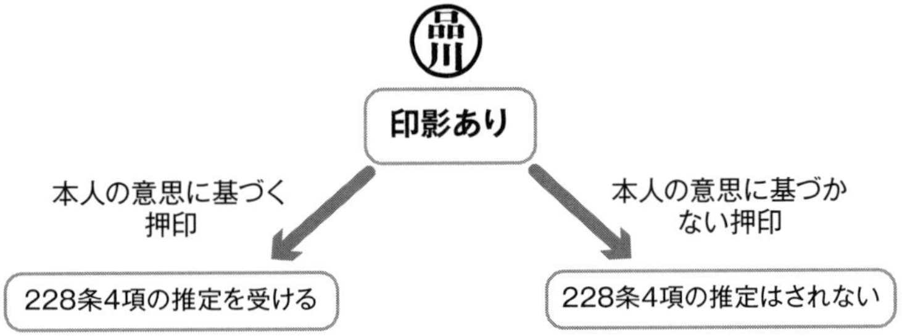

もっとも、日本では自分の印鑑は厳重に保管・管理され、理由もなく他人に使用させることはないという経験則があります。そのため、判例上、**文書に本人の印鑑による印影がある場合には、その印影は本人の意思に基づく押印によるものであることを推定する**とされています[10]。この判例理論における推定と228条4項の推定は、あわせて**二段の推定**

8　先ほどの例でいうと、民事訴訟法228条4項の推定が働くためには、「領収証にAの印鑑による印影が存在する」というだけでは足りず、「Aがその意思に基づき、領収証に押印した」ことが必要になるということです。しかし、実際の裁判において、Bが「Aがその意思に基づき、領収証に押印した」事実を立証することは困難なので、判例上、本文で述べるような「一段目の推定」が認められています。

9　たとえば、第三者が本人の印鑑を勝手に使って押印をした場合には、文書上に印影は存在するものの、「本人又はその代理人の署名又は押印があるとき」にあたらず、民事訴訟法228条4項は適用されないという結論になります。

10　最判昭和39年5月12日

と呼ばれています。

すなわち、判例理論における推定が一段目の推定、228条4項の推定が二段目の推定という関係です。二段の推定を図に表すと、次のようになります。

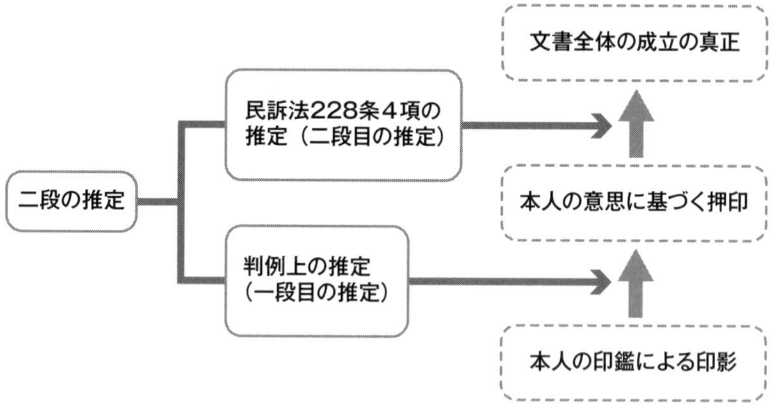

では、一段目の推定が覆されるのは、どのような場合でしょうか。

まず、文書が作成された当時、本人が印鑑を紛失していたり盗難に遭っていたという事実や、本人が印鑑の保管を他人に任せていたといった事実がある場合には、一段目の推定は覆されます。なぜなら、このような場合には、仮に文書上に本人の印鑑による印影があったとしても、それは他人により押印されたものである可能性が高く、本人の意思に基づく押印であるとは考えにくいためです。

また、本人自身が押印することが困難又は不自然といえるような事情がある場合にも、一段目の推定が覆されます。たとえば、その当時、印鑑は東京にある自宅にずっと保管されていたところ、本人は外国に長期出張に行っていたというような事情がある場合には、本人が自ら押印を行った可能性は極めて低いといえるため、一段目の推定が覆されると考えられます。

◇　　◇

訴訟における裁判所の主な役割は、「証拠に基づき事実を認定し、その事実に法を適用して結論を出す」ことであるといえます。このうち、法学部やロースクールでは「事実に法を適用する」ための勉強をみっちりやっていきます。他方で、「証拠に基づき事実を認定する」という部分は、司法修習に入って初めて本格的な訓練をすることになります。

証拠の評価や事実認定はロースクールまでの勉強とはまったく違うため、はじめは戸惑う人が多いですが、これこそ法律家の仕事の醍醐味であり、腕の見せ所です。法学部の試験問題では「20XX 年 12 月 19 日、X は Y に 100 万円を貸し付けた」といった事実がサラッと書かれていますが、このような事実も、実際の訴訟では本章で学んだような事実認定の手法があってはじめて認定できるものだということを、頭の片隅でぜひ覚えておいてください。

第16章のポイント

- 裁判所が行う事実認定の対象は、**争いのある主要事実**である。訴訟物の存否とは関係しない事実や、原告と被告との間で争いのない事実については、事実認定の対象とならない。

- 民事訴訟における事実認定の基本は、**当事者が主張するストーリーと「動かしがたい事実」を比較する**という手法である。

- **動かしがたい事実**とは、当事者間に争いのない事実や、客観的な証拠から確実に認定できる事実などの総称である。通常、類型的に信用性が高い文書に記載された事実も、動かしがたい事実となる。

- 民事訴訟においては**書証**と**人証**が証拠調べの中心となるが、実際の裁判では、特に書証が果たす役割が大きい。

- 文書の**形式的証拠力**とは、立証を行う者が主張する作成者の意思に基づいてその文書が作成されたことをいい、これが認められることを**「文書が真正に成立した」**と表現する。

- 文書の**実質的証拠力**とは、立証しようとする事実の証明に文書の記載内容が役立つ度合いのことをいう。

- 判例上、文書に本人の印鑑による印影がある場合には、その印影は本人の意思に基づく押印によるものであることが推定される。この判例理論における推定と民事訴訟法228条4項の推定は、あわせて**二段の推定**と呼ばれる。

第 17 章

刑事訴訟の事実認定

第17章の概観

▶ 第1節では、民事訴訟との違いに触れつつ、刑事訴訟における事実認定の特徴について説明します。

▶ 第2節では、事実認定の基礎として、**検察官による立証**と、それに対する**弁護人の弾劾**の構造について学びます。どんなに複雑な事件であっても、ここで説明する立証・弾劾の構造は変わりません。この骨組みを、しっかりと理解しておきましょう。

▶ 以上の基礎知識を踏まえ、第3節～第6節では、皆さんに刑事裁判官になりきってもらい、さまざまな種類の事件について事実認定を体験してもらいます。このトレーニングを通して、ぜひ刑事裁判官の思考法を身につけてください。

前の章では民事訴訟の事実認定の方法を学びましたので、次は刑事訴訟についても勉強していきましょう。

民事訴訟の手続きに登場するのは裁判官と弁護士のみですが、刑事訴訟には検察官も加わり、法曹三者すべてがそれぞれ独自の役割を果たしていきます。また、「疑わしきは被告人の利益に」という原則や「無罪の推定」の原則が認められている刑事事件においては、事実認定について、民事訴訟とは違った考慮が必要となります。

この章では、まず刑事訴訟における法曹三者それぞれの役割や、刑事裁判官に特有の思考法を解説していきます。その上で、被告人が「私はやっていない！」と主張する事例（犯人性が争点となる否認事件）を題材として、刑事裁判官になったつもりで、事実認定のトレーニングをしてもらいたいと思います。

1 刑事訴訟の特殊性

刑事訴訟で要求される証明の程度

推理物の漫画やドラマでは、殺人事件が発生した現場に名探偵が登場し、「犯人はあなただ！」と断定するシーンがお約束です。たとえば、推理漫画の大ベストセラーである『名探偵コナン』でも、第1話からそうしたシーンが出てきます。

出所：青山剛昌『名探偵コナン　第 1 巻』（小学館、1994 年）

なかなかかっこいいですね。この後、探偵である工藤新一は、この女性が犯人である推理を展開し、ついには女性が犯行を自白するに至り事件は解決します。

ところが、当然といえば当然ですが、実際の事件ではこう簡単にはいきません。実際に検察官が殺人事件の犯人を起訴した場合には、刑事訴訟において殺人罪の成立を立証する必要がありますが、そのためには、漫画で指摘されるような事実や証拠だけでは不十分です。

その理由は、刑事裁判には無辜《むこ》の人を有罪とすることは絶対に避けるべきという根本的な思想があり、犯罪事実に関する証明については、民事訴訟に比べてより高いハードルが課されているためです。

この思想は、刑事訴訟における**「疑わしきは被告人の利益に」**という原則や**「無罪の推定」**の原則にもあらわれています[11]。すなわち、有罪を宣告するためには**「合理的な疑いを容れない程度」**の証明がなされなければならず、これは、「通常人なら誰でも疑いを差し挟まない程度に真実らしいとの確信を得ること」が必要になるとされています[12]。

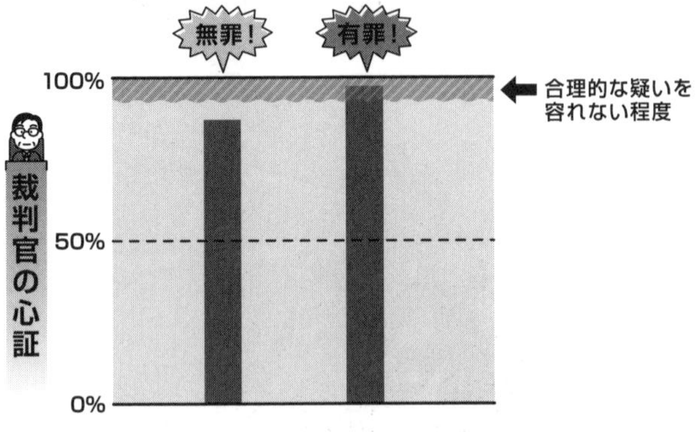

11 「疑わしきは被告人の利益に」という原則は、裁判官が犯罪事実の存在について合理的な疑いを容れない程度の確信を得ることができない場合（要証事実の存否が不明な場合）に、その事実は存在しないものとして被告人に有利に判断するという考え方のことをいいます。「無罪の推定」の原則とは、被疑者・被告人について、裁判所の有罪判決があるまでは「罪を犯していない人」として扱わなければならないという原則をいいます。

12 最判昭和23年8月5日参照。裁判官は、被告人が「犯人である」との確信に達しないときは、「犯人でない」という心証までは得られなくても、無罪を言い渡すべきであるとされています（「灰色無罪」）。

ここでいう「通常人なら誰でも疑いを差し挟まない程度」が具体的にどのようなレベルを指しているのかを一言で説明するのは難しいですが、イメージとしては、検察官の立証活動によっても「本当は被告人には犯罪が成立しないのではないか？」という合理的な疑いが残り、その疑いを払しょくできない場合には、裁判官は、犯罪事実が存在すると認定することはできないということです。

刑事訴訟における法曹三者の役割

刑事訴訟においては、裁判官・検察官・弁護士（弁護人[13]）という法曹三者が登場し、それぞれの職責を果たしていきます。

まず、刑罰権の適正な行使により社会の安全と公正を守るという使命を担う**検察官**は、審判の対象となる公訴事実を設定した上で、特定の人物を被告人として起訴します。検察官は、コナンくんや工藤新一探偵のように「犯人はあなただ！」といって、その人を起訴する役割を担うわけです。

そして、「疑わしきは被告人の利益に」という原則が妥当する刑事訴訟において、検察官は犯罪事実について立証責任を負っています[14]。

これに対し、**弁護人**は被告人の利益を擁護する役割を担います。被告人が起訴事実を争う場合、弁護人は、検察官による立証を弾劾することにより、「犯罪事実について合理的な疑いが残る」と裁判官に思わせることを目標とすることになります。

検察官の立証を弾劾するためには、検察官が提出した証拠の証拠能力を否定したり、証人の証言に信用性が認められないことを明らかにしたりするなどの方法があります。また、刑事ドラマなどであるように、事件があった日時には被告人にはアリバイがあることを証明するという方

13　刑事事件において、被疑者・被告人の弁護活動を行う弁護士は「弁護人」と呼ばれます。
14　刑事裁判における立証責任のことを、「挙証責任」と呼ぶことがあります。

法も有効です。

最後に、**裁判官**は、犯罪事実に関する検察官の立証及びそれに対する弁護人の弾劾を検討し、証拠に基づき事実認定を行います。裁判官としては、検察官の立証及び弁護人の弾劾を総合的に考慮し、犯罪事実について合理的な疑いを容れない程度の証明がなされたか否かを判断することになります。

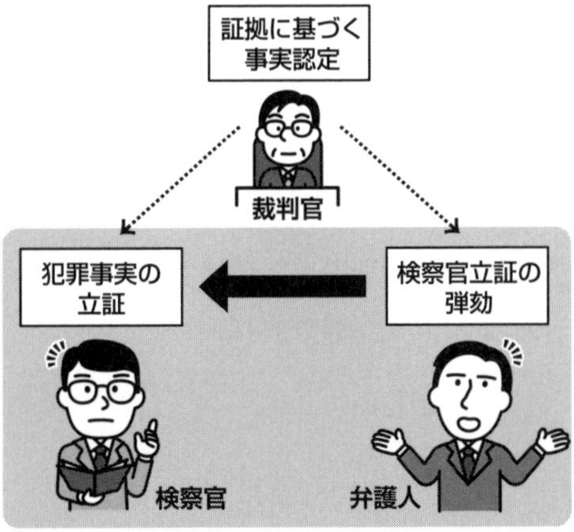

刑事訴訟の２つの争点

刑事訴訟においては検察官の立証及び弁護人の弾劾が行われるわけですが、そこで争われる主な争点は、大きく①犯人性と②犯罪の成立要件の２つに分けることができます。

①犯人性とは、起訴された被告人が犯人であるかという問題です。たとえば、通行人を脅して金品を奪い取ったとして強盗罪で起訴された被告人が、「私は事件があったとされる時間は仕事をしており、まったく身に覚えがない」と主張している場合には、犯人性が争点となります。

他方で、**②犯罪の成立要件**が争点となる事案には、犯罪の構成要件に該当しないと主張される場合、正当防衛が成立すると主張される場合、責任能力の不存在が主張される場合などさまざまなパターンがあります。

たとえば上記の強盗事件において、弁護人が「被告人が通行人から金品を奪ったのは間違いないが、その際被告人が行った脅迫の程度は軽微であるため、強盗罪の構成要件に該当しない」と主張し、強盗罪の成立を否定する場合がこれにあたります[15]。

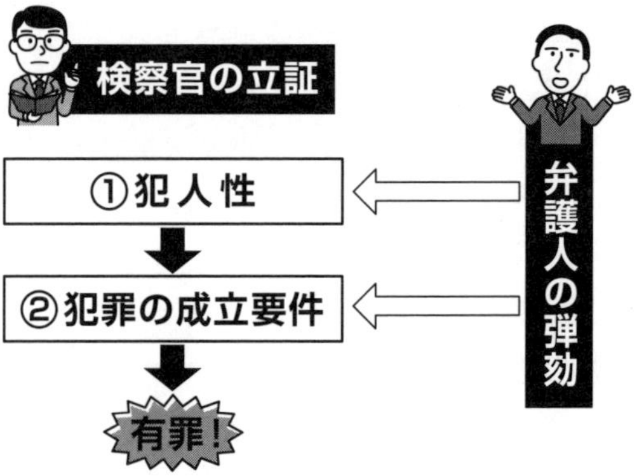

15　刑法236条1項は「暴行又は脅迫を用いて他人の財物を強取した」場合には強盗罪が成立することを定めていますが、判例上、ここでいう「脅迫」は、「相手方の反抗を抑圧するに足りる程度」の強度のものをいうとされています。したがって、相手方を少し怖がらせる程度の軽微な脅迫は強盗罪における「脅迫」にあたらず、恐喝罪の成否が問題となるに過ぎません。

2 事実認定の基礎

検察官による立証の構造

検察官が行う立証の対象は、究極的には、犯罪の成立要件に該当する具体的な事実（これには「被告人が犯人である事実」も含みます）であり、これを**要証事実**（又は**主要事実**）と呼びます。

そして、その証拠の信用性が肯定されれば要証事実を直接的に（推認の過程を経ずに）認めることができる証拠を**直接証拠**と呼びます。たとえば、XがY宅の窓ガラスを金属バットで叩き割ったことが要証事実の場合、「XがY宅の窓ガラスを金属バットで叩き割っているのを見た」という隣人Zの供述や、「私がY宅の窓ガラスを割った」というXによる自白は、直接証拠にあたります。

これに対し、要証事実の存否を間接的に（推論の過程を経て）推認させる事実のことを**間接事実**といい、間接事実を証明するために用いられる証拠を**間接証拠**といいます。

先ほどの例でいえば、「事件の30分前にXがY宅付近のスポーツ店で金属バットを購入した」という事実は、要証事実の存在を推認させる間接事実にあたり、そのことを証言するスポーツ店の店員Wの話は、間接証拠にあたります。

以上を踏まえると、検察官による要証事実の立証には、大きく分けて、**直接証拠による立証**と、**間接事実の積み重ねによる立証**という2つのパターンがあることがわかります。刑事裁判官が事実認定を行う場合には、まず、検察官による立証構造を把握することが第一歩となります。

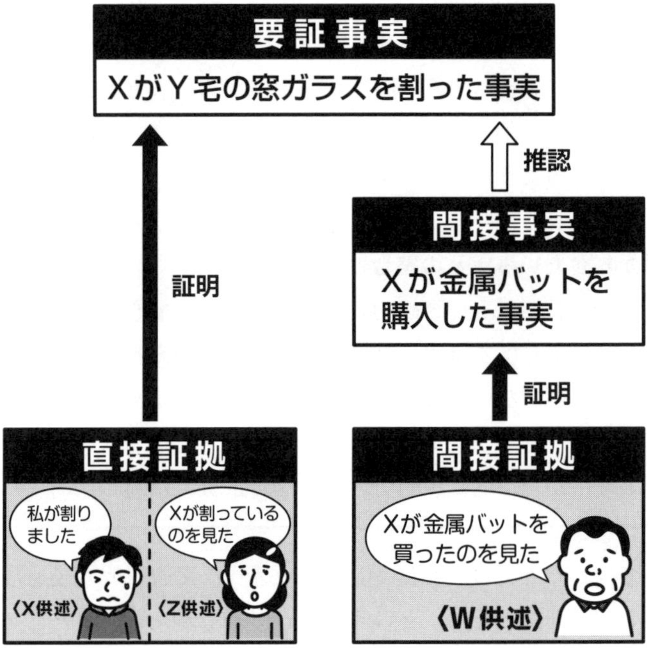

弁護人による弾劾のパターン

検察官の立証構造に応じて、弁護人による弾劾もいくつかのパターンがあります。ここでは、具体的に弁護人がどのような方法で弾劾を行うかを見ていきましょう。

●直接証拠による立証に対する弾劾

直接証拠による立証が行われる場合、弁護人としては、その証拠の**証拠能力**を否定するか、又は、その証拠の**信用性を弾劾する**という方法があります[16]。ここでは、先ほどの事件で、「XがY宅の窓ガラスを金属

16　証拠の証拠能力を否定する場合、弁護人は、違法収集排除の法理を主張したり、自白の任意性を否定したり、第三者供述についての検面調書が刑事訴訟法321条1項2号の要件を満たさないことなどを主張することになります。

バットで叩き割っているのを見た」という隣人Zの供述（直接証拠）がある場合について考えてみましょう。

この場合、弁護人は、Zの供述が信用できないことを主張することが考えられますが、第三者による供述の信用性を弾劾する視点としては、たとえば以下のようなものがあります。

(1) 動かしがたい事実との整合性

刑事訴訟においても、客観的証拠によって認定できる事実、多数の証拠が一致して指し示す事実、証拠上明らかに認められる事実であって当事者間にも争いがない事実などは「動かしがたい事実」と考えてよいとされています。そして、動かしがたい事実と整合しない供述について、不整合の理由が合理的に説明できない場合には、供述の信用性が減殺されます。

本件では、たとえば「Xは10年前に遭った交通事故の後遺症で、両手の握力がほとんどない」という事実が動かしがたい事実として認められる場合、Xが窓ガラスを叩き割ることが物理的に不可能とも考えられるので、Z供述の信用性が大きく揺らぐことになります。

(2) 供述に至った経緯

弁護人としては、その供述がなされた経緯や状況などにも着目する必要があります。たとえば、取調官による誘導や暗示があった場合や、取調官に脅されたというような事情があった場合には、そこで語られた内容の信用性には疑義が生じることになります。

(3) 供述内容の変遷

たとえば、Zが捜査段階では取調官に「Xは右手でバットを持ち、窓ガラスを一度叩くと、窓ガラスはすぐに割れた」と供述していたにもかかわらず、公判では「Xは両手で握りしめたバットで何度も窓ガラスを叩き、5～6回目でやっとガラスが割れた」という供述を始めたとします。このような、重要なポイントについて一貫性のない供述はあまり信用できませんね。

この場合、弁護人は、隣人の供述内容が合理的な理由なく変遷していることを指摘して、供述には信用性が認められないと弾劾していきます。

(4) 供述内容の合理性

これは、供述の内容自体が経験則に反していないかという視点です。

たとえば、Zが「Xはバイクに乗ってY宅の前にあらわれ、金属バットで窓ガラスを割ると、駅の方向に歩いて行った」という供述をしていたとすると、この供述は、経験則に照らして合理的といえるでしょうか？

他人の家の窓ガラスを割った人間であれば、証拠を残さず一刻も早く現場から立ち去るために、乗ってきたバイクでその場を離れるのが一般的だと思われます。このような経験則に照らせば、Zの供述には合理性が認めがたいため、信用性に疑義が生じます。

(5) 知覚や記憶の条件

第三者がある事実を目撃したと供述している場合、目撃した際に供述者が知覚・記憶しやすい状態にあったか（明るさ・距離・天候や、供述者の視力など）という点に着目して弾劾を行うこともできます。

たとえば、事件があったのが深夜であり、事件現場の付近には街灯が少なく、しかもZの視力は0.3程度で当時はメガネをかけていなかったという事情がある場合には、知覚の条件が極めて悪いため、Z供述の信用性に疑義が生じます。

(6) 虚偽供述の動機

被害者・被告人と供述者との人間関係などを考えたときに、その人が虚偽の供述をする動機がないかという点が問題となる場合もあります。

たとえば、XとYの間には男女関係のもつれがあり、YとZは仲が良いような場合、YがXを陥れるためにZに頼んで、虚偽の供述をしてもらったということも考えられなくはありません。もしくは、窓ガラスを割った犯人としてZも疑いをかけられている場合には、Zは自らの嫌疑を晴らすために、あたかもXによる犯行を見たかのような虚偽供述をする可能性もあります。

供述の信用性については、以上で紹介した視点も参考にしつつ、さまざまな角度から吟味を行う必要があります。なお、これらの視点は、直接証拠の場合に限らず、間接証拠となる供述の信用性を検討する場合にも有用ですので、ぜひ覚えておいてください。

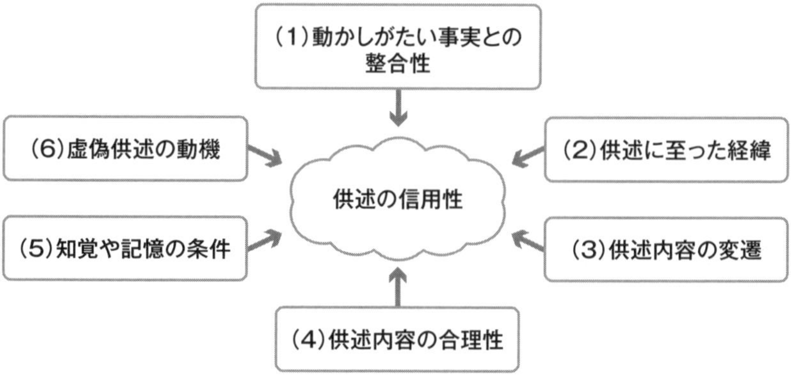

●間接事実の積み重ねによる立証に対する弾劾

間接事実の積み重ねによる立証が行われる場合、直接証拠による立証の場合と同様にそれぞれの間接証拠の証拠能力や信用性を弾劾する方法の他に、以下のような弾劾の方法があります。

(1) 間接事実を否定する別の事実や証拠を提出する方法

たとえば、間接事実として「事件の30分前にXがY宅付近のスポーツ店で金属バットを購入した」という事実が挙がっているとき、「Xは金属バットを購入したとされる時刻に別の場所にいた」という事実を主張して、その主張を裏付ける証拠を提出する方法です。

(2) 検察官の主張する推認過程を弾劾する方法

「事件の 30 分前に X が Y 宅付近のスポーツ店で金属バットを購入した」という事実自体は否定できない場合に、たとえば、「X が購入した金属バットが事件で使用された金属バットと同じとは限らないから、金属バット購入の事実は、要証事実を推認させるものではない」と主張する方法もあります。

このとき、X が購入した金属バットが梱包されたままで X 宅から発見されたり、X が購入した金属バットと事件で使用された金属バットの種類が明らかに異なるような場合は、この弾劾は強い説得力を持つことになります。

●別の事実・証拠の提出による要証事実の存在自体の弾劾

ここまで紹介してきた弾劾は、検察官の立証構造を前提に、その立証の一部に対して弾劾を行うものでした。これに対し、弁護人が要証事実の存在を否定する別の事実や証拠を提出することにより、要証事実それ自体の存在に合理的疑いを生ぜしめる弾劾の方法もあります。

たとえば、**アリバイ**（事件が起きた時、被告人が別の場所にいたこと）が証明できる場合には、それだけで要証事実が否定される決定的な証拠として扱われます。また、真犯人が犯行を悔いる手紙を被害者に送ってきた場合など、第三者による犯行が疑われる場合にも、このような弾劾の手法を用いることができます。

事実の総合評価

刑事訴訟の事実認定を行う裁判官は、「疑わしきは被告人の利益に」という原則や「無罪の推定」の原則に基づいて、要証事実の存在について合理的な疑いを容れない程度の証明がなされているかを判断します。

これをもう一歩踏み込んで説明すると、裁判官はまず、**検察官の立証**

だけを見て、十分な証明がなされているかを考えます。この時点でそもそも合理的な疑いが残るようであれば、弁護人による弾劾を検討するまでもなく、検察官の立証は不十分ということになります。

そして、検察官の立証が十分になされている場合には、**弁護人による弾劾**の検討に入ります。この場合には、検察官の立証及び弁護人による弾劾を総合的に評価して、最終的に要証事実について合理的な疑いを容れない程度の証明があったといえるかどうかを判断していきます。

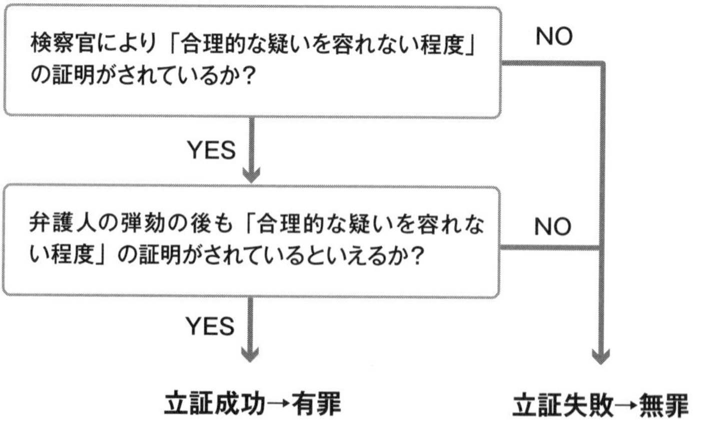

3 実践問題に挑戦 ——ポシェット窃盗事件の犯人は？

ここからいよいよ、皆さんに刑事裁判官になりきってもらいたいと思います。

以下で紹介する事例において、窃盗罪で起訴されているAは、事件には身に覚えがないとして犯人性を争っています。ここでは、検察官による立証及び弁護人による弾劾を踏まえて、合理的な疑いを容れない程度の証明がなされているかを一緒に考えていきましょう。

まずは、事件の概要を確認してください。

事件の概要

【起訴状の要旨】

被告人Aは、8月25日午前1時頃、B宅に侵入し、Bの婦人用ポシェット1個（時価50万円相当）を窃取した。

【Bの供述】

「寝室で寝ているとリビングのほうで物音がしたので、おそるおそる音のしたほうに向かいました。すると玄関のドアの鍵が開いており、リビングにあったポシェットがなくなっていることに気がつきました。携帯電話で時刻を確認したところ、午前1時01分でした。」

【盗まれたポシェットの特徴】

・P社製（製造番号：AB1234）

・本体部分は茶色の革製で真ん中に大きくPのロゴあり、肩紐部分は金属製

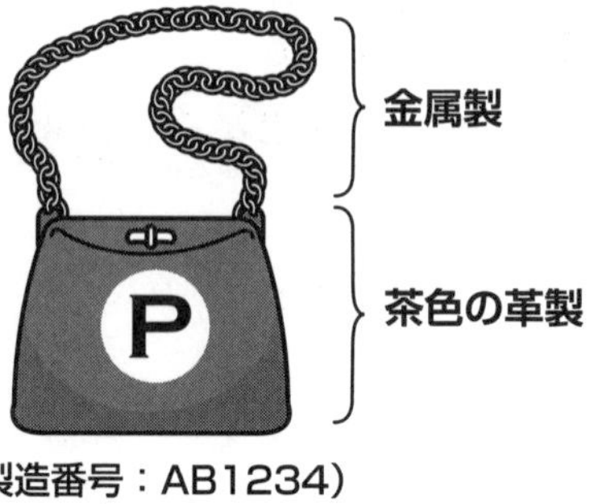

盗まれたＰ社製のポシェットは時価50万円もし、１つ１つに製造番号が付されている高級品のようですね。この事例においては直接証拠はないようなので、検察官は間接事実を積み上げることにより、Ａがポシェットを窃取した事実を立証する必要があります。

以下では、検察官がそれぞれ異なる間接事実を立証しようとしている３つのケースを紹介します。皆さんは、それぞれのケースについて、どの程度Ａの犯人性が推認されるかを考えてみてください。

なお、３つのケースにおいては上記で紹介した「事件の概要」のみが共通します。各ケースはそれぞれ独立しており、相互に関連するものではないものと考えてください（なお、上記の「Ｂの供述」には信用性が認められるものとします）。

4 ケース1 ——近接所持の間接事実

ケースの紹介

それでは早速、1つ目の間接事実について考えていきましょう。ケース1では、以下のとおりCの供述が存在します。

> **Cの供述**
> 「私は、8月29日午前10時頃、AがP社製の高級そうなポシェットを紙袋に入れて運んでいるところを見ました。ポシェットの本体部分は茶色の革製で真ん中に大きくPのロゴがついていて、肩紐部分は金属製でした。」

C供述のように、被告人が事件発生後それほど間もない時に窃盗などの被害品を所持していたことを内容とする間接事実は、**近接所持**と呼ばれる類型です。近接所持の間接事実がある場合、被害品を所持していた者が犯行を行ったのではないかという推認が働きます。

もっとも、このような推認をするためにはいくつか注意すべき点がありますので、順番に確認していきましょう。

C供述の信用性

C供述のような供述証拠がある場合、まずその信用性を検討する必要があります。供述の信用性が認められない場合には、そもそもC供述の内容を間接事実として認めることができません。

本件では特に、次の点に気をつけながら信用性判断を行っていく必要がありそうです。

・なぜCは、目撃した人物がAと分かったのか？（CはAの知り合いか？）
・なぜCは、紙袋に入ったポシェットを見ることができたのか？
・なぜCは、紙袋の中のポシェットの本体部分が茶色の革製で真ん中に大きくPのロゴがついていて、肩紐部分は金属製とわかったのか？
・なぜCは、紙袋の中のポシェットがP社製のものだとわかったのか？

以上の検討の結果、C供述の信用性が肯定されると、「Aが8月29日午前10時頃（事件の約4日後）に、本体部分は茶色の革製で真ん中に大きくPのロゴがついており、肩紐部分は金属製であるP社製のポシェットを所持していた事実」を間接事実として認めることができます。

C供述の証拠価値

C供述の信用性が認められ、上記の間接事実が認められる場合、次に、供述の**証拠価値**（その証拠からどのような事実が認定できるか、また、認定できる事実はどの程度立証目標となっている事実を推認させる力があるか）が問題となります[17]。

本件の場合、C供述の証拠価値については、どのように考えられるでしょうか？

●Aが所持していたポシェットは被害品か？

C供述の証拠価値を考えるにあたっては、まず、Aが所持していたポシェットがB宅から盗まれた被害品であるかが問題となります。これは、Aが所持していたポシェットと被害品は「本体部分は茶色の革製で真ん中に大きくPのロゴがついており、肩紐部分は金属製のP社製のポ

17　証拠価値と似た用語として、「推認力」（ある間接事実が要証事実を推認させる程度）という言葉もあります。

シェット」であるという点においては共通していますが、Aがたまたま被害品と類似したポシェットを持っていただけの可能性もあるからです。

このような可能性が残る以上、Aが所持していたポシェットが被害品であると言い切ることはなかなか難しいように思われます[18]。

●Aが犯行以外の経路で被害品を取得する可能性

上記の検討の結果、仮にAが所持していたポシェットが被害品であると認められる場合には、「Aが事件の約4日後に被害品を所持していた事実」を認めることができます。

この場合、論理的には、「Aが被害品を所持していたということは、それは（a）Aが盗んだか、（b）別の窃盗犯人が盗んだものをAが何らかの方法で入手したかのいずれかである」と考えられます。そして本件では、約4日という短期間に別の犯人が盗んだ高級ポシェットを通常の流通経路でAが取得する可能性（（b）の可能性）は低いと考えられるため、上記の間接事実からは、Aの犯人性が推認されます。

もっとも、4日もの時間があれば（b）の可能性はある程度存在すると考えることもできるため、この間接事実は、それだけでAの犯人性を強く推認させるものとはいい難いと考えられます。

このように近接所持の間接事実がある場合、犯行日時と所持日時との近接性の程度や、その被害品の流通性の程度に鑑み、Aが**犯行以外の経路で被害品を取得する可能性**がどれだけあったかが重要なポイントになってきます[19]。

18　たとえば、P社は被害品と同じ特徴を持つポシェットを大量に製造・販売していたような場合には、Aが所持していたポシェットが被害品である可能性は高いとはいえません。他方で、被害品とAが所持していたポシェットにおいて、際立った特徴（例：内側に有名人のサインが書かれている）が一致しているような場合には、Aが所持していたポシェットが被害品である可能性が高いといえます。

19　たとえば、Aが被害品を所持していたのが事件のあった時から30分後であれば犯人性を推認させる程度は極めて強くなり、それが事件から1ヶ月後であった場合には、その程度は弱くなります。

5 ケース２
——不審人物に関する供述

ケースの紹介

ケース２はケース１とまったく別個の事例ですので、ケース１のC供述はいったん忘れて、以下を読み進めてください。

ケース２では次のとおり、D供述と任意提出書が重要な証拠とされました。

Dの供述

「私は、８月25日午前１時15分頃、B宅の前の道を歩いて帰宅していました。すると、サッカーチームQの背番号10のユニフォームを着た男が突然B宅の門から出て来ました。私がその男に気が付くと、彼は慌てて方向転換して走り去りました。」

任意提出書の要旨

事件から数日後の捜査において、Aは「サッカーチームQの背番号10のユニフォーム」を任意提出した。

ケース２では、D供述は信用性が認められるものとし、任意提出書に書かれた事実も問題なく認定できると考えてください。これを前提とすると、以下の２つの事実が間接事実として認められます。

間接事実（a）

８月25日午前１時15分頃、サッカーチームQの背番号10のユニフォームを着た男がB宅の門から出て来たが、Dがその男に気付くと、男は慌てて方向転換して走り去った事実。

間接事実（b）
事件から数日後、A は「サッカーチーム Q の背番号 10 のユニフォーム」を所持していた事実。

A の犯人性を推認する過程

上記の 2 つの事実を見る限り、直感的に A が犯人である可能性が高いと考える人が多いのではないでしょうか。まず、検察官としては以下のような推認の過程を経て、上記の 2 つの間接事実から A の犯人性が推認されると主張することが考えられます。

推認①　事件後に B 宅から出て来た男は窃盗犯人である（間接事実（a））
↓
推認②　事件後に B 宅から出て来た男は A である（間接事実（b））
↓
推認③　よって、A が窃盗犯人である（要証事実）

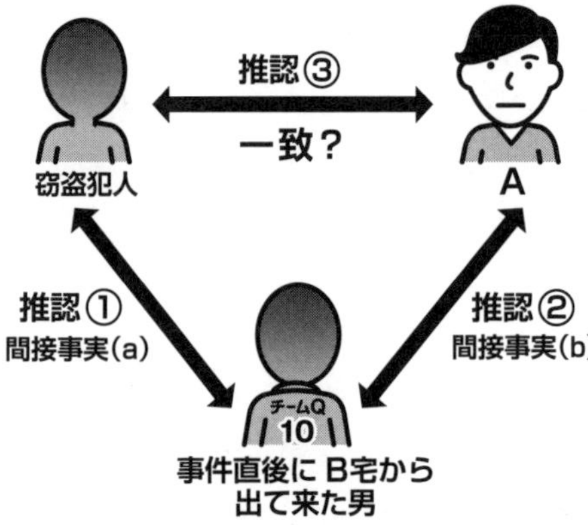

このような説明を聞くと、たしかに A が窃盗犯人であることは間違いないようにも思えてきますね。しかし裁判官としては、検察官による

推認の過程が本当に合理的なものか、慎重に分析する必要があります。

推認過程は合理的か？

ここでは裁判官の立場に立って、上記①と②の推認が合理的なものといえるかどうかを一緒に考えていきましょう。

●推認①について

まず、①の点についてです。間接事実（a）にあらわれた事情から、「事件後にB宅から出て来た男は窃盗犯人である」と考えることができるでしょうか。

たしかに、その男がB宅を出て来たのは窃盗が行われて間もなくしてであったことや、その時の男の不審な行動に照らして考えると、その男が窃盗犯人であると考えるのが自然であるようにも思えます。

もっとも、注意が必要なのは、事件発生から男がB宅から出て来るまでには約15分も間が空いているということです。窃盗犯人は金品を盗んだ後一刻も早くその場を立ち去ろうとするのが通常ですので、これだけ時間が空いているのはやや不自然といえます。また、Bはよく夜中に自宅で飲み会を開いていたなどの事情がある場合、その日も深夜に友人がB宅を訪れ、窃盗の発覚で騒がしそうだったのでBに声をかけずにそのまま帰路についたということも考えられます。

このように、B宅から出て来た男が窃盗犯人であることは必ずしも自明とはいえず、慎重な検討が必要になるということがわかります。

●推認②について

次に、推認②の点について考えてみましょう。実は、本件において「事件後にB宅から出て来た男」とAをつなぐ接点は、「サッカーチームQの背番号10のユニフォーム」だけです。では、「男がB宅から出て来た時に上記ユニフォームを着ていたこと」と「Aが上記ユニフォームを持っていたこと」という2つの事情から、本当に、「B宅から出て来た男がAである」と考えることができるでしょうか。

ここでは、上記ユニフォームが本件でどんな意味を持つのかをよく考える必要があります。

たとえば、Qというチームの背番号10の選手は日本代表のエースストライカーでもあり、同じユニフォームを持ったファンが全国各地にいる場合には、上記ユニフォームだけを理由に「B宅から出て来た男がAである」と考えることは難しそうですね。

他方、Qというチームは10年前に解散した海外の弱小チームであり、日本でそのユニフォームを見かけることはほとんどないような場合には、Aが上記ユニフォームを持っていた事実は、「B宅から出て来た男がAである」と考えるための有力な証拠になります。

以上のように、「疑わしきは被告人の利益に」という原則があてはまる刑事事件の事実認定においては、検察官の主張する推認過程が本当に合理的なものといえるかを、ある意味でとても疑り深く検討していく必要があります。本章ではぜひ、刑事事件特有のこの姿勢を皆さんにも身につけてもらいたいと思います。

6 ケース3――他の事実による証拠価値の変化

ケースの紹介

最後のケースでは、複数の事実を組み合わせて考えることで犯人性を推認する方法を紹介します。

まずは、Aの知人であるEの供述と、質店Zの質入れ伝票の要旨に目を通してください。そして、それぞれを単体の証拠としてとらえた場合、各証拠はAの犯人性についてどの程度の証拠価値を持つかを考えてみましょう（E供述及び質入れ伝票には信用性が認められるものとします）。

Eの供述

「私は、8月27日午前10時頃、AがP社製の高級そうなポシェットを紙袋に入れて運んでいるところを見ました。ポシェットの本体部分は茶色の革製で真ん中に大きくPのロゴがついていて、肩紐部分は赤色の革製でした。」

質店Zの質入れ伝票の要旨

9月30日、Aが質店Zに、本体部分は茶色の革製で真ん中に大きくPのロゴがついていて、肩紐部分は赤色の革製であるポシェット（P社製、製品番号はAB1234）を質入れした。
※製品番号から、質入れされたポシェットが本件窃盗の被害品であることが確認された。

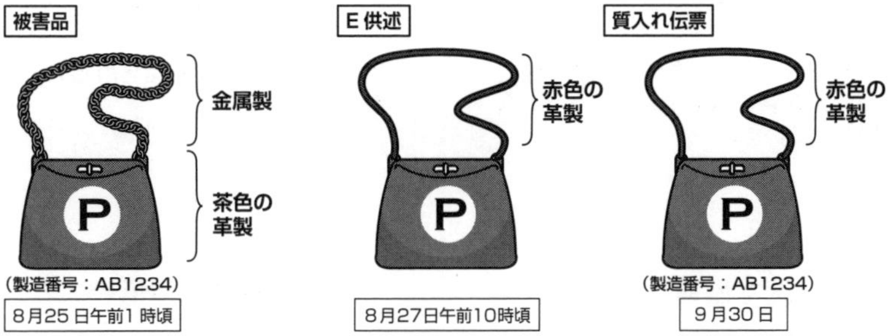

……いかがでしたでしょうか？　E供述や質店Zの質入れ伝票をそれぞれ独立して評価すると、どのような事実が認定でき、それはAの犯人性をどの程度推認させるものでしょうか？

各証拠の証拠価値

まずは、E供述の証拠価値を検討してみましょう。

E供述によれば、Aが所持していたポシェットの肩紐部分は赤色の革製であり、被害品（肩紐部分は金属製）とは外見上大きく異なっています。したがって、Aが所持していたポシェットが被害品である可能性は高いとはいえないため、E供述から認められる事実を単体でとらえた場合、その証拠価値は低いといえます。

次に、質店Zの質入れ伝票のほうはどうでしょうか？　こちらについては、Aが質入れしたポシェット（肩紐部分が取り替えられたもの）はまさに被害品ですが、質入れされたのは9月30日であり、事件発生から1ヶ月以上が経過しています。

１ヶ月もあれば、被害品が窃盗犯人から第三者へと譲渡されるなど、転々流通されている可能性があるため、この証拠の証拠価値も低いことがわかります。

E供述

8月27日午前10時頃、Aが「肩紐部分が赤色の革製」のポシェットを所持していた。

↓

証拠価値は低い

（Aが所持していたポシェットと被害品の外観が異なる）

質入れ伝票

9月30日、Aが被害品を所持していた。

↓

証拠価値は低い

（Aが被害品を所持していたのは事件から約1ヶ月後）

証拠・間接事実の総合評価

以上のとおり、E供述及び質入れ伝票から認められる事実をそれぞれ単体でとらえると、証拠価値は高いものといえず、Aの犯人性の立証において決定的な証拠と考えることはできません。

では次に、**E供述及び質入れ伝票から認められる事実を組み合わせて考える**と、どのようなストーリーが見えてくるか、皆さんも考えてみてください。この場合は、証拠価値はどのように変化するでしょうか？

……しっかりと自分の頭で考えることができましたか？

まず、質入れ伝票からは、Aが９月30日に所持していたポシェットは、被害品の肩紐部分が金属製から赤色の革製に取り替えられたものであることになりますが、Eが事件の２日後に見たポシェットは、この被害品と、「本体部分は茶色の革製で真ん中に大きくＰのロゴがついており、肩紐部分は赤色の革製であるＰ社製のポシェット」という点で共通しています。

これにより、**Ａが犯行の２日後に被害品を持っていた**というストーリーが浮かび上がってきました。もしこの事実が認められるのであれば、ある程度強い推認力を有する近接所持の間接事実であるということができます。

以上のように、単独ではそれほど強い証拠価値を持つわけではない証拠であっても、複数の証拠を組み合わせたり総合的に評価することで、その証拠価値が高まる場合があります。

実際の刑事事件では、このような総合評価のオンパレードです。いかに複雑な事案であっても、いつでも基本に立ち戻り、証拠から認められる事実を総合的にとらえた場合、どの程度の証拠価値を有するかを考えていく必要があります。

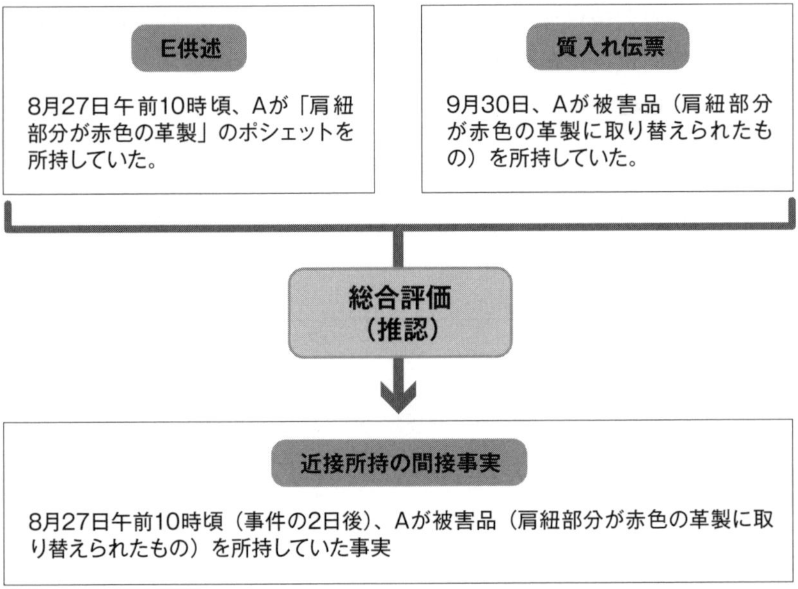

第17章のポイント

- ▶**「疑わしきは被告人の利益に」**という原則や**「無罪の推定」**の原則が妥当する刑事訴訟において、裁判官は、まず検察官の立証だけを考慮して**合理的な疑いを容れない程度の証明**がなされているかを検討した上で、弁護人による弾劾も総合的に考慮して、最終的に上記の程度の証明があったといえるかを判断する。

- ▶刑事訴訟における主な争点としては、**①犯人性**と、**②犯罪の成立要件**とがある。

- ▶検察官による要証事実の立証には、**直接証拠による立証**と、**間接事実の積み重ねによる立証**という２つのパターンがあり、その立証構造に応じて、弁護人による弾劾の構造も異なる。

- ▶第三者による供述の信用性を弾劾する際には、**(1) 動かしがたい事実との整合性**、**(2) 供述に至った経緯**、**(3) 供述内容の変遷**、**(4) 供述内容の合理性**、**(5) 知覚や記憶の条件**、**(6) 虚偽供述の動機**などの視点が重要である。

- ▶供述証拠がある場合、まず供述の**信用性**が問題となる。供述の信用性が認められる場合、次に、その供述の**証拠価値**を検討する必要がある。

第3部

第18章

弁護士の思考法

第18章の概観

- 本章では皆さんに、実際に法律の相談を受けた弁護士になりきってもらい、紛争の解決の仕方を学んでいきます。第1節では、まず事案を紹介します。

- 第2節では、弁護士が紛争を解決するための4つのステップ**（①事案を整理する、②法律構成を検討する、③案件の「落とし所」を探る、④方針を決定する）**の概要を紹介します。

- 第3節〜第6節では、4つのステップそれぞれについて、事案に即して詳しく解説していきます。

いよいよ本書も最後の章となりました。この章では、皆さんにも弁護士になってもらい一緒に紛争解決に取り組むことで、弁護士特有の思考法を身につけてもらいたいと思います。

法曹三者のうち、裁判所と検察官は国から給与をもらい、国家や国民全体のために働く存在です。これに対し、弁護士は基本的に依頼者から報酬を受け取り、その法的権利を守るためさまざまな活動をします。そのため、弁護士にとっては「この弁護士に任せてよかった！」と思ってもらえるよう依頼者の満足を最大化することが大切です。

日々の法律相談の中でも、紛争を解決して依頼者の満足を最大化するため、弁護士の頭の中はフル回転しています。この章は「弁護士の思考法」と題して、どんな難しい紛争であっても必ず解決に導くための４ステップを伝授していきます！

1 ある日の法律相談

まずは、次のケースにおける梨川弁護士と林檎社長の会話に目を通してみましょう。梨川弁護士になったつもりで、この事案をどのように解決に導けるか考えてみてください。

ケース

2018年３月、京都でウェブサイト制作などの事業を営む中小企業のアップリ社（従業員６名の株式会社）の林檎社長が、地下水の汲める井戸があることで有名な梨木神社のすぐ近くにある「ナシ法律事務所」を訪ねて来た。すぐに、林檎社長の古くからの知り合いである梨川弁護士がやって来た。

（林檎社長）

梨川先生、ご無沙汰しております〜。先ほどお電話させていただいたとおり、ちょっとご相談したいことがあるのですが……。

(梨川弁護士)
あ〜、林檎さん、お久しぶりやなぁ！　待ってたで〜！　さぁさぁ、どうぞこちらへ！　さっそくやけど、どうしはったんや？

(林檎社長)
実は、ウチが制作したウェブサイトの代金を何度言っても払ってくれない会社があるんですよ。裁判でも何でもしてしっかり払ってもらいたいと思っているのですが、どうにかなるでしょうか？

(梨川弁護士)
えらいけしからん奴やなぁ。未払い額はいくらなん？

(林檎社長)
ざっと 300 万円くらいだと思います。

(梨川弁護士)
けっこうな額やなぁ。その会社とはもともと取引があったんか？

(林檎社長)
いえ、有機野菜を通販で売るスター社という名古屋の株式会社で、ウチとは今回の取引が初めてでした。

(梨川弁護士)
なるほど……。で、いつ契約しはったん？　契約書があるやろ？

(林檎社長)
それが、お恥ずかしいことに契約書という正式なものは作っていないんですよ。知り合いからの紹介だったので、なかなか言い出しづらくて。契約はたしか、5年くらい前の冬だったと思うんですが……。あっ、でも、見積書とか、メールでのやりとりは残っています。それに、前払いの50万円については、領収書のコピーもあります。

(梨川弁護士)
なるほど、じゃあ今度、そのあたりの書類は見せてな。で、相手には「代金支払え」といったんやろ？　相手は何というてるんや？

(林檎社長)
はい、代金を回収できていなかったことがわかったので、半年ほど前に電話とメールで代金の支払いをお願いしたのですが、先方は「そんな昔のことは知らん、当時の担当者が勝手にした口約束だから、ウチの会社が契約したものではないはずだ！」とかいって、全然応じてくれませんでした。で、先月になって、再度手紙を出したのですが返事がないので、先生のところにお願いに来たわけです。

(梨川弁護士)
なるほど……。で、「当時の担当者」って誰なんや？

(林檎社長)
それが、よくわかりません。こちらのメールには、当時「星野」という人物がウチとやりとりをしていた記録が残っているのですが、先方がいうには、星野は広告やウェブページのデザインの担当者だったのですが、入社して３ヶ月足らずですぐにやめてしまったそうです。

いかがですか？　梨川弁護士の関西弁が不自然なのではないかという点はさておき、事案の概要は頭に入ったでしょうか（笑）

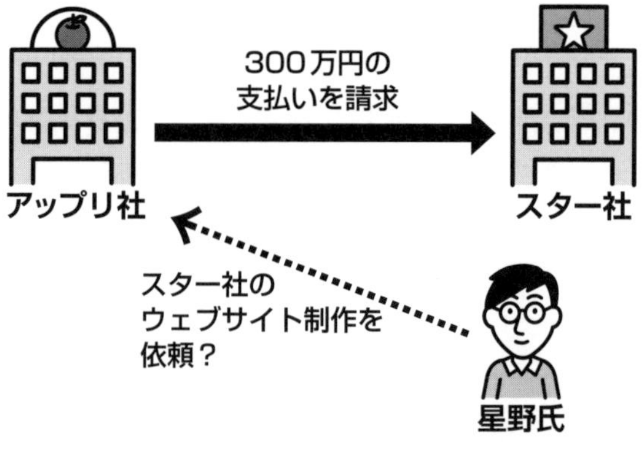

早速ですが、本書で学んだことの集大成として、もしあなたが梨川弁護士の立場なら林檎社長にどういった質問やアドバイスをするかを考えてみてください。また、この案件ではどこがポイントになり、どのような手段をとれば林檎社長の満足を最大化することができるでしょうか？

まずは自分で、頭に思い浮かぶことを何でも紙に書いてみましょう。

2 紛争解決を導く４ステップ

林檎社長から相談を受けた梨川弁護士は、この案件について、どのように仕事を進めていくべきでしょうか。

実際に弁護士が扱う紛争の種類はさまざまですが、ここでは、どんな紛争にも共通して使うことのできる弁護士の基本的な思考法を紹介します。それが、**紛争解決を導く４ステップ**です。

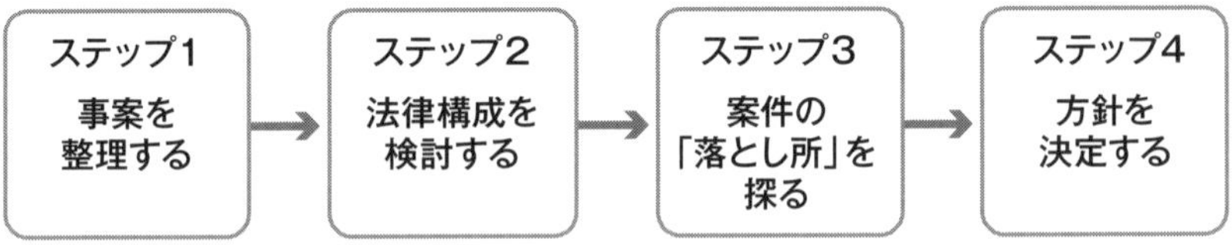

詳しい説明に入る前に、それぞれのステップの概要を説明しましょう。

まず、弁護士の仕事は**「事案を整理する」**ことから始まります（ステップ１）。このステップは、さらに、

① 事実関係を把握する
② 依頼者の要望を理解する

という２つのステップに分けられます。ここでは、相談を受けた紛争についての事実関係を正確に把握した上で、最終的に依頼者が何を望んでいるのかを聞き出すことが重要です。

ここで整理された情報が、ステップ２～４の基礎となります。

次に、依頼者から聞いた事実関係と依頼者の要望に基づき、相手方に対して主張しうる**「法律構成を検討する」**ステップです（ステップ２）。ここでは、依頼者がどんな法的根拠に基づきどんな権利を主張できるか

について、できるだけ多くの可能性を挙げていきます。

本ケースでは、アップリ社は請負契約に基づく請負代金請求権を主張できるように思えますが、他の法律構成も考えることができそうです。この点については、後ほど詳しく説明します。

続いて、**「案件の『落とし所』を探る」**というステップです（ステップ3）。これは、依頼者の主張が通る可能性を予測し、紛争の着地点を考えるステップです。ステップ3は、さらに、

① 反論と争点を予想する
② 証拠を精査する
③「落とし所」を見立てる

という3つのステップに分けることができます。

まず、依頼者の主張に対する相手方からの反論を予想することにより、紛争の主な争点を明らかにします。そして、依頼者に有利・不利な証拠を精査し、依頼者の主張を裏付ける証拠が揃っているかを確認していきます。

以上を踏まえ、弁護士は、訴訟となった場合に依頼者が勝てる可能性を予測します。その上で、訴訟の判決をもらうのか和解をするのかなど、案件の落とし所としてどこを狙うかを考えていきます。

最後は、以上の検討を踏まえ、その案件における**「方針を決定する」**というステップ4です。このステップは、

①法律構成を決定する
②アクションを決定する

という2つに分けることができます。

ここでは、実際に主張する法律構成を絞り込み、実際にどのようなアクション（法的手段）を講じるかを決定します。アクションの選択肢としては、相手方弁護士との協議、内容証明郵便の発送、訴訟の提起などがあります。

3 ステップ1 ——事案を整理する

ここからは、それぞれのステップについて詳しく説明していきます。

まずは、「事案を整理する」というステップ1ですね。このステップは以下の①と②とに分けられますので、順に説明していきましょう。

ステップ1　事案を整理する
①事実関係を把握する
②依頼者の要望を理解する

①事実関係を把握する

どのような法律相談であっても、はじめに必要となるのは、その問題に関する**事実関係を正確に把握する**ことです。

法的三段論法（第9章）のところで学んだとおり、法律の議論においては、法的ルールに事実をあてはめることで、結論を得ることができます。事実関係を知っているのは当事者だけなので、それを聞き出すことが弁護士の仕事の第一歩です。

事実関係を正確に把握するためには、依頼者の話や資料から得られた膨大な量の情報を、わかりやすい形に整理する能力が求められます。ここでは、事実関係を把握するために弁護士がよく使う2つのテクニックをご紹介しましょう。

●時系列表の作成

1つ目は、**時系列表**を作ることです。時系列表においては、「いつ」「誰が」「何をしたか」という点に加え、その事実を裏付ける資料がある場合には、それも記載しておきます。本件において、たとえば次のような時系列表を作ることが考えられます。

年月日	出来事	裏付け資料
2012 年　10 月 29 日	スター社の星野氏が、アップリ社を訪問してウェブサイト制作依頼の概要を伝える	・アップリ社の社内日誌 ・星野氏の名刺
11 月 12 日	アップリ社の社員が星野氏に見積もりをメールで送付	・メール ・見積書
12 月 20 日	星野氏がアップリ社に訪問して、ウェブサイトのデザインなどについて打合せ	・アップリ社の社内日誌
2013 年　1月頃	星野氏からアップリ社に、11 月に受領した見積書の内容で契約を締結したい旨の電話連絡	・アップリ社社員の証言
3月 15 日	スター社が 50 万円をアップリ社に入金	・アップリ社の預金通帳
9月 20 日	アップリ社が制作したウェブサイトをスター社に納品	・メール
10 月～ 11 月頃	アップリ社がスター社にウェブサイトの代金 300 万円を何度も電話で請求	・アップリ社社員の証言
2018 年　2月頃	アップリ社がスター社にウェブサイトの代金の支払いを督促	・通知書

時系列表を作ることで、断片的な形で依頼者から話される事実関係を、流れのあるストーリーとしてとらえることができるようになります。また、時系列表に書かれたストーリーの不自然な点をさらに依頼者に質問をすることで、より適切なアドバイスをできるようになります[20]。

20　本件でいうと、時系列表を見れば、アップリ社は、2013 年 10 月～ 11 月頃にスター社に代金の請求をした後、2018 年までおよそ 5 年間も代金請求を一切していないことがわかります。この事実は不自然ですので、その理由をアップリ社に確認する必要がありそうです。

●関係図を描く

2つ目のテクニックは、人間関係や契約関係などの**関係図を描く**ことです。よく、ドラマや漫画などの解説で、登場人物の「相関図」が使われることがありますね。これと同じように、複数の企業や人物が登場するような事案では、関係図を描くと事実関係の理解がしやすくなります。

本件はそれほど複雑な事案ではありませんが、もっと当事者が多く、契約関係も複雑な場合には、たとえば以下のような関係図を描くことがあります[21]。

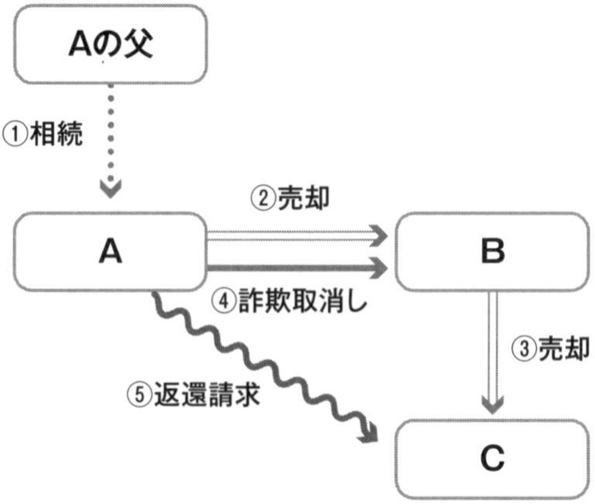

②依頼者の要望を理解する

事実関係を把握できたら、次に弁護士がすべきは、依頼者の要望をよく聞き、**どのような結果を獲得できれば依頼者の満足が最大化するか**を見極めることです。

本件では、たとえば、林檎社長が金銭的な満足を重視している場合、和解など、できるだけ費用対効果の高い手段を考える必要があります。また、損得勘定が問題なのではなく、不誠実な態度をとるスター社に断

21 本文中の関係図は、民法総則で習う「詐欺取消前の第三者」という論点で登場する関係図です。このように、関係図の中に、出来事が起きた順番を「①」「②」などの記号で表現する（又は、出来事が起きた年月日を書き入れる）と、わかりやすい図になります。

固たる措置を講じることを目的とする場合には、訴訟提起などの手段を検討することになるでしょう。

他方で、スター社とは今後も良好な関係を継続していきたいというような場合には、代金が回収できなくてもやむを得ないという前提で、できるだけ穏便な手段で済ませようという方針になります。

4 ステップ2 ——法律構成を検討する

考えられる法律構成

事案を整理することができたら、次に、依頼者の要望を実現するための法律構成を幅広く検討するステップに入ります。**法律構成**とは、依頼者が相手方に主張しうる権利の性質やその法的根拠のことをいい、大まかにいって次の３つの要素に分解できます。

法律構成の３要素

① 誰の（請求権の主体）
② 誰に対する（請求権の相手方）
③ どのような権利か（請求権の内容・発生根拠）

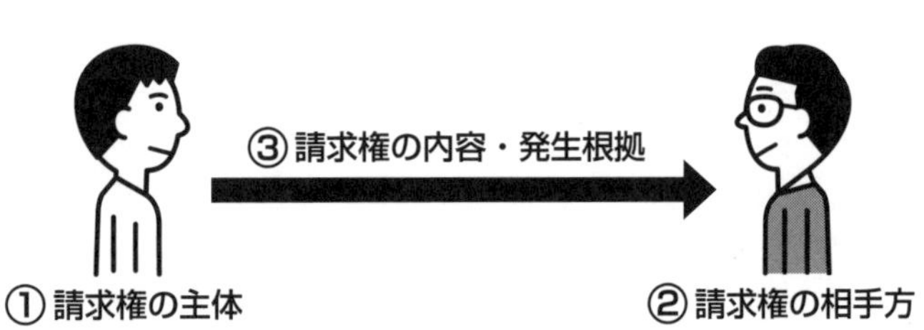

本件の場合、たとえば次の（1）～（3）のような法律構成を考えることができます。

考えられる法律構成

（1）アップリ社のスター社に対する請負代金請求権
（2）アップリ社の星野氏に対する不法行為に基づく損害賠償請求権
（3）アップリ社のスター社に対する使用者責任に基づく損害賠償請求権

以下では、これらの法律構成について順に見ていきましょう。

（1）アップリ社のスター社に対する請負代金請求権

まず、アップリ社とスター社の間の請負契約（以下「本件契約」といいます）を根拠として、「アップリ社のスター社に対する請負代金請求権」を主張するという構成が考えられます。もっとも、もう少し丁寧に考えてみると、この構成はさらに以下の２つに分けられます。

有権代理構成

１つは、スター社の代表権を持つ者の意思表示があったため、本件契約が締結されたとする構成です。星野氏が本件契約を締結する権限を有していた場合には、この構成をとることができます。

このように、正当な代理権（代表権）を持つ者が行う代理行為のことを**有権代理**と呼び、当然、契約の効果はスター社に帰属します。

表見代理構成

もう１つの構成は、スター社の代表権を持つ者の意思表示はなかったものの、民法上の**表見代理**[22]が成立するため、結果的に、本件契約の効

---

22 表見代理とは、無権代理（代理権のない者が代理人と称してなす行為）があった場合に、無権代理者を本当の代理人であると誤信して取引した相手方を保護するため、一定の条件の下で、有権代理があったのと同様の効果を発生させる制度のことをいいます。代理の制度については、民法総則で勉強します。

果がスター社に帰属するというものです。

代理権・代表権を持たない者**（無権代理人）**が代理人と称して契約を締結した場合、原則として、その契約の効果は本人（スター社）には帰属しません。もっとも、民法109条・110条・112条が定める表見代理の要件を満たす場合には、例外的に、契約の効果が本人に帰属することになります。

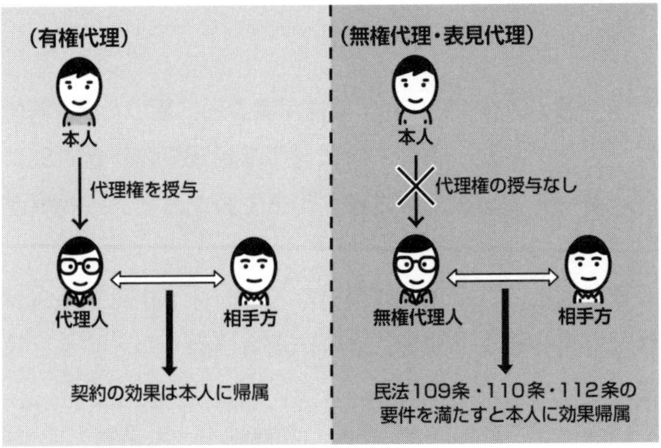

たとえば、民法110条は、「代理人がその権限外の行為をした場合において、第三者が代理人の権限があると信ずべき正当な理由があるとき」には、表見代理が成立することを定めています。

本件において、星野氏が本件契約とは異なる種類の契約については権限（基本代理権）を有しており、アップリ社としては、星野氏が本件契約を締結する権限を有すると信じ、そう信じることについて正当な理由がある場合には、民法110条の表見代理が成立する可能性があります。

(2) アップリ社の星野氏に対する不法行為に基づく損害賠償請求権

第2に「アップリ社の星野氏に対する不法行為に基づく損害賠償請求権」を主張するという構成が考えられます。

仮に星野氏に本件契約を締結する権限がなかったにもかかわらず、星野氏があたかもその権限が自分にあるかのように振る舞い、アップリ社にウェブサイトの制作をさせた場合には、星野氏はアップリ社を騙したことになりますので、不法行為に基づく損害賠償請求権（民法709条）が発生します。

この場合、アップリ社は、星野氏に対し、星野氏の行為により被った損害（ウェブサイトを制作するために要したコストなど）の賠償を請求することができます。

（3）アップリ社のスター社に対する使用者責任に基づく損害賠償請求権

第3に「アップリ社のスター社に対する星野氏の不法行為に関する使用者責任に基づく損害賠償請求権」[23]を主張するという構成が考えられます。

使用者責任とは、被用者（従業員など）が仕事中に第三者に損害を与えて不法行為責任を負う場合、その使用者（会社など）も、第三者に対して同様の不法行為責任を負うことをいいます[24]。

本件では、スター社が「使用者」、星野氏が「被用者」、アップリ社が「第三者」にあたります。そのため、（2）の請求（星野氏に対する不法行為に基づく損害賠償請求）が成り立つ場合、アップリ社は、スター社に対しても同様の損害賠償請求を行うことができることになります。

法律構成を検討する糸口

このように、弁護士は依頼者から聞いた事実関係を踏まえ、依頼者の要望を実現するための法律構成を検討していきます。

その際には、第3章（民法）に登場した、**物権と債権、債権の４つの発生原因**というキーワードをヒントにするとよいでしょう。法律構成を

23 民法715条1項（使用者等の責任）「ある事業のために他人を使用する者は、被用者がその事業の執行について第三者に加えた損害を賠償する責任を負う。（以下略）」

24 たとえば、酒屋を営む会社の従業員が酒の配達中に交通事故を起こした場合、その会社も使用者責任として不法行為責任を負い、損害賠償を被害者に支払わなければなりません。

考える際には、まず何らかの物権に基づく請求はできないかを考えます。また、債権に基づく請求をする場合には、債権の４つの発生原因（契約・事務管理・不当利得・不法行為）のうち、どれを根拠とする請求が成り立ちうるかを考えてみると、検討の糸口になります。

本件では、物権に基づく請求は考えにくいですが、債権に基づく請求をする場合、契約や不法行為を根拠とする請求が成り立ちそうであることがわかりますね。

5 ステップ３——案件の「落とし所」を探る

ステップ３では、前のステップで検討した法律構成を踏まえ、その案件における落とし所（紛争の着地点）を探っていきます。具体的には、ステップ３は次の①〜③に分けられます。

ステップ３　案件の「落とし所」を探る
① 反論と争点を予想する
② 証拠を精査する
③「落とし所」を見立てる

以下では、これら３つのステップについて説明をしていきます。

① 反論と争点を予想する

弁護士は依頼者の言い分を一方的に主張するだけではなく、相手方からどのような反論が出てくるかを予想し、それに対する説得力のある再反論を用意しておく必要があります。そのためには、相手方の立場に立って事案を眺めてみなくてはなりません。

ここでは「反論を予想する」トレーニングとして、ステップ２で検討した３つの法律構成のうち、（1）の構成（アップリ社のスター社に対する請負代金請求権）に対して、相手方からどのような反論が予想されるかを考えてみましょう。

●「請負代金請求権は発生しない」という反論

まず、有権代理構成に対しては、「星野氏は入社後３ヶ月でやめてしまった単なるデザインの担当者であり、本件契約を締結する権限を有していなかった」という反論が予想されます。このような反論がなされた場合には、「スター社において星野氏はどのような権限を有していたか」や、「本件契約に際してスター社内部でどのような手続きがとられたか」といった点が争点になると考えられます。

他方で、表見代理構成に対しては、相手方から、本件では表見代理の要件を満たさないという反論がなされるでしょう。

具体的には、「デザイナーに過ぎない星野氏には基本代理権が一切存在しない」とか、「星野氏が権限を有していると信じたことにつき、アップリ社には過失がある（正当な理由がない）」といった反論が予想されます。

アップリ社の過失が争点となった場合、過失の有無は、本件契約のためにアップリ社と星野氏との間で行われたやり取りなどに照らして判断されます。たとえば、アップリ社の担当者が自らの不注意により「星野氏には権限がある」と誤信したような場合には、過失が認められ、表見代理は成立しないことになります。

●もう１つの反論

ここで、皆さんに考えてみてほしいことがあります。もしアップリ社が、有権代理構成又は表見代理構成によって、請負代金請求権が発生することの立証に成功した場合、もはやスター社が反論をする余地はないのでしょうか？

もしそうであれば、梨川弁護士は林檎社長に「本件では請負代金を請求できますよ！」と太鼓判を押すことができますが、本当にそういい切ってしまってよいでしょうか……？

実は本件の場合、スター社から「アップリ社の請負代金請求権は消滅時効により消滅した」という反論（抗弁）が出される可能性があります。消滅時効とは、ある権利が行使されない状態が継続した場合に、その権利が消滅するという制度です。

本件では、民法又は旧商法の適用により、請負代金請求権が時効消滅しているかが問題となりえます[25]。

もし請負代金請求権が時効消滅しているとなると、アップリ社が訴訟を提起しても負けてしまいます。そのため、まずは手持ちの資料から時効の起算点や時効中断の有無などを確認し、消滅時効にかかっていないかを確認する必要があります。

25　民法 166 条 1 項（債権等の消滅時効）「債権は、次に掲げる場合には、時効によって消滅する。
①債権者が権利を行使することができることを知った時から 5 年間行使しないとき。
②権利を行使することができる時から 10 年間行使しないとき。」

旧商法 522 条本文「商行為によって生じた債権は、この法律に別段の定めがある場合を除き、5 年間行使しないときは、時効によって消滅する。」
※法改正により現在の商法では 522 条は削除されていますが、本ケースでは改正前の 2012 年～2013 年頃に締結されたとされる契約が問題となっているため、旧商法 522 条が適用される可能性があります。

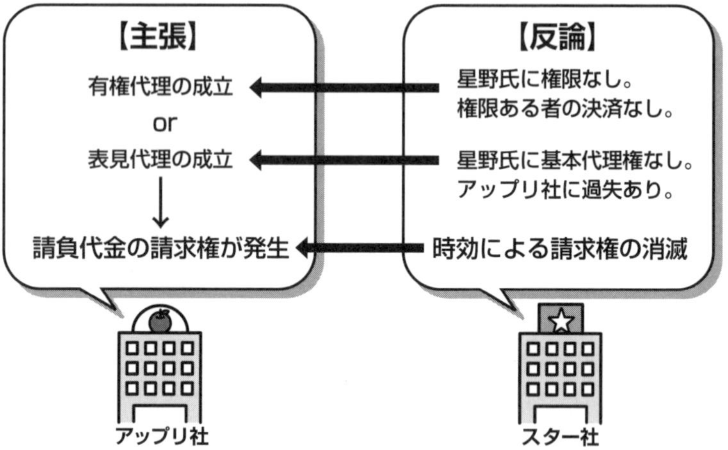

このように、ある主張に対する反論を検討する場合には、「星野氏は代理権を有していたか」など、ある事実の存在・不存在に関する**事実上の反論**のほかに、民法や商法に基づく消滅時効の主張など、法令の規定に基づく**法律上の反論**についても検討をする必要があります。

② 証拠を精査する

弁護士は、依頼者の話を聞く場合には常に「依頼者の言い分を裏付ける証拠があるか」ということを意識しています。

第16章で「訴訟の勝敗は証拠によって決まる」という話をしましたが、訴訟にまで至らない場合であっても、主張を裏付ける証拠があれば、依頼者の言い分を強気に主張することができます。また、証拠の有無によって採用する法律構成や法的手段が変わってくることもあるため、案件の方針決定においても、証拠の精査が重要な意味を持ちます。

具体的には、弁護士は、予想される争点について、「裁判官が証拠を見た場合に、依頼者の主張する事実が立証されたと考えるか」という観点から、**依頼者が立証に成功する可能性（立証可能性）**がどれくらいあるかを検討します。このとき、依頼者にとって不利な証拠も丁寧に確認した上で、総合的に判断することが重要です。

ここまでくれば、その案件において依頼者の主張が認められる見込みがどれくらいあるか、すなわち、「勝ち筋」の案件か「負け筋」の案件かを予測することができます。このような見通しをあらかじめ依頼者に伝えておくことも、弁護士の大切な仕事の1つです。

③「落とし所」を見立てる

●「落とし所」とは

ステップ3の最後に弁護士がすべきことは、案件の落とし所を見立てることです。**落とし所**とは、その案件の「理想」と「現実」の間にある、紛争の着地点のことをいいます。

依頼者の要望を100%叶えることができれば理想的ですが、実際にはいつでもそう上手くいくとは限りません。弁護士には、証拠関係やさまざまな事情を考慮して現実的な着地点を見極め、それを依頼者に納得してもらうスキルが求められます。以下、具体的に考えてみましょう。

●本ケースの落とし所

実際の案件で依頼者の要望がすべて通るケースは稀で、請求の一部が裁判所により認められなかったり、依頼者が請求の一部を譲歩して和解を成立させたりする場合のほうが多いといえます。たとえば本ケースにおいて、次のような事情がある場合を想定してみてください。

事情（a）
請負契約の成立はほぼ確実に立証できるが、手持ちの証拠からは、消滅時効が成立する可能性がある程度ありそうな場合

事情（b）
請負契約の成立を立証できるかが微妙で、仮にこれが立証できた

としても、消滅時効が成立する可能性が高いと考えられる場合

事情（a）の場合、アップリ社の請求が満額認められる可能性があるため、訴訟を提起して判決をもらうというのも1つの選択肢です。

もっとも、訴訟で消滅時効の成立が認められてしまっては、アップリ社の請求が1円も認められない可能性もあります。そのようなリスクを回避するため、訴訟を提起した後にスター社と協議を行い、たとえば請求額の半額（150万円）で和解するという落とし所が考えられます。

事情（b）は、依頼者の請求が認められるのが難しそうな「負け筋」の案件です。負け筋の場合には、さまざまなコストをかけて訴訟を提起するのは得策ではなく、ある程度妥協して、できるだけ早期に決着をつけるのが望ましいといえます。

本件の落とし所としては、たとえば当事者の話し合いにおいて解決金という名目でスター社から数十万円の支払いを受け、以後何らの請求も行わないという約束で和解をすることが考えられます。

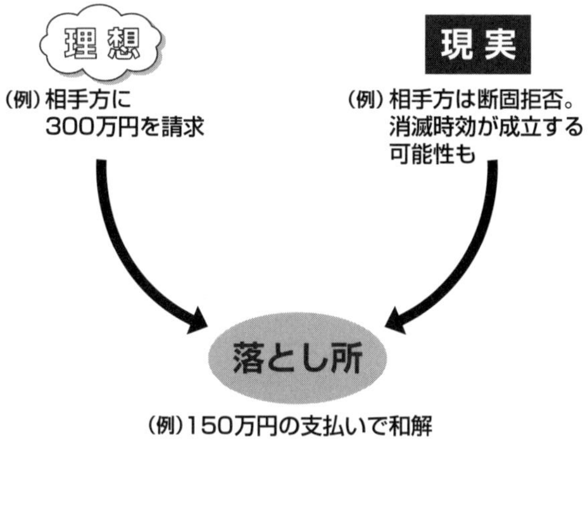

6 ステップ4 ——方針を決定する

最後のステップ4は、ここまで検討してきた結果を踏まえ、弁護士として意思決定を行うステップです。少し大げさにいえば、依頼者の命運はこの意思決定にかかっていますので、弁護士の責任は重大です。

ステップ4は次の2つに分けられますので、順に説明していきます。

ステップ4　方針を決定する

①法律構成を決定する

②アクションを決定する

①法律構成を決定する

案件における方針を決めるためには、まず「誰の、誰に対する、どのような権利を主張するか」という法律構成について、意思決定をする必要があります。

そして、弁護士が法律構成を選択する際には、実にさまざまな要素を考慮することになります。思いつく要素をざっと挙げてみただけでも、以下のようなものが考えられます。

依頼者側の事情

(a) 依頼者の要望

(b) 紛争解決にかけられるコスト

(c) 法律構成の妥当性（筋の良さ）

(d) 手持ち証拠と立証可能性

相手方の事情

(e) 相手方の態度
(f) 相手方の資力

●依頼者側の事情

(a) 依頼者の要望については、ステップ1-②で詳しくお話ししましたね。依頼者が1円でも多くお金が支払われることを重視しているのか、それとも今後も相手方とできるだけ良好な関係を維持したいと考えているのかによって、方針は大きく変わってきます。

また、**(b) 紛争解決にかけられるコスト**がどれくらいあるかも考えなくてはなりません。訴訟を提起した場合、第1審の判決が出るまで1年以上かかることも珍しくなく、そのために多大な金銭的・労力的なコストがかかります。

多くのコストをかけることができない依頼者の場合には、できるだけ早期に簡単な手続きで事件を終結させる必要があります。

(c) 法律構成の妥当性とは、その法律構成を主張することが「筋が良い」といえるかどうかという問題です。理論上は考えうる法律構成であっても、あまりに技巧的な主張や、実態とかけ離れた主張、判例では認められていない学説に基づく主張などは、訴訟の場で認められる可能性が低く、筋が悪いといわれてしまいます。

弁護士は、裁判官に無理なく納得してもらえるような、筋の良い主張を優先的に選ばねばなりません。

(d) 手持ち証拠と立証可能性についても、先ほど説明したとおりです。

証拠を精査した結果、依頼者の主張が認められる可能性が高い場合には、判決をもらったり有利な条件で和解したりといった強気の方針を採用できます。反対に、立証可能性が低い場合には、不利な条件での和解なども覚悟しなくてはなりません。

●相手方側の事情

案件の方針決定においては、**(e) 相手方の態度**も重要なファクターです。

相手方も早期かつ穏便に紛争を終わらせたいと考えているような場合には、和解の話を進めることが比較的容易です。これに対し、相手方がこちらの主張にまったく耳を貸そうとしない場合には当事者同士で解決は難しく、訴訟を提起せざるをえない場合があります。

最後に、**(f) 相手方の資力**という、最も重要ともいえる要素について説明します。「資力」とは読んで字のごとく、どれだけ財産を持っているかということです。

本ケースにおいて、仮にスター社や星野氏に対して勝訴し、「アップリ社に対して300万円を支払え」という判決を得た場合、スター社や星野氏が自分から300万円を支払ってくれなければ、強制執行により債権の回収を図ることになります[26]。

しかしながら、債務者に十分な資力がなく強制執行の対象となる財産すらない場合には、強制執行は空振りに終わり勝訴判決はただの紙切れになってしまいます。債務者に資力がない場合、訴訟に勝っても依頼者の満足にはつながらないのです。

ここで、皆さんに質問です。もし皆さんが、「星野氏に対する不法行為に基づく損害賠償請求権」か、「スター社に対する使用者責任に基づく損害賠償請求権」のどちらかを選択する必要がある場合、2つの請求は請求の相手方が異なりますが、強制執行まで見据えるとして、あなたならどちらを選択するでしょうか？

たとえば、スター社の経営状況は良好である一方で、星野氏はその日

26　「強制執行」とは、判決などによって確定された請求権を、国家が強制力を持って実現する手続きのことをいいます。具体的には、債務者が所有する不動産や動産を競売にかけてその代金を請求権の弁済にあてたり、債務者名義の銀行預金を差し押さえるなどして、請求権を満足させることになります。強制執行手続の詳細は、民事執行法などで定められています。

暮らしをしており、特筆すべき財産もない場合を考えてみましょう。このとき、星野氏は十分な資力を有していないので、仮に星野氏に勝訴しても実際に300万円を回収することは難しいでしょう。

このような場合には、星野氏ではなくスター社を請求の相手方とする法律構成を選択することが適切であるということになります。

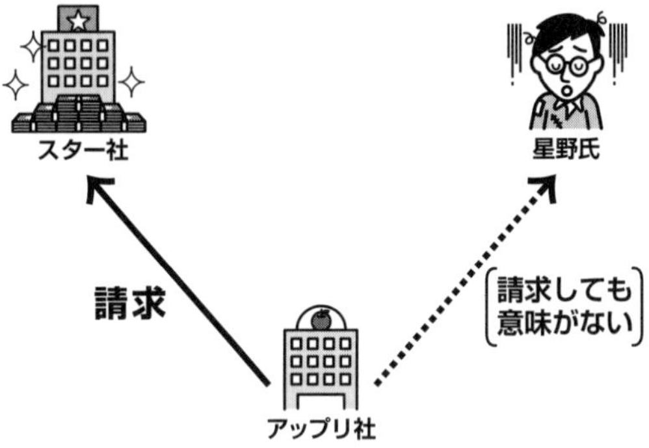

以上のとおり、弁護士は依頼者側と相手方側双方のさまざまな要素を考慮して、その案件に最も適した法律構成を選択します。

②アクションを決定する

最後に、これまでのすべての検討を踏まえ、実際に講じる**アクション（具体的な法的手段）**を考えていくステップとなります。本ケースのような紛争の場合、たとえば以下のような手段が考えられます。

考えられる法的手段

（1）依頼者による督促状の送付
（2）弁護士による内容証明郵便の送付
（3）弁護士による相手方との交渉及び和解案の提示
（4）訴訟提起

取引先が代金を支払ってくれない場合であっても、訴訟はあくまで

「最後の手段」です。そこで、弁護士としてはまず、訴訟以外の手段によって紛争を解決できないかを考える必要があります。以下では、各手段のメリットやデメリットについて確認しておきましょう。

●各手段のメリット・デメリット

（1）依頼者による督促状の送付

まず、依頼者自身の名義で、相手方に対して代金の支払いを請求する書面を送付する方法があります。内容は弁護士が作成し、それを依頼者から発送することもできます。

この方法は、4つの選択肢の中では最もソフトな手段です。紛争の初期段階で相手方の態度が明らかではない場合には、まずこの方法を試してみるとよいでしょう。

他方で、この手段では相手方に与えるインパクトが小さいため、紛争がある程度長期化していたり、相手方がこちらの要求に応じる姿勢をまったく見せないような場合には、よりインパクトのある手段を検討する必要があります。

（2）弁護士による内容証明郵便の送付

次に、弁護士が依頼者の代理人として、相手方に対して**内容証明郵便**[27]を利用して督促を行うという方法があります。これにより、相手方には依頼者に弁護士がついたことがわかるので、依頼者の本気度が伝わり、何らかの対応を期待することができます。また、内容証明郵便は、訴訟の場で依頼者が請負代金を請求した事実を証明する証拠となるという意味も持ちます[28]。

他方で、弁護士による内容証明郵便の送付は、ある意味で相手方を

27　「内容証明」とは、郵便物の差出日付、差出人、宛先、文書の内容を、郵便局（日本郵便株式会社）が謄本により証明してくれる制度です。後日訴訟になった場合などに備えて、いつ、誰が、誰に対してどのような内容の書面を送ったかを確実に証明する手段として、弁護士にはよく利用されています。

28　弁護士以外の一般の方でも、内容証明郵便を送ることはもちろん可能です。また、弁護士による通知であっても、相手方を過度に刺激したり身構えさせたりしないために、あえて内容証明郵便を用いずに、普通郵便の形で通知書を送付する場合もあります。

「敵」とみなしたと捉えられ、相手方が態度を硬化させる可能性があります。そうすると、良好な関係を継続することが難しくなるだけでなく、紛争が本格化・長期化するリスクもあります。

したがって、相手方との友好関係をこれからも継続的に維持していきたいような場合には、慎重な検討が必要になります。

（3）弁護士による相手方との交渉及び和解案の提示

（1）や（2）の方法による書面の送付の他に、弁護士が相手方（又はその代理人弁護士）と交渉を行うという方法もあります。交渉の結果、お互いに妥協できそうなポイントが見えてくれば、相手方に**和解案を提示する**という方法も有効です。

当事者は自由に和解の条件を決めることができるため、訴訟の判決と比べて、和解は当事者の意向を汲んだ柔軟な解決をしやすく、紛争の長期化を防ぐことができる手続きです。

また、訴訟となれば、当事者は書面作成のための打合せや証拠集めなど、さまざまな対応を求められ、弁護士報酬などで多額の費用が必要となります。このように、訴訟を提起するとさまざまな金銭的・労力的なコストがかかるのに対し、和解ができればコストを必要最小限に抑えることができます。

以上のとおり、和解には多くのメリットがあるということを覚えておいてください。

（4）訴訟提起

訴訟の最大のメリットは、相手方の態度にかかわらず、裁判所（国家権力）によって、**強制力を伴う公正な判断**を期待することができるという点にあります。そのため、相手方との交渉が完全に決裂した事案や、依頼者の権利を徹底的に主張しなければならない事案については、訴訟という最もインパクトのある手段が有効です。

他方で、訴訟のデメリットについては（3）で説明しました。一言でいえば、訴訟は大がかりな手続きであるため、その分さまざまなコストがかかります。そのため、まずは訴訟以外の手段による解決を試みた上で、それらの手段が功を奏さなかった場合にはじめて、「最後の手段」として訴訟の提起を検討すべきです。

●アクションの選択

以上が、本ケースにおいて考えられる代表的な法的手段のメリット・デメリットでした。弁護士は、この中からその時点で最も適切と思われる手段を選択しなくてはなりません。

通常は、まずできるだけソフトな手段を講じてみて、それで問題が解決に進まない場合には、よりインパクトのある手段を検討していくことになります。

なお、本章では主に、依頼者が法的請求を「する側」（原告側）の立場に立った場合を念頭に置いて説明をしてきましたが、当然のことながら、実際には依頼者が法的請求を「される側」（被告側）の立場で事件を受ける場合も多くあります。この場合も、弁護士が考えるべき基本的なポイントが大きく変わることはなく、本章で紹介した4つのステップに則って検討を進め、相手方の請求に対するアクションを決定します。

依頼者が請求を「する側」であろうが「される側」であろうが、特に法律構成やアクションの決定においては、弁護士の決断によってその後の展開が大きく変わります。その意味で、弁護士の責任は重大であると同時に、ここが弁護士の仕事の醍醐味であるということができます。

第18章のポイント

▶【紛争解決を導く４ステップ】

ステップ１　事案を整理する

①事実関係を把握する

②依頼者の要望を理解する

ステップ２　法律構成を検討する

ステップ３　案件の「落とし所」を探る

①反論と争点を予想する

②証拠を精査する

③「落とし所」を見立てる

ステップ４　方針を決定する

①法律構成を決定する

②アクションを決定する

▶ステップ１　事案を整理する

①事実関係を把握する際には、時系列表を作成したり、人間関係や契約関係などの関係図を描く。また、**②依頼者の要望を理解する**ためには、「どうすれば依頼者の満足が最大化するか」という観点で依頼者の話を聞くことが大切である。

▶ステップ２　法律構成を検討する

法律構成は、**①誰の（請求権の主体）**、**②誰に対する（請求権の相手方）**、**③どのような権利か（請求権の内容・発生根拠）**という要素から成り立っている。

▶ステップ３　案件の「落とし所」を探る

相手方からの**①反論と争点を予想する**際には、事実上の反論と法律上の反論の両方を検討する。

②**証拠を精査する**ステップにおいて、弁護士は、予想される争点について立証可能性を検討する。

③**落とし所**とは、その案件の理想と現実の間にある、紛争の着地点のことをいう。

▶ステップ4　方針を決定する

①**法律構成を決定する**際には、依頼者の要望、紛争解決にかけられるコスト、法律構成の妥当性（筋の良さ）、手持ち証拠と立証可能性、相手方の態度、相手方の資力といった事情を考慮する。

最後に、②**アクションを決定する**際には、まずできるだけソフトな手段を講じ、それでも解決しない場合には、よりインパクトのある手段を検討する。

COLUMN 弁護士業務を体験！～契約書のレビュー

司法修習では弁護士事務所で研修を行い、実際の弁護士の業務にも触れられます。このコラムでは、弁護士の最も基本的な仕事の1つともいえる、契約書のレビューを体験してみましょう。

ケースの紹介

弁護士は、依頼者から「これから契約を結ぼうと思っているのですが、何か法的な問題点はありますか？」といわれて、契約書のレビューを依頼されることがあります。そんなときは、依頼者が不利な契約を結ばず、また法的な紛争に巻き込まれるリスクをできるだけ低くおさえるために、適切なアドバイスをしなくてはなりません。

ここでは、次のような場面を想定してみましょう。

> **ケース**
>
> 2020年11月のはじめ、弁護士1年目であるあなたのもとに、親戚の林吉之助からメールが入った。そのメールによると、品川不動産という会社から都内の建物を借り、自ら営む自動車の中古販売業の事務所として12月から使用する予定であるという。そして、品川不動産と賃貸借契約を結ぶにあたり契約書（486ページ参照）を渡されたので、その内容をチェックしてもらいたいと依頼があった。
>
> なお、林は、品川不動産を知人から紹介されて知ったものであり、契約書を渡される際には、「契約書の中で修正が必要となる個所があれば、お気軽にご連絡ください。」といわれたとのことであった。

まずは、486ページの契約書を見てみましょう。このような依頼があった場合、皆さんならどのように契約書をレビューするでしょうか。

契約書レビューのポイント

契約書のレビューは、おおまかには実質面のレビューと形式面のレビューの２つに分けることができます。

実質面のレビューでは、契約書の内容に法的な問題点がないかをチェックし、形式面のレビューでは、文章の体裁や言い回しに誤りがないかをチェックします。

実質面のレビュー

実質面のレビューでは、以下のような視点から契約書の内容をチェックしていきます。

●法令に抵触していないか？

契約書の内容が法令に抵触していたら、弁護士がそれを指摘しなければならないことは当然です。その契約にはどの法令が適用されるかを常に確認し、法令と照らし合わせながら契約書を読み込む必要があります。

●依頼者に不利な点がないか？

依頼者に不利な条項について修正や削除を検討することも、契約書レビューの基本です。特に契約書の文面案を相手方が作成した場合には、依頼者に不利な条項が紛れ込んでいないかを注意深くチェックする必要があります。

契約書のレビューは、第三者的な立場ではなく、あくまで「依頼者の立場」に立って行うことが大切です。

●依頼者の要望が反映されているか？

依頼者の要望が契約書の文言に落とし込まれているかも、重要なポイントです。口約束だけでは相手方に履行してもらえない可能性があるため、相手方と合意した依頼者に有利な事項や、依頼者が強く要望している事項については、契約書に記載するよう指摘しなくてはなりません。

●契約がスムーズに履行されるか？

契約書の文言から、実際の「ヒト・モノ・カネの動き」をイメージしてみましょう。

当事者が契約書の記載通りに行動すればスムーズに事が進むようであれば、問題ありません。他方で、事前に決めておくべき事項が漏れていたり、意味が不明確な記載があると、契約がスムーズに履行されず、お金や時間を浪費したりトラブルが発生したりする可能性があります。

契約を締結する段階で、契約書ができるだけ明確で解釈の余地のない文言となるよう努めなければなりません。

形式面のレビュー

実質面のチェックが済んだら、次は形式面のチェックです。些末に思える点でも、弁護士が作成した契約書の形式面（体裁）が整っていないと、依頼者の信頼を損ねることもありますので、弁護士は形式面にも細心の注意を払っています。

形式面については、誤字脱字のほか、以下のような点にも注意します。

●表記の仕方が統一されているか？

１つの契約書の中では、同じ意味を表す場合には統一的な表記を用いるのが望ましいといえます。たとえば、１つの契約書の中で「令和２年」と「2020年」という表記が混在していたり、「又は」と「または」という表記が混在していたりすると、体裁が整っていない印象を与えてしまうので、注意が必要です。

●定義語が正しく使われているか？

法律文書においては、「以下～という。」という形で、ある言葉を定義する場合があります。このような定義を行った場合には、その定義語を適切に使用する（定義した言葉と違う意味で定義語を用いない、定義した言葉を指すときにはその定義語を用いる）必要があります。

実際のレビューの注意点

最後に、実務において最も重要なポイントをお話しさせていただきます。それは、「程よくレビューする」ということです（笑）　これだけ聞くと何のことだかよくわからないですよね……。

「程よく」とは、その契約書について依頼者が求めている必要最小限のレビューを行うことと言い換えてもよいでしょう。

たとえば、実質面において、「契約がスムーズに履行されるか」をチェックするとはいっても、ありとあらゆる場面を想定して膨大な加筆をしてしまっては、契約書が長くなり過ぎてしまい、逆に有害です。また、形式面において、ひらがなと漢字の使い分けなどについてあまりに細かい修正ばかりしていると、「形式面ではなくて、本当は法律的な意見がほしいだけなのに……」と思う依頼者もいるでしょう。

したがって、契約の性質、依頼者と契約の相手方との力関係、依頼者の要望、弁護士費用など、さまざまな事情を考慮して、「程よく」レビューを行うことが求められます。

契約書のレビューに挑戦

前置きが長くなりましたが、林氏から依頼を受けた契約書のレビューに挑戦してみましょう。次ページの契約書を一通り眺めてみて、実質面・形式面から気になる部分をピックアップして、自分ならどう加筆修正するかを考えてみてください。

レビュー前

建物賃貸借契約書

賃貸人品川不動産株式会社（以下「甲」という）及び賃借人林吉之助（以下「乙」という）は、次のとおり賃貸借契約（以下「本契約」という）を締結した。

第１条（建物賃貸借）

甲は、乙に対し、甲所有の下記建物（以下、「本件建物」という。）を賃貸し、乙はこれを賃借することを約した。

所在	東京都●区▲丁目■番地
家屋番号	１番２の３
種類	居宅
構造	鉄骨造り
床面積	１０５．３３平方メートル

第２条（期間）

1　賃貸借の期間は、令和２年 12 月 19 日から３年間とする。

2　甲又は乙が、相手方に対して、前項に定める契約期間満了の１年前から６ヶ月前までに、契約更新を拒絶する旨の意思表示をしないときは、本契約は期間満了日に１年間更新されるものとし、以後も同様とする。

第３条（賃料）

1　賃料は１ヶ月金 20 万円とし、乙は、甲に対し、毎月末日までに、翌月分の賃料を、甲が別途指定する銀行口座に振込んで支払う。

2　前項の規定にかかわらず、甲は、経済事情の変動、公租公課の大幅な増額、本件建物の周辺賃料相場に大幅な変動が認められ、前項に定める賃料が著しく不相当となった場合には、契約期間中であっても、賃料を改定することができる。

第４条（使用目的）

乙は、本件建物を中古車販売事業の事務所として使用し、他の用途に使用してはならない。

第５条（禁止事項）

乙は、甲の書面による事前の承諾がなければ、次の事項をしてはならない。

① 本件建物の賃借権を第三者に譲渡し、または本件建物を転貸すること
② ①の他、共同使用その他事実上賃借権の第三者への譲渡又は転貸と同様の結果となると甲が判断する行為
③ 増築、改築、改造又は模様替えその他本件建物の原状を変更すること

第６条（修繕）

1 甲は、本件建物の躯体部分に関する修繕について費用を負担する。ただし、乙の責に帰すべき事由による修繕については、乙が費用を負担する。
2 乙は、前項本文により甲が費用を負担する場合を除き、本件建物について必要となる修繕の費用を負担する。

第７条（解除）

乙が賃料の支払いを３ヶ月分以上怠ったときは、甲は、何らの催告を要せず、本契約を直ちに解除することができる。

第８条（賠償責任）

乙又はその関係者（乙の代理人、使用人及び訪問者を含むがこれに限らない。）の行為によって、本件建物について甲に損害が発生した場合には、乙は、甲に対し、発生した全損害を賠償するものとする。

第9条（明渡し）

乙は、本契約の終了までに、本物件内に乙が所有又は保管する物件を全部収去し、かつ、乙の設置した造作を取外して原状に復した上で、本物件を明け渡す。

第10条（合意管轄）

甲と乙は、本契約から生じる紛争について、東京地方裁判所を、第1審の専属的合意管轄裁判所とすることに合意した。

第11条（協議）

甲及び乙は、相互にこの契約の各条項を誠実に履行するものとし、各条項に定めのない事項が生じたときや、各条項の解釈について疑義を生じたときは、互いに誠意をもって協議の上解決する。

以上、本契約成立の証として、本書を2通作成し、甲乙署名押印のうえ、それぞれ1通を保管する。

令和2年12月19日

（甲）東京都●区▲
品川不動産株式会社
代表取締役　品川彦太

（乙）　東京都●市▲
氏名　　林吉之助

いかがでしたか？　皆さんなりの視点で、契約書のレビューをすることができましたか？

では次に、今回の契約書の修正案を見てみることにしましょう。もっとも、この修正案は、あくまで「例」でしかありません。事案によってはより詳細に加筆修正を行う場合もあれば、反対にこれほど多くの加筆修正を行わない場合もあります。

このことを念頭において、皆さんが行ったレビューと比較しつつ、契約書の修正案を確認してみてください。

修正案

【形式面】定義の仕方について、「(以下『●』という)」と、「(以下、『●』という。)」という記載が混在していると、体裁が整っていない印象を受けます。この契約書では、「(以下『●』という)」という表記で統一しました。

建物賃貸借契約書

賃貸人品川不動産株式会社（以下「甲」という）及び賃借人林吉之助（以下「乙」という）は、次のとおり賃貸借契約（以下「本契約」という）を締結した。

第１条（建物賃貸借）

甲は、乙に対し、甲所有の下記建物（以下「本件建物」という）を賃貸し、乙はこれを賃借することを約した。

【形式面】「下記」という言葉を用いたときには、「記」の後に対象となる文言を記載するのが一般的です。

記

所在	東京都●区▲丁目■番地
家屋番号	１番２の３
種類	居宅
構造	鉄骨造り
床面積	１０５．３３平方メートル

第２条（期間）

1　賃貸借の期間は、令和２年 12 月 19 日から３年間とする。

2　甲又は乙が、相手方に対して、前項に定める契約期間の１年前から６ヶ月前までに、契約更新を拒絶する旨の意思表示をしないときは、本契約は期間満了日に１年間更新されるものとし、以後も同様とする。

第３条（賃料）

1　賃料は１ヶ月金 20 万円とし、乙は、甲に対し、毎月末日までに、翌月分の賃料を、甲が別途指定する銀行口座に振込んで支払う。

【実質面】甲の判断のみで賃料が改定できてしまう文言は依頼者に一方的に不利な内容となるため、修正が必要です。また、依頼者の利益を考えれば、場合によっては賃料が「減額」される可能性があることも定めておきたいところです。そこで修正案では、賃料が不相当となった場合には当事者同士で協議を行い、両者が合意をした場合にのみ賃料の増減を行えることとしました（もっとも、当事者が合意すれば賃料の増減を行うことができることは当然なので、このように修正した場合、第２項は確認的な意味を持つに過ぎないことになります）。

2　前項の規定にかかわらず、経済事情、公租公課、及び本件建物の周辺賃料相場に大幅な変動が認められ、前項に定める賃料が著しく不相当となった場合には、甲及び乙は、随時協議を行うものとし、甲及び乙が合意した場合には、賃料を増減できるものとする。

第４条（使用目的）

乙は、本件建物を中古車販売事業の事務所として使用し、他の用途に使用してはならない。

【形式面】「または」と「又は」が混在していることは望ましくないので、どちらかに統一するのが一般的です。本契約書では、「又は」に統一しました。

第５条（禁止事項）

乙は、甲の書面による事前の承諾がなければ、次の事項をしてはならない。

①　本件建物の賃借権を第三者に譲渡し、又は本件建物を転貸すること

②　①の他、共同使用その他事実上賃借権の第三者への譲渡又は転貸と同様の結果となる行為

③　増築、改築、改造又は模様替えその他本件建物の原状を変更すること

第６条（修繕）

1　甲は、本件建物の躯体部分に関する修繕について費用を負担する。ただし、乙の責に帰すべき事由による修繕については、乙が費用を負担する。

【実質面】本条のように、契約当事者双方ではなく、依頼者のみの義務を定める規定については、依頼者に不利な内容になっていないか、特に注意する必要があります。「～と甲が判断する行為」という文言では、禁止事項にあたるか否かが甲の一存で決められてしまうことになるため、望ましくありません。そこで、「と甲が判断する」という文言を削除しました。

【実質面】民法606条1項本文には「賃貸人は、賃貸物の使用及び収益に必要な修繕をする義務を負う」と定められているため、民法の一般原則によれば、依頼者は本件建物の修繕費用を負担する必要はありません。本契約6条2項は民法の一般原則とは異なる負担を依頼者に課すものですので、依頼者に対し、このような不利な規定はできるだけ受け入れるべきではないことをよく説明する必要があります。

【実質面】レビュー前の文言だと、何らかの理由で依頼者が3ヶ月間賃料を滞納すると、甲は直ちに契約を解除できる規定となっており、依頼者にとってはリスクがあります。そこで、履行遅滞等による解除権について定めた民法541条の原則通り、契約解除のためには催告が必要であることを明記しました。なお、判例上、建物の賃貸借契約の解除については信頼関係破壊の法理が適用されます。この点については、民法の「債権各論」の分野で勉強します。

2　乙は、前項本文により甲が費用を負担する場合を除き、本件建物について必要となる修繕の費用を負担する。

第7条（解除）

乙が賃料の支払いを3ヶ月分以上怠ったときは、甲が乙に相当の期間を定めて賃料の支払いを催告をし、その期間内に履行がないときは、甲は、本契約を解除することができる。

第8条（賠償責任）

乙又はその代理人、使用人及び訪問者の行為によって、本件建物について甲に損害が発生した場合には、当該損害につき乙の責めに帰すべき事由が存する場合に限り、乙は、甲に対し、民法第416条の定めにしたがい、発生した損害を賠償するものとする。

第9条（明渡し）

乙は、本契約の終了までに、本件建物内に乙が所有又は保管する物件を全部収去し、かつ、乙の設置した造作を取外して原状に復した上で、本件建物を明け渡す。

【形式面】第1条で「本件建物」と定義をしているため、この用語を用いる必要があります。

【実質面】当初の文言だと、訪問者などの行為により本件建物について損害が発生した場合、依頼者の帰責事由の有無にかかわらず依頼者が全損害について責任を負うという、著しく依頼者に不利な内容でした。そこで、①依頼者に帰責事由がある場合にのみ責任を負うことを明確にし、②損害賠償の範囲も民法416条の一般原則に従って限定することにしました。

【形式面】 甲・乙の両者を指す場合に、「甲と乙」・「甲及び乙」という記載が混在していると、体裁が整っていない印象を受けます。この契約書では、「甲及び乙」で統一しました。

【形式面】 冒頭で「本契約」と定義をしているため、この用語を用いる必要があります。

第10条（合意管轄）

甲及び乙は、本契約から生じる紛争について、東京地方裁判所を、第1審の専属的合意管轄裁判所とすることに合意した。

第11条（協議）

甲及び乙は、相互に本契約の各条項を誠実に履行するものとし、各条項に定めのない事項が生じたときや、各条項の解釈について疑義を生じたときは、互いに誠意をもって協議の上解決する。

以上、本契約成立の証として、本書を2通作成し、甲乙署名押印のうえ、それぞれ1通を保管する。

令和2年12月19日

（甲）東京都●区▲
品川不動産株式会社
代表取締役　品川彦太
（乙）　東京都●市▲
氏名　　林吉之助

【実質面】「乙又はその関係者（乙の代理人、使用人及び訪問者を含むがこれに限らない。）」という定義だと、「関係者」の範囲が無限定となり、依頼者の責任範囲が広くなり過ぎるおそれがあります。そこで、行為の主体を「乙又はその代理人、使用人及び訪問者」と限定しました。

【実質面】 この契約書には敷金についての規定がありませんが、建物の賃貸借契約においては、敷金を差し入れるのが一般的であるため、当事者間で敷金についての合意があるかを確認する必要があります。そして、この契約書の中で、敷金を差し入れる合意がある場合にはその内容を含む条項を、敷金を差し入れる合意がない場合にはその旨を明確にする条項を追加することにより、後になって敷金に関するトラブルを防ぐことを予防できると考えられます。

おわりに

この本を最後までお読みいただき、ありがとうございます！　これまでのどの法律入門書よりも、広く、深い内容にしようとした結果、全18章にわたる大作になってしまいました（笑）

分量は多くなりましたが、本書を通じて皆さんに伝えたかったことはとてもシンプルです。それは、「法律は面白い」ということ、もう一歩踏み込んでいえば、「考えることは面白い」ということです。

本書のタイトルは、『法学部、ロースクール、司法研修所で学ぶ法律知識』ですが、実は、法律知識の勉強を通して、すべての法律家に共通する法的な思考法を身につけてもらうことが、本書の最大の目的です。

法律の世界には「答えのない問い」が無数に存在しますが、そのような問いに何らかの結論を出し、当事者同士の関係や社会全体をよくしていくためには、本書で紹介したような思考法が必ず役に立ちます。その意味で、法律家を目指すかどうかにかかわらず、本書はすべての社会人・学生がよりよい人生を歩むために意味のある本だといえるでしょう。

そして、この長い本を最後まで読み通すような知的好奇心と知的体力の持ち主であれば、きっと、そのような「答えのない問い」に取り組む面白さを見出してくれることと思います。本書がその一助になれば、こんなにうれしいことはありません。

◇　　◇

本書を執筆するにあたり、法律事務所 ZeLo の角田望弁護士と小笠原匡隆弁護士には、さまざまなアドバイスをいただきました。

また、TMI 総合法律事務所の先生方には弁護士実務のイロハを、司法研修所教官の先生方にはプロの法律家としての作法を、京都大学の先生方には法律を学ぶことの面白さを、それぞれ懇切丁寧に教えていただき、それらすべてが、間違いなく本書の土台となっています。

そして、構想から３年以上にわたり伴走を続け、本書を素晴らしい仕上がりに導いてくださったダイヤモンド社の横田大樹さんには、頭が上がりません。

この場を借りて、お世話になった皆様に、心から感謝申し上げます。

読者の皆様が、法律の面白さ、考えることの面白さを実感されていることを願いつつ、本書の結びとさせていただきます。

索引

【さ】

【た】

［著者］

品川皓亮（しながわ・こうすけ）

弁護士。1987年生まれ。京都大学総合人間学部に進学し、哲学を専攻。その後法学部に転部し、2013年に京都大学法科大学院を修了。同年、司法試験に合格し、第一東京弁護士会登録。ＴＭＩ総合法律事務所に所属した後、2016年8月より女性のライフキャリア支援事業等に取り組むベンチャー企業、株式会社LiBにて勤務。
著書に『これから勉強する人のための　日本一やさしい法律の教科書』『読み方・使いこなし方のコツがわかる　日本一やさしい条文・判例の教科書』（日本実業出版社）がある。

法学部、ロースクール、司法研修所で学ぶ法律知識［第2版］
——主要10法と法的思考のエッセンス

2021年12月７日　第１刷発行
2024年２月19日　第２刷発行

著　者——品川皓亮
発行所——ダイヤモンド社
〒150-8409　東京都渋谷区神宮前6-12-17
https://www.diamond.co.jp/
電話／03･5778･7233（編集）　03･5778･7240（販売）
装丁————小口翔平＋加瀬梓（tobufune）
カバー・章扉イラスト—根津あやぼ
本文イラスト—北川剛之（キットデザイン）
校正————加藤義廣（小柳商店）
製作進行——ダイヤモンド・グラフィック社
印刷————八光印刷（本文）・新藤慶昌堂（カバー）
製本————ブックアート
編集担当——横田大樹

ISBN 978-4-478-11499-5